2013年度全国教育科学规划课题资助项目

重庆邮电大学哲学社会科学学术文库

大学外部治理结构的运行机制研究

代金平 袁春艳 张东 ◎ 著

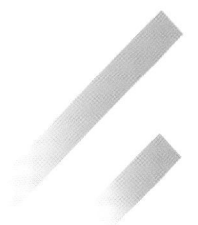

中国社会科学出版社

图书在版编目（CIP）数据

大学外部治理结构的运行机制研究/代金平等著.—北京：中国社会科学出版社，2019.7
ISBN 978-7-5203-5106-5

Ⅰ.①大… Ⅱ.①代… Ⅲ.①高等学校—学校管理—研究 Ⅳ.①G647

中国版本图书馆 CIP 数据核字（2019）第 209278 号

出 版 人	赵剑英
责任编辑	张　林
特约编辑	张彦辉
责任校对	王　龙
责任印制	戴　宽

出　　版	中国社会科学出版社
社　　址	北京鼓楼西大街甲 158 号
邮　　编	100720
网　　址	http://www.csspw.cn
发 行 部	010-84083685
门 市 部	010-84029450
经　　销	新华书店及其他书店

印刷装订	北京明恒达印务有限公司
版　　次	2019 年 7 月第 1 版
印　　次	2019 年 7 月第 1 次印刷

开　　本	710×1000 1/16
印　　张	13.75
插　　页	2
字　　数	211 千字
定　　价	78.00 元

凡购买中国社会科学出版社图书，如有质量问题请与本社营销中心联系调换
电话：010-84083683
版权所有　侵权必究

前　言

高等教育是全面深化改革的重要领域，建立并完善科学规范的高等教育治理体系，形成高水平的教育治理能力，是深化教育综合改革的重要任务。《教育部2017年工作要点》明确提出："全面深化体制机制改革，不断激发教育发展活力"，把加快推进高等教育领域"放管服"改革作为核心工作。我们应该清楚地认识到，尽管完善大学内部治理结构是高等教育治理体系中的重要议题，但在"放管服"原则下深化大学外部治理结构改革，是实现大学治理逻辑转换的生发点。准确把握多元整合的治理逻辑，厘清大学治理多主体之间的权界，构建大学外部治理的协同机制，对于提高大学治理能力、建立现代大学管理制度具有重要的现实意义。

大学治理是高等教育系统或机构中用来组织和管理的过程，以及其中权力的分配与执行，还有它与政府之间的关系。[①] 大学治理由内部治理和外部治理组成。前者关注大学内部权力的配置和决策过程；后者侧重大学与政府、产业、社会等外部利益主体之间的关系。20世纪60年代以来，随着大学内外部环境的变化，西方国家都把大学治理作为高等教育发展的重要议题，而大学治理始于对大学内部事务的关注。1966年，美国大学治理董事会联盟、美国教育理事会及美国大学教授联合会联合发布的《大学治理宣言》提出：教师和行政部门基于双方权力与决策责任而分工。大学校务董事成员、行政管理部门、全体教职员、学生和大学其他人员，在彼此信任下共同致力参与大

---

① Harman, G. *Governance, Administration, and Finance.* In B. R. Clark & G. R. Neave. *The Encyclopedia of Higher Education.* Oxford: Pergamon, 1992. p. 1280.

学治理。① 不同利益相关者以各自资源贡献给大学，同时意味着他们换取了参与发展过程，享有控制其组织的相关权力。② 这种治理逻辑眼光是向内的，呼吁教师在大学中获取合法地位，强调大学内部行政权力和学术权力此消彼长式的治理方式。随着高等教育于国家战略和综合国力重要作用的彰显，政府日益关注高等教育系统的治理形式和成效，随之进行的各种改革自然波及各个公立大学，大学治理范围也就逐步由内而外地延展至大学外部及整个社会体系。

大学作为社会系统的重要构成，无法深居在象牙塔中，其生存发展需要政府、社会等外部力量的支持与促进，排斥任何一方参与都非明智之举。因此，要实现知识创新与人才培养的目标，大学必须吸纳外部力量的共同参与、协同互动，获得它们的广泛支持。但需要明确的是，不同外部主体的价值和利益诉求存在差别，需要相应制度的制衡与规约，而不同文化传统下的大学治理制度是各具特点的。因为大学治理体系总是嵌于一个国家的治理框架中，与民族国家的文化血脉相连，体现出文化与制度之间的一种天然联系。在诺斯看来，制度是一系列被制定出来的规则、守法程序和行为的道德伦理规范，它旨在约束追求主体福利或效用最大化利益的个人行为。当制度体现为规则时，它必然反映出文化的价值、精神与理念，而文化必须依靠制度规则才能受人认同。从这个意义上说，大学外部治理制度离不开它置身其中的更大的文化环境，通过文化的价值引领、方向指引来不断改进大学治理形态，以显在或潜在的方式推动着大学发展。

目前，我国大学外部治理体系尚不健全，理论研究和改革实践还不充分，政府包办独揽、权力集中的高等教育管理局面并未得到实质性改变，"管理"的主体单一性、手段强制性的弊端暴露无遗，已不适应高等教育的发展要求，亟待诉诸"治理"来弥补"管理"的先天不足。管理逻辑注重"自上而下"的一元控制，强调政府行政的单向性、权威性；治理逻辑注重"自上而下"

---

① Association of American University Professors. *Statement on Government of Colleges and Universities*. http：//www.aaup.org/report/statement-government-colleges-and-universities，2015-1-10.
② 龚怡祖：《大学治理结构：现代大学制度的基石》，《教育研究》2009 年第 6 期。

"自下而上"的双向沟通,强调整个社会系统的参与性和互动性,即政府、社会等利益主体共同参与而形成的治理合力。应该说,治理并不排斥管理,它更为强调引入市场机制以及社会力量的参与,由政府管控转向政府、大学、社会多主体的共治。而实现共治目标,前提是优化治理结构。这既能维护包括大学在内的各利益主体的权益,又能通过博弈达成某种一致或相对一致的目标,形成一种长期稳定的合作伙伴及博弈关系。据此,需要进一步结构优化,厘清大学治理多主体之间的权界与关系。推进大学外部治理结构改革进程,核心是正确处理好政府、学校、社会之间的关系,关键是协调好各主体的利益与权责,方向是有效促成管办评分离,即政府管理、高校办学、社会评估,三者各尽其责,形成合力。

同时,通过良性互动,建立与完善大学外部治理的运行机制。落实大学外部治理结构改革要求,有效促进治理逻辑转换,需要在全国层面上形成总体的规划和战略目标,着力提高改革的系统性、整体性和协同性。而构建权责分担、良法善治、外部评估、信息公开的运行机制,引导大学治理主体积极参与大学治理改革进程,是碎片化改革走向整体推进的路径选择。通过深度剖析我国大学外部治理历经行政化管制、法制化管理和法治化治理等阶段的变革与变迁,使现代大学外部治理"法治与共治"的基本价值取向日益凸显,确保"法治与共治"在大学外部治理有效执行中的根本保障作用,促使"法治与共治"和谐共生,以满足现代大学制度对大学外部治理的要求,形成规约大学外部治理权力、优化大学外部治理媒介、强化大学外部治理监督的新路径,实现大学外部治理新形态。

目 录

第一章 大学外部治理结构运行的理论基础 ⋯⋯⋯⋯⋯⋯⋯⋯ 1
 第一节 大学外部治理结构的内涵 ⋯⋯⋯⋯⋯⋯⋯⋯⋯⋯⋯ 1
 第二节 大学外部治理结构的基本特征 ⋯⋯⋯⋯⋯⋯⋯⋯⋯ 3
 第三节 大学外部治理结构运行的理论依据 ⋯⋯⋯⋯⋯⋯⋯ 6
 第四节 大学外部治理结构运行的原则与目标 ⋯⋯⋯⋯⋯⋯ 38

第二章 中国大学外部治理结构运行的现状调查 ⋯⋯⋯⋯⋯ 43
 第一节 研究方法 ⋯⋯⋯⋯⋯⋯⋯⋯⋯⋯⋯⋯⋯⋯⋯⋯⋯ 44
 第二节 治理结构下中国大学的分类 ⋯⋯⋯⋯⋯⋯⋯⋯⋯⋯ 44
 第三节 中国大学外部治理结构运行的现状 ⋯⋯⋯⋯⋯⋯⋯ 47
 第四节 中国大学外部治理结构运行的特点与发展趋势 ⋯⋯ 52

第三章 国外大学外部治理结构的运行模式分析 ⋯⋯⋯⋯⋯ 57
 第一节 英国大学外部治理结构的运行模式 ⋯⋯⋯⋯⋯⋯⋯ 57
 第二节 美国大学外部治理结构的运行模式 ⋯⋯⋯⋯⋯⋯⋯ 64
 第三节 法国大学外部治理结构的运行模式 ⋯⋯⋯⋯⋯⋯⋯ 76
 第四节 德国大学外部治理结构的运行模式 ⋯⋯⋯⋯⋯⋯⋯ 84
 第五节 日本大学外部治理结构的运行模式 ⋯⋯⋯⋯⋯⋯⋯ 99
 第六节 各大学外部治理模式的比较分析 ⋯⋯⋯⋯⋯⋯⋯⋯ 111

第四章　大学外部治理结构运行系统要素及其联动机制分析 ………… 121

　第一节　运行历程与导向：大学外部治理结构运行的基本形态与

　　　　　价值取向 ………………………………………………………… 122

　第二节　运行主体：形成各利益相关者的多元共治局面 …………… 130

　第三节　运行程序：实现权力运行的多元规约与制衡形态 ………… 136

　第四节　运行环境：达成显性制度环境与隐性文化环境的

　　　　　和谐共生 ………………………………………………………… 142

　第五节　运行机制：构建大学外部治理结构新型联动机制 ………… 146

第五章　大学外部治理的运行机制与路径选择 ……………………… 157

　第一节　大学外部治理结构运行机制的框架搭建 …………………… 158

　第二节　大学外部治理结构运行的主体关系与责任 ………………… 171

　第三节　大学外部治理运行的路径选择 ……………………………… 193

参考文献 ………………………………………………………………… 203

后　记 …………………………………………………………………… 211

第一章 大学外部治理结构运行的理论基础

随着我国现代大学制度建设的不断深化以及国家教育规划纲要等政策的相继出台,构建适切的大学外部治理结构不仅是推动大学逐渐走向社会中心的时代要求,也是适应我国社会主义市场经济和谋求高等教育自身改革发展的内在需要,更是大学面向社会、依法自主办学、实行民主管理的本质彰显。剖析大学外部治理结构的运行机制,需要探讨其理论基础,厘清大学外部治理结构的概念等相关内容。

第一节 大学外部治理结构的内涵

20世纪90年代在西方兴起的治理理论强调要把公共事务管理的权力与责任从政府的垄断中解放出来,形成共同治理的局面。在具体的实践探索中,公司进行了形式丰富多样的探索,形成了多种类型的治理模式与治理路径,也使治理理论更加完善。公司在实践中对治理的探索,为大学治理在治理结构、治理路径等方面提供了诸多启示。当然,公司与大学存在着本质的区别,不能将公司的治理理念、模式与路径直接用于大学的治理。

大学在最早产生时,其主要功能是传播知识,涉及的事务比较简单,基本不需要治理。但随着时代的发展,大学的功能也越来越多样化,所涉及的事务更加复杂,管理的问题也非常突出。有研究者指出,"我国高等教育治理的主要原因包括三个方面:第一是过去生存使然;第二是现实状况使然;第三是发展需要使然"①。最早对大学治理进行系统研究的是美国学者约翰·科森，在其《学院与大学的治理：结构与过程的现代化》一书中指出："治理是专门用于思考高等学校的，管理是针对企业、政府机构、军事组织的，治理主要是描述政策决定的过程和监督政策的执行。"美国著名学者罗伯特·伯恩鲍姆（Robert Birmbaum）对大学治理的内涵进一步进行了分析，认为"大学治理即是平衡两种不同的但都具有合法性的组织控制力和影响力的结构和过程，一种是董事会和行政机构拥有的基于法定的权力，另一种是教师拥有的权力，它以专业权力为基础"②。"大学治理"（University Governance）在欧美高等教育学界使用较频繁，我国学界公开讨论大学治理始于张维迎所著的《大学的逻辑》（北京大学出版社 2004 年版），是指通过构建以大学利益相关者包括政府、大学及其他社会力量等组成的多中心行动体系，采取一致的行动策略，共同管理大学的过程。而现代大学治理结构则是指所有的大学利益相关者在参与大学管理的过程中，各利益相关者的责任、义务和权利相互交织，形成各利益相关者间正式或非正式的关系，它包括外部治理结构和内部治理结构两个部分。"现代大学制度"主要有以下几种：一是"德国柏林大学制度说"，二是"多元化巨型大学制度说"，三是"我国近代建立的大学制度说"，四是"我国高等教育改革相联系的大学制度说"，五是"走向社会中心的大学制度说"等。

总体而言，现代大学制度是现代大学理念的载体，是大学运行的规范和原则，主要包括外部制度安排和内部制度设计两个方面。基于以上分析，我们认为"大学外部治理结构是根据现代大学治理结构从内部和外部层面界定大学利益相关者的关系，大学外部治理结构主要指政府、社会与大学之间形成的关系，依托政府、中介组织或社会团体、企业、学术研究机构等，形成学校与外部利益相关者的决策权配置模式"。在现代大学制度中形成高校与政府、社会之间的新型关系，将推动三者之间建立起纵向与横向交错的三维立体合作关系。

---

① 韩春虎：《大学治理：一种科学发展视域下的制度安排》，辽宁大学出版社 2009 年版，第 45 页。

② Robert Birnbaum. *The End of Shard Governance*：*Looking Ahead or Looking Back*. New Directions for Higher Education, 2004., p. 127.

第二节 大学外部治理结构的基本特征

《国家中长期教育改革和发展规划纲要（2010—2020年）》提出："推进政校分开、管办分离。"构建大学外部治理结构是高等教育实施"管办评"分离的重要路径，是政府、学校、社会之间新型关系重构的重要措施。构建科学合理的大学外部治理机构能够促进大学发展，也是实现现代大学制度的重要保障。大学外部治理结构的构建主要是涉及大学、政府以及社会机构等权力主体，其实质是主体权力的再分配。

一 治理主体多元化

大学由不同的利益主体组成，是一个典型的利益相关者组织。大学的利益相关者涉及众多主体，存在不同的利益集团。从大学内部来说，教师、学生及学校领导都是利益相关者主体；从大学外部来说，利益相关者包括政府、媒体、校友、社会、企业、学生家长以及第三方评价机构等。治理的核心是权力的转移与再分配，从这个角度来讲，构建大学外部治理的重心是权力的转移与重新分配。在我国以往的大学外部管理中，从表面上看大学的外部管理似乎是由多个主体组成，但实质上管理的主体主要是政府。由于我国的大学是由政府举办的，其又掌握着教育资源的分配权，从而决定了政府在管理过程中拥有绝对的权力。相对于政府而言，其他利益相关主体由于缺乏大学所需要的资源而不能实质性地参与大学管理。

不同的利益相关者对大学的利益诉求不同，而利益诉求的实现只有在积极参与大学的治理过程中才能很好地得以实现。因此，在建设现代大学制度的过程中构建大学外部治理结构需要让大学外部的更多利益相关者参与治理。而要让更多的利益相关主体参与大学外部治理，实现他们的利益诉求则需要对政府的绝对权力进行再分配。当前提出的"管办评"分离就是对政府的权力进行再分配，突破政府管理教育等同于政府直接干预教育、评价教育的现象，把不属于政府的权力让渡给相关的其他的外部利益相关者。当然，政府权力的让渡并不代表着这些利益主体就是参与治理,还需要这些主体积极地参与大学外部治理。从以上分析我们可以看出大学外部治理呈现出明显的治理主体多元化。

二　价值诉求多样性

随着高等教育的不断发展,大学的职能越来越多样化与细化,从而导致大学的利益也越来越分化。从大学与外部的关系而言,与大学有联系的各个主体都有着不同的利益追求。不同的利益追求,表明了每个利益主体对大学的价值诉求不同,呈现出价值诉求的多样性。从利益相关者的角度而言,大学外部的利益相关者主要由政府、学生家长、企业等组成。不同的利益主体由于价值诉求不同,从而决定了其在大学外部治理中扮演的角色与承担的任务不同。

在这里以外部利益相关者——政府、学生家长与用人单位等为例,对价值诉求的多样性进行分析。其一,政府的价值诉求。政府以大学的举办者,为大学的发展提供所需的各类资源。政府是以大学举办者的身份,决定了其价值诉求。政府对大学的价值诉求主要体现为,大学要遵守国家的各类型教育法律,按照国家规定的教育政策与教育方针开展教育活动,培养国家所需要的各类型人才。其二,学生家长的价值诉求。作为重要的利益相关者,家长是构成大学外部治理结构中的重要因素。没有家长的投入与对孩子择校的选择,就没有一所大学的稳步前行。① 既然家长进行了教育投入,就期望得到相应的产出。"人们所争取的一切,都同他们的利益有关,利益是主体因需要而在实践中所结成的社会关系的集中反映。"② 家长的价值诉求主要包括经济利益与社会利益。经济利益方面的诉求主要是家长进行了教育投入,期望孩子通过学校的培养之后能够获得一份职业,从而使家长的投入得到回报。家长的社会利益最直接的体现就是孩子经过学校的培养不仅仅是获得知识,而

---

① 韩春虎:《大学治理:一种科学发展视域下的制度安排》,辽宁大学出版社2009年版,第104页。
② 刘吉发:《政治学新论》,中国人民大学出版社2008年版,第75页。

且在心理、人际交往等方面也获得发展，期望学校能为孩子今后的发展提供台阶。其三，用人单位的价值诉求。大学培养的学生能否得到社会的认可，用人单位是重要的评价者。用人单位对大学的价值诉求主要是期望大学培养的学生能够满足自己的用人需求。现在很多用人单位都需要花费相当的资金对新入职的大学毕业生进行培训，以让他们适应单位的需求，而在一定程度上增加了用人单位的成本。如果学生在大学期间能够获得用人单位所需要的知识或技能，就能减少其再次进行培训的成本。

大学外部治理主体的多元化也决定了价值诉求的多样性。不同的价值诉求既决定了在大学外部治理结构中扮演的角色与承担的任务不同，也决定了其参与大学外部治理的方式。

三　治理的协同性

在外部治理结构中涉及不同的利益主体，主体价值诉求的不同决定了参与外部治理的方式和意愿，同时各主体参与治理的能力也参差不齐。在这种状况下，只有实行协同治理才能使治理达到事半功倍的效果。协同治理就是各利益相关方为实现责权的平衡，通过多种渠道和手段，包括显性或隐性契约，以及内、外部激励约束机制和市场调节机制等，对相关组织或个人之间的关系进行调整和控制的行为方式。[①]

在不同利益主体之间形成良好的合作伙伴关系是协同治理的关键影响要素。合作伙伴关系是包含两个或者更多的组织协同工作，相互达成一致的目标以提高绩效，它是一种解决冲突和相互承诺以不断改进的方法，它能衡量改进的效果和分享取得的收益。[②] 也就是说，在协同治理中合作伙伴的形成是参与治理的不同利益主体之间基于彼此达成的一致目标所形成的一种合作关系。这种合作关系不是固定不变的，而基于目标不断地进行动态调整。合作

[①] 张新婷、侯长林：《高职院校外部治理的"协同精神"》，《中国教育报》2016 年 3 月 15 日第 6 版。

[②] Mohammed Sad, Martyn Jones, Peter James. A Review of the Progress Towards Adoption of Supply Chain Management (SCM) Relationships in Construction. *European Journal of Purchasing&Supply Management*, 2002（03）.

伙伴关系包含着相互影响，在协作和自治之间平衡，在决策、相互的责任和透明方面相互尊重、平等参与。①

在协同治理中每个参与者都具有一定的权力，并且能够从自身的价值诉求出发去进行讨价还价，而不需要借助于其他权力机构或部门。由于每个参与者都具有相对独立的权力，也就决定了他们的行动相对自由，为了提高智力的效率从而促使他们希望由一个相对稳定的组织来具体负责相关的事宜。参与者彼此之间不断进行交互行动，互相影响，但权力与价值诉求这种硬性于互动中则保持相对稳定。当然，在协同治理中参与者对共同协商做出的决策产生共同承担的责任，每个参与者都要对他们的相关行动承担共同的责任。

第三节 大学外部治理结构运行的理论依据

任何一种治理结构的形成与运行都是基于一定的理论基础与理论假设之上的，大学外部治理结构的形成与运行同样是基于相关的理论基础与理论建设。大学外部治理机构运行主要是基于以下四种理论：系统理论、治理理论、利益相关者理论和组织理论。

一 系统理论与大学外部治理结构

从系统的角度来看，社会就是一个十分复杂的系统，是由许多子系统构成的。在这个复杂的系统内，子系统内部以及彼此之间都进行着信息的交换与沟通。大学就是社会系统中的子系统，它与社会中的其他子系统之间在诸多方面都有着复杂的关系。正是基于此，系统理论能够为大学外部治理提供理论基础与启示。

（一）系统理论的基本内容

系统理论主要是研究客观现实系统共同的特征、原理与规律的一门科学。

---

① Jennifer M. Brinkerhoff. Assessing and Improving Partnership Relationships and Outcomes: A Proposed Framework. *Evaluation and Program Planning*. 2002（03）.

其所概括的思想、理论、方法以及工具，广泛地应用于物理、生物以及社会系统中。系统理论强调从整体去研究系统彼此之间、系统与组成要素之间以及系统与环境之间的普遍联系。基于揭示系统的整体规律，系统理论为解决现代科学技术、社会和经济等方面的复杂问题，提供了新的理论、方法、工具等。

(二) 系统理论的产生历程

系统理论的产生有着深远的思想渊源，它是随着生产实践的发展以及社会文明的进步逐渐发展起来的。系统理论的产生经历了三个发展阶段。

1. 第一阶段是古代朴素的系统思想

在古代中国、希腊和罗马的哲学著作中就已经蕴含了系统的观念，如古希腊辩证法奠基人赫拉克利特（约公元前540—前480年）提出的"世界是包括一切的整体"，古希腊思想家亚里士多德（公元前384—前322年）提出的"整体大于它的各部分的总和"，我国春秋时期的思想家老子提出的"天下万物生于有，有生于无"，南宋陈亮（公元1143—1194年）提出的理一分殊思想。这些关于系统的认识，形成了古代朴素的系统思想。古代朴素的系统思想强调对事物整体性、统一性的认识，但缺乏对整体各个部分的认识。

2. 第二阶段近代系统理论的产生

随着近代科学的兴起，力学、天文学、物理学、化学等科目从哲学中分离出来，发展日益迅速。在研究方法上形成了分门别类、各自独立进行研究的方法，思想上形成了形而上学的思维方式。在这一时期很多哲学家、科学家都发表了很多关于系统的思想、观点和理论，形成了近代系统思想。随着现代科学技术的发展，出现了一些把"系统"作为研究对象的新学科，比如管理科学、科学学等。

3. 第三阶段现代系统理论的产生

现代系统理论的产生与20世纪20年代批判生物学中的机械论中提出的机体论有关。系统理论的创始人贝塔朗菲（Bertalanffy）批判了机械论，并概括了机体论成就，并在此基础上提出了开放系统理论。第二次世界大战之后，贝塔朗菲明确地阐述了他的系统理论思想，他指出："存在着适用于综合系统或子系统的模式、原则和规律,而不论其具体种类、组成部分的性质和它们之间的关系或'力'的情况如何。我们提出了一门被称之为普通系统论的新学科,它乃是逻辑和数学的领域,任务是确立适用于'系统'的一般原则。"随着贝塔朗菲提出一般系统理论,比利时物理学家普里高津(I. Prigogine)提出了耗散结构理论、德国学者哈肯(H. Haken)提出了协同学理论以及苏联学者乌也莫夫提出的参量型系统理论等,这些理论是现代系统理论的进一步发展。

（三）系统理论的基本概念

作为一种科学理论,系统论有着自己的概念与范畴,在这里就其最基本的概念进行介绍。

一是系统。系统是系统理论最基本最重要的概念。能否正确理解系统这一概念,对全面认识系统理论具有重要的作用。关于系统一词,我们每个人都不陌生,而且在日常生活中我们时常与各种系统都有过联系。比如人体本身就是一个系统,是由各组织系统、消化系统等共同组成的人体这个大系统。不仅在宏观领域中存在着各种系统,而且在微观领域中也同样存在着各种各样的系统。也就是说,世界上的任何事物都是一个系统,大的系统是由小系统构成的。然而,究竟什么是系统,系统理论又是如何解释系统的呢？韦氏大辞典中把"系统"界定为"有组织的或被组织化的整体；结合着的整体所形成的各种概念和原理的综合；由有规则的相互作用,相互依存的形式组成的诸要素集合等等"。系统论创始人贝塔朗菲把系统定义为："相互关联的元素的集合"[1]；"处在一定相互联系中与环境发生关系的各组成部分的整体。"一些学者在这个基础上,对系统的定义进行了补充和新的描述。美国学者阿柯夫（Akoff）认为：系统是由两个或两个以上相互联系的任何种类的要素所构成的集合。苏联学者 H. N. 茹科夫认为系统是"相互作用着的成分的综

---

① [奥]贝塔朗菲：《"一般系统论"基础·发展·应用》,秋同、袁嘉新译,社会科学文献出版社1987年版,第46页。

合"①。B. H. 萨多夫斯基认为系统是"客体具有的一种处于某些预先给定的关系之中的属性"。德国学者 G·克劳斯（G. Lawrence）认为："十分概括地说，我们可以把一个系统分为它的若干元素（数、原子、细胞等等），它们之间有一定的关系。"我国学者钱学森认为系统是"相互作用和相互依赖的若干组成部门结合的具有特定功能的整体"。

无论是国外学者，还是国内学者对如何界定系统有着不同的看法。尽管各位学者对系统有着不同的解读，但从这些不同的定义中可以看出系统是一个有机整体，整体性是系统最基本的特性之一。要成为系统必须具备三个条件：要有两个以上的要素；要素之间要相互联系，相互作用；要素之间的联系与作用必须产生整体功能。② 这三个条件是构成系统必不可少的，缺任何一个都不能成为系统。系统具有丰富的内涵，并呈现出一些典型的特征。比如普遍性、客观性、规律性、整体性、层次性、相对性等。从不同的角度，可以把系统分为不同的类型或种类。从系统的内容来讲，可以把系统分为物质系统与概念系统；从构成系统要素的性质而言，系统分为自然系统、人工系统与复合系统；基于系统与环境的关系，可以把系统分为封闭性系统与开放性系统；从系统的存在状态来说，可以分为动态系统与静止系统。当然，还可以从更多的视角对系统进行种类的划分。

二是要素。从构成系统必不可少的三个条件中，我们可以看出要素是系统中重要的组成部分。系统与要素之间是辩证的关系。首先，它们之间是整体与部分的关系。系统是整体，要素是部分。一个系统是由许多要素组成的，系统是整体，而要素是系统中的部分。整体只有相对于部分来说才是整体，而部分也只有在整体之中才成为部分。系统与要素相辅相成，如果没有要素，系统也就失去了存在的基础，而没有系统，也就谈不上要素，二者相互依存，离开任何一方都不能存在。从这个意义上来说，系统与要素之间是一个统一体，但在这个统一中要素并不是作为一个简单的成分存在，而是与系统相互

---

① ［苏联］H. N. 茹科夫：《科学知识结构中的一般系统论和控制论》，《世界科学》1981 年第 4 期。
② 曾广容等编：《系统论、控制论、信息论概要》，中南工业大学出版社 1986 年版，第 6 页。

联系，相互作用。其次，系统与要素之间在一定的条件下可以相互转化。系统与要素之间的划分是相对而言的，每一个系统相对于一个更大的系统来讲就变成了要素，而系统中的每一个要素又各自构成一个独立的系统。从这个意义上来讲，要素具有系统的属性，同时也具有部分的属性。具有相对的独立性，它既是一个独立的系统，同时也是构成母系统的重要成员。因此，系统与要素之间在具备一定条件的情况下可以相互转化。也就是说，一个系统在某一条件下是作为系统而存在，但在另外一个条件下则是作为构成更大系统的要素而存在。同样，要素也可以在一定条件下作为独立的系统而存在。如就教育而言，相对于社会系统来说它就是一个要素，相对于基础教育来说它又成为一个系统。要正确认识系统，掌握它的规律，就首先要厘清系统的要素层级，哪些是与系统直接发生作用的要素，哪些是间接发生作用的。

三是结构。构成系统必须具备的三个条件之一就是要素之间相互作用，相互联系。而这种要素之间的相互联系与相互作用的组织方式所指的就是系统的结构。系统是由诸多要素组成的，要素之间的联系和作用也揭示了要素之间存在着因果关系链。从这个意义上来说，一个要素的存在与变化必然和另外一个要素的存在与变化存在着因果联系，一个要素的变动与存在必然会影响另外一个要素的存在与变动。要素彼此之间的联系具有多种形式，联系内容主要是物质流、信息流、能量流，要素之间的联系具有自己独特的组合方式，是按照一定的规律组合的，这种有规律的组合排列方式就是系统的结构。系统的结构不同，就决定了系统具有不同的属性。比如金刚石与石墨，具有相同的构成要素碳元素，但由于分子结构不同，从而致使二者具有不同的属性。因此，系统的结构决定了其性质，结构不同，就会具有不同的性质，同样，系统的性质不同也反映了系统的结构不同。系统的结构具有相对稳定性与层级性。如果一个系统的结构不稳定，那么这个系统本身也就不会成为一个稳定的系统。当然，系统结构的稳定性是相对而言的，并不存在绝对不变的系统结构。从这个角度来讲，系统的结构在一定的条件下是发展变化的。因此，系统的结构具有相对性与变异性。系统是由诸多要素构成的，而要素之间具有一定的层级关系，这就导致系统的结构具有多层级性。

四是功能。成为系统必须具备的第三个条件就是功能。所谓功能就是指系统与外部环境之间相互作用所产生的效力。系统具有何种功能，与系统具有的结构有着密切的关系。在一定意义上讲，系统的结构决定了系统的功能，系统具有什么样的结构决定了其会展现什么样的功能。还以石墨与金刚石为例，由于二者内部的结构不同，从而造成石墨比较柔软，金刚石比较坚硬。这就决定了二者的功能不同，柔软的石墨可以用作铅笔芯，而坚硬的金刚石则不能用作铅笔芯。功能是系统结构的反映与体现，不同的功能也就体现出系统具有不同的结构。

五是环境。系统总是存在于一定的环境之中，因此，环境也就成为系统中比较重要的因素。所谓环境，通俗地讲就是系统所赖以存在的外界事物。系统的环境是从相对意义上来讲的，比如社会系统是教育系统的环境，而教育系统又是基础教育系统、高等教育系统等的环境。也就是说，大的系统相对于某一子系统而言就是环境。在进行系统研究时，我们需要对系统的内部要素与外部环境进行区分。把系统的内部要素与外部环境之间进行区别开的界限就是系统的边界，用来区分系统与环境之间的本质不同以及系统内部要素的界限。系统的边界是相对而言的，也就是说，系统的边界不是永不变化的，而是要依据具体的情况来定。那么，系统的边界如何确定呢？确定系统的边界主要是根据某一要素与系统其他要素之间关系的紧密程度，也就是该要素发生变化时对其他要素的影响程度，换句话来说，就是该要素的变化能够对系统的功能产生决定性影响。如果能够对系统的功能有决定性影响的要素，则就可以归为系统内部要素。

六是层次。从前面系统的定义以及系统所涉及的重要概念介绍中，可以了解到系统是由诸多要素组合而成的，而且由于不同的要素对系统影响不同，从而导致系统是具有层次的。一切事物只要是作为系统，无论是宏观还是微观，不论是自然界还是人类社会，都表现出系统的层次性结构。从另外一个角度而言，系统的层次性正是表明了系统的相对性。系统的每一个层次相对于前一个层次而言则是前一级的系统，则是组成后一级系统的要素。系统的层次具有多样性，既有纵向的垂直系统的层次，也有横向的平行系统的层次，同时也有纵横交错的交叉层次。系统具有无限的层次，不同的层次具有本质性的差别，体现出严格的规律性与等级性，系统的层次越高，结构和功能就越多样。高层次系统的功能比低层次系统的功能大，而且包含了低层次系统的功能。层次性深刻地揭示出了系统内部结构的等级性与规律性，反映了系统内部的复杂性。

七是整体。从系统的各种定义中，可以看出整体是系统本身就所内含的。系统的整体概念揭示了系统、要素、环境三者之间是辩证统一的关系。系统是由多种要素有机组合而成的整体，从这个叙述中，可以看出整体是系统的重要特征。如果没有整体，系统也就不能称之为系统，而要成为系统就必须是一个整体。系统论所讲的整体是辩证有机统一的整体，并不是一些相同的事物随便地堆放在一起所构成的"整体"。在系统论中，构成整体的各要素之间是有机组合在一起的，彼此之间相互作用，相互联系。相同的事物杂乱地堆放在一起并不是真正意义上的整体，因为它的各要素之间的关系不是紧密的，而且其中一个要素的变化会影响或改变其他要素，也不能在功能上对整体产生决定性的影响。从这个意义上来讲，系统的整体是诸要素辩证统一的整体，不是简单的数量相加之和，必须是系统各要素之间的有机联系。在系统中整体与部分之间存在着三种关系，即整体等于各部分之和，这表明各要素只是机械地组合在一起；整体小于各部分之和，揭示的是各要素之间相互遏制；整体大于各部分之和，体现的是各要素之间有机的相互配合，相互作用，从而彰显出新的特质。

（四）系统理论的基本观点

系统论创始人贝塔朗菲从有机体理论中总结提出了有关系统论的几个基本观点，这些观点构成了系统论的基本思想，也为系统论在其他领域的应用提供了基础。

一是系统观点。贝塔朗菲认为："复杂现象大于因果链的孤立属性的简单总和。解释这些现象不仅要通过它们的组成部分，而且要估计到它们之间联系的总和。有联系的事物的总和，可以看成具有特殊的整体水平的功能和属性的系统。"从贝塔朗菲的话语中，我们可以得到人们在处理事物时需要坚持系统观点，不能孤立地看待问题，而是要把其放在整体之中进行考虑，要重视系统中内外部因素之间的关系。

二是动态观点。世界的任何事物都处于不断的变化之中,不存在绝对不变的事物,事物的静止不变都是相对的。因此,系统论强调要用动态的观点去看待周围的任何事物。正如贝塔朗菲所说:"任何活动的东西的系统都是与环境发生物质、能量交换的系统,生物体的生命本质应从活的生物体系统与环境的相互作用来说明,这是一个保持动态稳定的系统。"因此,要从动态的角度来研究系统,把它作为一个历时性的过程进行观察。基于动态观点,在研究系统的现状时,既要看到系统的发展与变化,也要看到系统的历史,只有这样才能科学地预测系统的未来发展趋势。总之,系统论的动态观点强调系统是发展变化的,时刻进行着物质流、信息流等的相互作用,不能把系统看作绝对封闭、静止的体系。

三是结构观点。结构反映了系统要素之间的组织方式,系统的结构决定了其功能。不同的系统结构,就会造成系统具有不同的功能。通过改变构成系统各要素的组织方式可以改变系统的结构,从而来决定系统的整体功能。原来分离的各部分组成系统以后,尽管其物质量等没有发生改变,但可以通过增加新的结构信息量,从而使系统具有一定的组织性和有序性。我们通常说整体与部分之间存在三种关系,即整体等于部分之和、整体大于部分之和与整体小于部分之和,这就涉及系统的结构。要最优化地发挥系统的整体功能,就需要用结构的角度来研究系统,以最优化的方式组织系统的结构,使其得到最大的结构信息量,减少内部各要素之间的相互抑制作用,充分发挥系统转换能量、信息等的效力。

四是等级观点。从系统是有结构的意义上来讲,组成系统的各要素都是按照一定的层级组织的。也就是说,一个大的系统是由小的系统构成,而小的系统是由更小的系统组织而成。这些不同的系统之间,层次分明。就以自然界为例,它是由不同的子系统构成的,其中各个层级系统都是逐级地组合起来的,由低一层级的系统逐渐构成高一层级的系统。系统的层级性决定了系统具有等级,层级是等级划分的基础与依据,层级的先后之分,在一定程度上决定了等级的高低之分。

(五) 系统理论的基本原理

从贝塔朗菲创立系统论开始，关于系统理论的研究不断深化，许多学者在前人研究的基础上不断完善系统理论的相关基本原理等内容。在这里，主要介绍一些系统理论中最基本的原理。

一是整体性原理。如前所述，系统是由若干要素有机组合而成的整体，整体性是系统最基本的特性之一，系统之所以能够成为一个系统，第一要务就必须是个整体。因此，整体性原理是系统理论最基本的原理。整体性原理指的是，"系统是由若干要素组成的具有一定新功能的有机整体，各个作为系统子单元的要素一旦组成系统整体，就是具有独立要素所不具有的性质和功能，形成了新的系统的质的规定性，从而表现出整体的性质和功能不等于各个要素的性质和功能的简单加和"[1]。在认识系统的整体性原理时，不是脱离开系统和要素、整体与部分的关系，而是需要在这些对立统一的关系中来把握系统的整体。系统是由诸多要素组合而成的，整体是由部分构成的。无论是要素，还是部分，一旦它们组合成系统和整体，就会在一定程度上失去自身的性质，受到系统和整体的制约。所谓的"整体大于部分"就是在这个意义上讲的。当然，系统与要素、整体与部分的划分是相对的。一个系统只有相对于构成它的要素而言才是系统，而相对于更高一级的系统而言它就成了要素。整体与部分的关系也是如此，只有在一定的条件下，才有整体与部分的区别。而且，在具备一定的条件下系统和要素、整体与部分之间的关系是可以发生转变的。

系统的整体性原理强调在研究事物时，要从整体性出发。但在具体的研究过程中，通常会应用分析与综合的研究方法。分析就是在认识整体时需要把整体分解成各个部分来进行解读，只有在科学地认识部分的基础上才能深刻理解整体。如果离开了分析，就不能深入事物的内部，就不能认识事物的细节，从这个意义上来说，分析是为了更深刻、正确地认识整体，是认识深化的前提，也是深刻认识整体的基础。与分析相对应的则是综合，是把各个

---

[1] 魏宏森、曾国屏：《系统论——系统科学哲学》，清华大学出版社1995年版，第201页。

部分合为整体进行认识。要实现综合，就需要把各个部分、要素等有机地组织起来，形成一个有机的整体。当然，要真正地实现综合就不能把部分、要素简单地、机械地加在一起。真正的综合要能揭示出系统的部分、要素所不具有的整体的性质，发现系统整体才具有的性质。研究认识任何事物都不能脱离开综合，没有综合不可能认识事物的整体性质，也无法对系统中的部分、要素进行解读，无法探索其中的相互关系。在一定意义上说，综合是分析的审图，也是分析的归宿。

系统的整体性原理强调，在认识事物时要从整体出发，在系统、要素与环境的相互关系中探索系统整体的本质和规律。正如列宁所说："要真正地认识事物，就必须把握、研究它的一切方面，一切联系和'中介'。我们绝不会完全地做到这点，但是全面性的要求可以使我们防止错误和僵化。"当然，在把系统作为整体进行认识时，需要考察构成系统的诸要素是否齐全，也需要对要素进行深刻的认识。只有如此，才能清晰地认识系统的性质。要想更好地发挥系统整体的功能优势，就需要从整体的角度去提高要素的功能。提高要素的基质，是提高系统整体效应的基础。① 整体性原理对于实践的意义在于，在有限的条件下只要合理进行组织、协调，就能获得更大的效益。

二是相关性原理。恩格斯说："我们面对着的整个自然界形成一个体系，即各种物体相互联系的总体……这些物体是相互联系的，它们是相互作用着的，并且正是这种相互作用构成了运动。"这句话就指出了系统理论中的相关性原理。相关性原理揭示的是一种相互关系，是系统与要素、要素与要素、系统与环境之间的关系。从系统的定义中，我们知道系统是由诸多要素组合而成的有机整体，系统、要素和环境之间是相互联系、相互作用和相互制约的。其所强调的是系统相关的某一个要素发生变化，就会给其他要素带来改变，从而导致整个系统发生变化。

对于相关性原理可以从以下三个方面理解：首先，系统是由要素构成的，离开要素就没有系统，系统的存在是以要素的存在为前提的，两者密切相关。但系统在整体层面上所彰显出来的性质并不是构成系统的各个要素所具有的。

---

① 曾广容等编：《系统论、控制论、信息论概要》，中南工业大学出版社1986年版，第27页。

其次，构成系统的各个要素是有机组合在一起的，对于系统而言它们不是处在被动的状态，它们的发展变化会影响系统的发展变化。最后，系统内的各个要素之间相互联系、相互作用、相互制约，而它们有机构成的系统与环境之间也存在着密切联系。在实践中，相关性原理提示我们系统之所以能够显示要素所不具有的整体功能就在于系统与要素、要素与要素、系统与环境之间相互作用的结果。因此，在研究一个系统时要把握好相关性原理，从整体出发去认识与把握。

三是开放性原理。系统是存在于环境之中的，不断在环境之间进行物质、信息、能量等交流，其与环境之间进行的沟通是系统不断发展的基础，也是其得以存在的条件。任何系统都是存在于一定的环境之中，不断与环境之间进行各种信息流的交换。从这个角度来说，不存在独立于环境之外，向环境封闭的系统。系统的开放性，也是系统不断发展变化的基础。而系统的发展变化是在系统内部因素与外部环境相互作用中发生的。唯物辩证法讲到内因是事物发展变化的主因，外因是事物发展变化的条件，外因是通过内因起作用的。外因要通过内因对系统的发展变化产生作用，就需要系统向环境开放，把内因与外因相互联系起来。一个封闭的系统，系统与环境之间没有任何能量流的交换，没有产生任何联系，内因与外因之间也就不可能发生联系，没有任何相互作用。这就会造成内因就只能存在于内因之中，而外因就只是存在于内因之外，二者都是事物发展变化的潜在可能性，但不能真正促进事物的发展变化。系统的开放使得其总是处于与环境的不断相互联系和相互作用之中，通过与环境之间不断进行的各种能量流的交换，潜在可能性就能转变为现实性。由于开放，内因与外因之间就产生了相互联系、相互作用，从而促进系统的发展变化。

系统的开放不仅仅是向外界环境开放，同时也指向内部的开放。这是由系统的层次性与相对性决定的，系统存在不同的层次，不同层次的系统相对而言都是其所处的环境。系统的开放性也使得系统的功能成为现实，系统的功能是发生在系统与其他系统的相互作用中实现的。如果一个系统封闭起来，不与其他系统发生相互作用，也就不会产生系统的功能。系统的开放，就会使系统不断从环境中获得物质、信息、能量。同时，系统通过自身的处理也会不断向环境输出新的物质、信息与能量。这种输出正是系统功能的体现。这也就意味着，系统的功能只存在于系统与环境的相互作用中。系统只有开放，才会发生相互作用，也才会有现实的系统的功能。

系统的开放有一个开放程度的问题。[①] 也就是说，系统的开放存在一个"度"。如果系统的开放低于这个"度"，就会成为封闭的系统，而如果超过这个"度"，就会造成系统与环境之间的边界消失，从而失去自身。系统适度的开放既能保证系统具有一定的自主性，同时也能保证系统能灵活处理环境变化带来的问题。系统的开放不仅仅是指向空间的，也是指向时间的。也就是说，系统的开放也面向未来。从发展的角度来讲，系统的开放在本质上就是面向未来的。

在现实社会中，任何一个社会系统都不可能把自己完全封闭起来。但如果系统的开放超过了"度"，就会导致其被其他系统所取代。从这个意义上来讲，掌握系统的开放性原理对我们的现实实践具有重要的指导意义。

四是目的性原理。系统在不断地发展变化中，总是表现出向某一预先确定的状态发展的趋势，这就是系统所体现出的目的性。贝塔朗菲指出："真正的目的性是指有目的的行动，对未来的最终结果在心中有数的情况下行动；未来的目标的概念已经存在，而且影响当前的行动。"控制论创始人维纳也指出："目的性就是行为客体的一种反应效应，这种反应或效应受行为结果的信息所控制。"这就意味着系统在与环境相互作用的时候，不断进行自我调整，逐渐趋向一定的目标。

系统的目的性是在系统与环境相互作用的过程中表现出来的，这就意味着系统的目的性与系统的开放性密切相关。由于系统的开放性，这就使得系统在与环境的相互作用中产生物质、能量和信息的交换，从而使系统与环境彼此都受到对方的影响。而系统在发展变化中，会根据环境的影响不断地做出自我调整，从而使自身的潜在发展能力逐步表现出来。从系统的发展变化看，系统的目的性也表现出系统发展的阶段性。系统的发展不断趋向稳定的状态，当然这种稳定状态是相对的，而处在一定阶段的状态，是由系统与环

[①] 沈小峰等：《自组织的哲学》，中共中央党校出版社1993年版，第2页。

境之间复杂的相互关系所决定的。趋向一定目的发展的系统，不是无规则发展的，而是遵循一定的发展规律，也就是说系统的目的性在一定意义上展现出系统发展的规律性。从这个意义上来说，系统的目的性是系统发展的阶段性与规律性的统一。在现实实践中，系统的目的性原理具有重要的指导意义。按照系统的目的性原理，对于系统状态的描述既可以用系统的现实状态，也能用系统发展阶段的状态，还可以用现实状态与发展最终状态之间的差距来描述。这就意味着，人们在研究事物时，可以从原因来研究结果，并根据原因达成一定的结果，同时也可以根据结果研究原因，按照一定的结果来要求一定的原因。按照系统的目的性原理，系统的发展是趋向预先确定的目标进行发展的。这就意味着，在现实实践中要预先制定发展的目标，并根据目标来设计实现目标的措施与手段。

五是系统的自组织原理。在现实世界中，系统处于不断的自我运动、自我演化的过程之中，从而使系统不断从无序向有序的运动发展，最终达到系统所要发展的状态。系统的这种自发的从一种状态达到另一种状态，其实就是系统的自组织。正如钱学森所说："系统自己走向有序结果就可以称之为系统自组织。"[①] 系统的自组织是一种客观存在的现象，世界上的万事万物都是处在自我运动、自我组织的过程中。讲到系统的自组织就会涉及系统的他组织或被组织。系统的自组织认为系统是通过自我演化来实现自身的发展，而他组织或被组织则认为系统的发展并不是通过自身的运动来实现的，而是由外部因素推动的。当然，系统的自组织与他组织是相对而言的。系统的运动有多种因素的参与，同时由于系统的开放性，其自身的运动总是受到外界因素的影响，因此不可能存在完全自发的自我运动。系统的自组织原理正是在系统的自组织与他组织对立统一中来认识与理解系统的自组织的。

系统的自组织是系统不断自我演化、发展变化的过程。而系统实现自我组织正是由于其内部多种因素不断相互作用的结果，系统内部因素的这种相互作用是一种非线性的。正是这种非线性的相互作用，使得系统内部的各要素之间形成既竞争又合作的关系，各种相互作用密不可分，从而成为有机的

---

① 钱学森等：《论系统工程》，湖南科学技术出版社1982年版，第242页。

整体，各种力量相互牵制、相互联系，形成一种合力，不断推动系统的演化。正如系统的目的性原理所指出的，系统的发展变化总是趋向一定的目的。基于此，系统的自组织总是合目的的，也就是说系统的自组织在本质上体现的是系统的合目的性的发展。我国科学家钱学森就指出，协同学的贡献之一就是指出了系统自组织与系统目的性之间的统一关系。他认为："哈肯的贡献在于具体地解释了相空间的'目的点'或'目的环'是怎么出现的。他的理论阐明，所谓目的，就是在给定的环境中，系统只有在目的点或目的环上才是稳定的，离开了就不稳定，系统自己要拖到点或环上才能罢休。这也就是系统的自组织。"[1] 探究系统的自组织是为了揭示出自组织运动的各种机制，更深刻地理解自组织现象的各种机制，从而为在现实实践中使用这样的机制提供指导。

（六）系统理论在大学外部治理结构中的运用

在上述内容中，介绍了系统理论的基本概念、观点以及原理。系统理论的丰富内容不仅为人们认识世界提供重大的理论指导，更重要的是为人们的社会实践活动提供了方法。

从系统的视角来看，大学是一个复杂的系统，包括内部系统与外部系统。大学内部系统涉及学校内部的各二级学院、管理部门，而且各子系统之间不断进行信息的交往。大学作为社会系统中的子系统，它与社会系统中的其他系统之间存在复杂的关系。大学外部治理是高等教育治理中一项重要的内容，是现代大学制度建设的重要途径。大学外部治理结构的构建是实现大学外部治理的关键环节，主要涉及如何处理好与大学相关的外部系统之间的相互关系。要科学有效地协调大学与其他系统之间的关系，就需要把大学作为一个特殊的系统进行思考，考虑其存在的一些特殊性。系统理论提示外部治理结构的固件要从整体思考，协调治理结构中的各参与者之间的关系，减少各要素之间的相互制约，争取达到治理效益的最大化或最优化。

---

[1] 钱学森等：《论系统工程》，湖南科学技术出版社1982年版，第242页。

二 治理理论与大学外部治理结构

长期以来，由于政府掌握了高等教育发展所需要的各种资源，由此导致其完全主导了对高等教育的管理，其他参与者很难介入高等教育的管理之中，从而导致政府与大学之间形成了一种封闭的管理关系，以至于在管理过程中出现了诸多弊端。20世纪90年代以来，治理理论在西方兴起。治理理论强调公共事务管理的权限与责任，主张形成一种社会各层面共同参与治理的局面。"从现代的公司到大学直至基层的社区，如果要高效而有序地运行，可以没有政府的统治，但却不能没有治理。"① 在构建大学外部治理结构的过程中，治理理论为治理结构的构建提供了理论指导。

（一）治理的基本思想

治理理论在当今学术界是比较热门的理论之一。自从世界银行在1989年概括当时非洲的状况时提出"治理危机"以来，"治理"一词越来越被社会科学界应用，并发展为一个内涵丰富、适用范围广的理论。

1. 治理的内涵

在治理理论中，关于"治理"一词的解释是重要内容，厘清治理的概念对于认识治理理论具有重要的作用。对于"治理"一词的解释，学者基于不同的角度对其的内涵有着不同的认识。治理理论的代表人物R. 罗茨（R. Rhods）归纳了治理的六种形态，即第一是作为最小政府的治理。该形态重新界定了公共干预的范围和形式，提供"公共服务"的方法采用的是市场和准市场。但罗茨指出作为最小政府的治理并说出治理的本质，更多是一种意识形态的宣传。第二是作为公司的治理。这一形态治理的狭义用法，特指"指导和控制组织的体制"。第三是作为新公共管理的治理。新公共管理具有两重含义，即管理主义和新制度经济学。管理主义是指把私人部门的管理手段引入公共部门，强调绩效手段、评估标准和结果导向。新制度主义经济学指的是把激励机制引入公共服务中，强调削减官僚机构，实现更有效的竞争

---

① 俞可平：《全球化时代的政治管理模式》，《方法》1999年第2期。

和消费者选择。罗茨认为新公共管理的核心是掌舵,而掌舵就是治理。第四是作为"善治"的治理。在这种形态中治理主要是使用"政治权力管理国家事务",善治是世界银行向发展中国家贷款政策的主导思想,涉及的内容非常广泛,包括系统意义上的(内部和外部所有政治经济权力的分配)、政治意义上的(从民主授权机制中获得国家的合法性和权威)、行政管理意义上的(有效率、开放、负责的公共服务体系、有能力的官僚队伍等)。第五是作为社会调控制度的治理。该用法认为政策结果不是由中央政策决定的,它要与地方政府、志愿部门、私人部门发生互动关系。中央政府在社会上不具有凌驾的地位,社会是多中心的,在没有单一权威的情况下,管理者必然受到限制;每个政策领域都有多种行动者,这些行动者之间相互依存;公共部门、志愿部门、私人部门之间的界限模糊了;行动、干预以及控制的方式呈现多样化。在这里,治理成了互动式的社会—政治管理方式。第六是作为自组织网络的治理。在这种形态中,网络是指那些提供服务的组织相互依存,为了使自己对结果的影响最大化,需要相互交换资金、信息、技术等资源。在这里,网络也是一种广泛存在的社会协调方式,组织之间的关系是网络管理的重点,并且组织间关系是自主和自我管理的。随着治理理论的发展,罗茨对于治理的含义又提出了与前六种形态略有不同的七种定义,即公司治理、新公共管理、善治、国际间相互依赖的治理、社会控制论的治理、作为新政治经济学的治理、网络治理。国际间相互依赖的治理是指国际政治关系和国际政治经济关系的变化趋势,它对政府空心化和多种水平的治理的强调与公共行政研究直接相关。新政治经济学的治理重新检验了政府经济管理以及边界日益模糊的公民社会、国家、市场经济之间的关系,是一个协同各种经济行为主体行动的政治经济过程;它对以工具论方式解决治理中的协调难题提供了批判的视角。

赫斯特(Paul Hirst)提出了五个治理的含义。其一是善治,主张创建有利于私人经济行为的有效政治框架以建设发展中国家的国家能力,包括稳定的政体、法治、与政府应有角色相适应的国家行政体制、强大的且独立于国家的公民社会。其二是国际制度领域的治理。强调既有的重要难题往往不能由民族国家单独控制和解决,而应该更多考虑将国际组织、政府间协定作为治理的手段。其三是公司治理，它来自英美公司一个长久存在的特征：在活跃的股票市场中分布广泛的股东需要发出声音来保障投资者的利益。其四是与新公共管理战略有关的治理，它是一种与等级控制下和对选举出来的官员负责的公共行政模式不相同的一种公共服务模式，并用"消费者—服务供给者关系"的新概念取代了"公民—福利国家关系"。其五是通过协调网络、合作关系、论坛来替代逐渐没落的等级合作主义。它涉及工会、商会、企业、NGO（非政府组织）、地方当局、社会企业和社会团体等广泛的行动者。全球治理委员会在其研究报告《我们的全球伙伴关系》中认为：治理是各种公共的或私人的个人和机构管理其共同事务的诸多方式的总和，它是使相互冲突或不同的利益得以调和并且采取联合行动的持续的过程。

在越来越多的关于治理的讨论中，研究者对"治理"的用法以及内涵的解读都转移了方向，它意味着"统治的含义有了变化，意味着一种新的统治过程，意味着统治的条件已经不同于前。或是以新的方法来统治社会"[1]。

治理理论在我国学术界引起了诸多学者的关注，他们不但介绍国外关于治理理论的最新研究，而且深化治理理论在我国的发展。关于治理的内涵，我国学者给出不同的解释。俞可平教授认为："治理一词的基本含义是指在一个既定的范围内运用权威维持秩序，满足公众的需要。治理的目的是在各种不同的制度关系中运用权力去引导、控制和规范公民的各种活动，以最大限度地增进公共利益。"[2] 这就意味着，治理并不一定是由政府主导进行，而是社会各方共同参与，以增进公共利益为目标。也就是说，在治理中政府的角色发生了改变，从统治变为主导；社会各方的角色，从被动服从者转变为主动参与者。综合各种关于治理内涵的解释，可以从四个层面理解治理：一是治理的主体是多元的，既可以是政府，也可以是社会组织等；二是治理强调服务对象积极参与管理过程，；三是治理重视参与者之间的相互合作；四是治理的方式是多元的，不以强制的行政手段为主。

---

[1] Rhodes., *Understanding Governance: Policy Networks, Governance, Reflexivity and Accountability.* Buckingham: Open University Press, 1997, pp. 1–2.

[2] 俞可平：《治理与善治》，社会科学文献出版社2000年版，第31页。

2. 治理理论的主要观点

"治理是一种比统治更宽泛的现象，它是由共同目标支持的活动，目标本身可能来自法律的和正式规定的责任，但也可能并非如此，而且无须依警察的力量迫使人们服从。"[1] 与治理的内涵具有多样性相同，关于治理理论的主要观点研究者同样没有形成共同的主张。斯托克认为治理观点对于理论的贡献并不在于因果关系分析这个层次；它也不提供一种规范性的理论。治理观点的价值在于它有能力提供一种有组织的（分析）框架，据此可理解统治的变化过程。基于这一种有组织的（分析）框架，斯托克形成了关于治理理论的五个主要观点：一是治理是一套出自政府但又不限于政府的社会机构和行为者。一方面，我们不能仅仅以宪法和正式规范来理解政府体制，国家的权力中心可能不止一个，而且地方、区域、国家、跨国家水平上的政府机构之间有多样性的联系。另一方面，政府之外的组织越来越多地参与决策、提供公共服务。二是治理断定在求解经济社会问题时，各方的界限和责任是模糊的。无论是左翼还是右翼都不再接受鼓励依赖思想的福利国家体制。享有福利支持的权利，就应当以责任补偿。责任的转移在体制上表现为公私界限的模糊，进而体现为一系列志愿性机构的出现。三是治理断定涉及集体行动的各机构之间存在权力相互依赖。这表现为，参加集体行动的组织依赖其他的组织；为达到目的组织必须交换资源，并就共同目标进行谈判；交换产生的结果不仅取决于各方参与者的资源，也取决于游戏规则和进行交换的环境。四是治理是关于自治、自主的行动者网络（的理论）。在治理的环境中，最终那些合作的行为将塑造自主治理的网络。行为者和机构获得了将他们的资源、技能和目标糅合在一起的能力，形成一个长时期的联盟，即一个"体制"。五是治理认识到办事的能力不在于政府下命令的权力或者政府权威的使用，政府可以使用新工具和技术来掌舵和指导，以增强自己的能力。这些能力可能体现为建构和消解联盟与协调的能力、合作和把握方向的能力、整合和管制的能力。

---

[1] J. N. Rosenan., *Governance without Government: Order and Change in World Politics*. Cambridge University., 1992, p. 4.

（二）治理理论在大学外部治理结构中的运用

教育部《关于深入推进教育管办评分离 促进政府职能转变的若干意见》指出："推进管办评分离，构建政府、学校、社会之间新型关系，是全面深化教育领域综合改革的重要内容，是全面推进依法治教的必然要求。改革开放以来，我国教育体制改革不断深化，政府、学校、社会之间关系逐步理顺，但政府管理教育还存在越位、缺位、错位的现象，学校自主发展、自我约束机制尚不健全，社会参与教育治理和评价还不充分。为进一步提高政府效能、激发学校办学活力、调动各方面发展教育事业的积极性，必须深入推进管办评分离，厘清政府、学校、社会之间的权责关系，构建三者之间良性互动机制，促进政府职能转变。"实施"管办评"分离，转变政府职能，能够有效改变政府由于掌握资源而形成的对大学统治过紧的局面，从而改善政府与大学的关系，并让大学外部更多的利益相关者参与到大学的治理中。治理理论为构建新的大学外部治理结构提供了理论基础，其的主要思想有助于政府理清自身的职能，改善其与大学的关系，也能够让更多的外部的利益相关者参与到大学治理中。

三 利益相关者理论与大学外部治理结构

大学是由各种利益相关者组成的一个系统，从而构成了一个典型的利益相关者组织。充分认识各利益相关者在大学治理中的角色与作用，有利于理清治理过程中的各种关系。正是基于大学是一种利益相关者组织，利益相关者理论为我们分析大学的外部治理提供了适切的理论工具。

（一）利益相关者理论的基本思想

1. 利益相关者的概念

"利益相关者"一词最早出现在1963年斯坦福的一个研究小组——斯坦福研究院（SRI）的内部文稿中，主要是指那些没有其支持，组织就无法生存的群体，包括股东、雇员、顾客、供货商、债权人和社会。但其真正作为一个具有丰富内涵的概念是在20世纪60年代之后。学者最初是把利益相关者作为与"股东"相对应的词而提出的,用来表示与企业有着密切关联的所有群体。经济学家安索夫(Ansoff)是最早正式使用"利益相关者"一词的人,他在1965年提出了"要制定理想的企业目标,必须综合平衡考虑企业的诸多利益相关者之间相互冲突的索求权,包括管理人员、员工、股东、供应商以及顾客"。

对于如何界定利益相关者,学者有着多种解释,但并没有哪一种概念得到学界普遍的认可。1984年,美国经济学家弗里曼基于前人研究,从战略管理的角度,在广义范围上提出了利益相关者的概念,即"利益相关者就是任何能够影响企业组织目标的实现或受这种实现影响的个人或群体"[1]。总之,从斯坦福大学提出利益相关者一词以来,学界总共形成了30多种关于利益相关者概念的阐释。米歇尔(Mitchell)等依据先前的研究,按照"关系的存在""权力依赖:利益相关者拥有的优势""权力依赖:企业拥有的优势""相互权力依赖""以关系的正当性为基础"以及"利益相关者的利益:不包含正当性",把利益相关者的定义分为六大类[2],总结了其中的20多种利益相关者的概念。

2. 利益相关者的主要内容

20世纪80年代中期之后,针对"谁是企业的所有者,谁拥有企业的所有权"这一争论,出现了两种理论。一种是股东中心理论,强调股东是企业的所有者,企业的财产是由他们所投入的实物资本形成的,并承担着企业的剩余风险,理应成为企业剩余索取权与剩余控制权的享有者[3];另一种就是利益相关者理论,认为企业应是利益相关者的企业,包括股东在内的所有利益相关者都对企业的生存和发展进行了相应的专用性投资,并同时分担着企业的经营风险,或是为企业的经营活动付出了代价,因而理所应当拥有企业的所

---

[1] Freeman, Edward R. *Strategic management*: *A stakeholder approach*. Boston: Pitman, 1984.
[2] Mitchell, Ronald K, Agle, Bradley R, and Wood, Donna J. Toward a theory of stakeholder identification and salience: Defining theprinciple of who and what really counts. *Academy of Management Review*, 1997, p. 22.
[3] Grossman, S. &Hart, O. The costs and benefits of ownership: A theory of vertical and lateral integration, *Journal of Political Economy*, 1986 (94), pp. 691–719.

有权[①]。利益相关者理论强调企业的所有者并不仅仅局限于股东，只要是企业的利益相关者如企业的员工、供应商等都是企业所有人，他们和股东一样都承担着企业的风险。利益相关者之间没有高低贵贱之分，都具有平等的、独立的权利，共同拥有企业的所有权。基于对利益相关者理论的分析，可以把其的基本思想归结为三个方面：利益相关者的内涵、利益相关者的类型与范围以及利益相关者的治理。

在利益相关者理论中另一个重要的内容就是如何划分利益相关者的类型与范围。学者从不同的角度，形成了对利益相关者类型和范围的不同认识。查克汉姆（Charkham）从相关利益群体与企业是否存在交易性合同关系的角度，把利益相关者分为契约型利益相关者和公众型利益相关者。[②] 克拉克森（Clarkson）根据与企业联系的紧密程度，将利益相关者分为主要的利益相关者和次要的利益相关者。[③] 威勒根据社会维度的紧密性差别，将利益相关者分为首要的社会性利益相关者，他们与企业有直接关系，并且有人的参加；次要的社会性利益相关者，他们通过社会性的活动与企业形成间接联系；首要的非社会性利益相关者，他们与企业有直接影响，但不与具体的人发生联系；次要的非社会性利益相关者，他们对企业有间接影响，也不包括与人的联系。米歇尔以合法性、权力性和紧急性三种属性为标准，把拥有全部三种属性的认定为确定型利益相关者，拥有两项的是关键从属和危险利益相关者，只拥有一种的是蛰伏、或有和要求利益相关者。

正是认识到利益相关者对企业的发展有着至关重要的作用，学者们提出了利益相关者治理的理论，就是通过让利益相关者参与企业的治理实现企业与利益相关者的双赢。利益相关者治理主要存在四种治理观：股东治理观、员工治理观、利益相关者共同治理观和关键利益相关者治理观。这四种治理观对利益相关者中谁应该参与企业的治理，有着不同的认知与解读。股东治

---

① Blair M. M. *Ownership and control: rethinking corporate governance for the 21 century*, The Brooking Institution, Washington DC, 1995.

② Charkham, J. Corporate Governance: Lessons from Abroad. *European Business Journal*, 1992, p. 2.

③ Clarkson MBE. A Stakeholder Framework for Analyzingand Evaluating Corporate Social Performance. *Academy of Management Review*, 1995, p. 1.

理观强调股东是企业唯一的治理参与者,员工治理观主张企业的劳动者应参与治理,利益相关者共同治理观认为企业的所有利益相关者都应该参与公司的治理,关键利益相关者治理观认为应对参与企业治理的利益相关者进行筛选,只有企业的主权者才能参与治理。

(二)利益相关者理论在大学外部治理结构的运用

阿特巴赫(Altbach)说:"大学不是一个整齐划一的机构,而是一个拥有一定自治权的各种团体组成的社会。"这就意味着大学是由不同的利益群体组成,也就是说大学是利益相关者组织。关于大学作为利益相关者组织,可以从两个方面来进行分析。一方面是从大学所依赖的资本来进行解释。大学作为比较特殊的文化组织,是以高深知识为中心来进行组织的,正如美国学者伯顿·克拉克所言:"知识材料,尤其是高深知识材料,处于任何高等教育系统的目的和实质核心。"[1] 从这个意义上来说,大学的根本职责在于创造知识和传播知识。然而,无论是知识的创造,还是知识的传播,其都与以人力资本为代表的非物质资本密不可分。当然,这并不意味着物质资本对于大学不重要,而是相对于物质资本而言大学组织则更加依赖以人力资本为代表的非物质资本。因为人力资本是大学创造知识和传播知识的关键,物质资本是为人力资本完成这一使命服务的。因此可以说,以人力资本为代表的非物质资本相对于物质资本而言则是大学更为需要的一种稀缺性资源。从这个角度来说,以物质资本所有者利益至上的治理观念和模式就不能成为大学治理所应奉行的准则,而需要给予以人力资本为代表的非物质资本的所有者利益更多的关怀与照顾。大学组织的经济法则不是"人力追逐资本"而是"资本追逐人力"。[2]

另一方面是从营利的角度来阐释。与企业比较而言,大学与之的根本性区别则在于大学是一种非营利性的组织,也就是说大学的运行并不以营利为

---

[1] [美]伯顿·克拉克:《高等教育新论——多学科的研究》,王承绪等译,浙江教育出版社2001年版,第107页。

[2] 陈宏辉:《企业利益相关者的利益要求:理论与实证研究》,经济管理出版社2004年版,第58—63页。

目的，而是以服务为目的的公益性组织。这就意味着大学并不产生剩余的利润让大家分享，也就决定了大学并不存在纯粹意义上的股东，没有哪一类人或哪一个人能够独立行使大学的控制权，而是需要利益相关者共同行使大学的控制权。

正是基于以上两个方面的认识，我们认为大学是典型的利益相关者组织。因此，利益相关者理论应成为我们研究大学治理的理论依据，应基于大学的利益相关者来分析大学的治理机制。

既然大学作为一个典型的利益相关者组织，那就需要进一步分析大学的利益相关者都涉及哪些群体或个人。关于大学利益相关者涉及群体或个人的认识，理论界存在三种比较典型的分类标准。第一种标准是依据与大学的密切关系程度对利益相关者进行分类。有研究者认为，根据与大学的密切关系程度可以把大学的利益相关者分为四个层次[1]。即第一层次是核心利益相关者，包括教师、学生和管理人员；第二层次是重要利益相关者，包括校友和财政拨款者；第三层次是间接利益相关者，包括与学校有契约关系的当事人，如科研经费提供者、产学研合作者、贷款提供者等；第四层次是边缘利益相关者，包括当地社区和社会公众等。第二种标准是基于与大学的利益相关程度和参与大学治理的意愿与能力两个维度把大学的利益相关者分为四类，主要包括核心利益相关者、关键利益相关者、紧密利益相关者和一般利益相关者[2]。核心利益相关者主要是以大学行政人员为代表的大学经营者群体，关键利益相关者主要是政府和大学教师，紧密利益相关者主要是企业和学生，一般利益相关者主要是学生家长。第三种标准是依据相关利益者的合法性、权力性和紧急性把大学利益相关者分为确定性利益相关者、预期性利益相关者和潜在的利益相关者[3]。确定性利益相关者主要是指同时具有合法性、权力性和紧急性三种属性的群体，包括政府、教师和学生等；预期性利益相关者则

---

[1] 李福华：《利益相关者理论与大学管理体制创新》，《教育研究》2007年第7期。
[2] 潘海生：《作为利益相关者组织的大学治理理论分析》，《中国地质大学学报》（社会科学版）2007年第5期。
[3] 胡子祥：《高校利益相关者治理模式初探》，《西南交通大学学报》（社会科学版）2007年第1期。

是只具有合法性、权力性和紧急性中的任意两种属性的群体；潜在利益相关者是仅仅具有三种属性中一种的群体，如学生、家庭、社区等。

以上三种分类标准尽管是从不同的角度界定大学利益相关者，但都很清晰地厘清与界定了大学利益相关者所涉及的群体。然而，在大学治理过程中，不同的利益相关者由于其在知识、能力等方面存在诸多的差异，从而导致他们参与大学治理意愿的程度千差万别，这就会对大学治理产生不同的影响。而且大学治理包括两个层面，即内部治理和外部治理。大学的内部治理主要是涉及大学内部的管理，其参与者主要是大学内部的相关人员；大学的外部治理主要是大学如何处理其与外部组织或人员之间的关系，参与者更多的是大学之外的组织或个人。基于这样的认识，从大学治理结构分为内部治理与外部治理这个角度来讲，大学的利益相关者理应分为内部利益相关者和外部利益相关者。大学的内部利益相关者主要包括大学的行政人员、教师和学生；外部利益相关者涉及的群体则比较复杂与多样，主要包括政府、企业、校友、社会团体、媒体、第三方评估机构等。

大学外部治理主要指大学与政府、企业等外部利益相关者之间形成的关系，依靠政府、社会团体等组织，形成学校与外部利益相关者之间的决策权配置模式。从本质上讲，大学的外部治理就是在外部利益相关者之间进行决策权力的分配。尽管同属于大学的外部利益相关者，但他们对大学的利益诉求并不是完全相同。如政府希望大学传播其的政治意识形态，通过科技创新推动社会的发展，通过传播知识提高整个民族的文化素养；企业希望大学能够培养出其所需要的各种类型的优秀人才，为企业的发展提供智力支撑。这些不同的利益诉求，就决定了其参与大学外部治理意愿的强度不同。同时，外部利益相关者所拥有的相关资源等方面的差异也决定了其参与外部治理的能力参差不齐。基于参与治理的意愿和参与治理的能力来讲，大学外部治理的权力并不是在外部利益相关者之间进行分散式配置，而是一种非均衡的配置方式。也就是说，有的外部利益相关者获得的权力较多，而有的则相对较少。另外，从促进大学发展的角度来讲，并不是所有的外部利益相关者对大学发展具有同样的推动作用。有的外部利益相关者能够对大学的发展产生重要的作用，而有的可能只有微乎其微的作用。在促进大学发展中作用的不同，也决定了在外部治理中权力的配置模式不可能是分散式配置,而只能是非均衡的配置,对大学发展具有强大推动作用的则掌握更多的治理权力。当然,从大学本身来讲,其也希望对自身发展具有巨大推动作用的利益相关者获得更多的权力。正是根据以上的分析,我们认为基于利益相关者的大学外部治理模式理应采用关键利益相关者治理。

关键利益相关者治理就是从大学的外部利益相关者中选择出关键利益相关者参与外部治理。关键利益相关者的选择应从治理能力、治理意愿以及促进大学发展的作用三方面进行。依据这三个标准,我们认为大学外部的关键利益相关者主要包括政府、企业、媒体以及第三方评估机构。关键利益相关者治理的方式是协作治理,就是关键利益相关者之间通过相互协商、合作共同进行大学外部治理。关键利益相关者治理的基础是相同的关键利益,无论是政府与企业,还是媒体与第三方评估机构,其都希望大学能够发展得更好,这就是他们相同的关键利益。

当前,我国大学的外部治理中政府所拥有的权力过多和过大,其他关键利益相关者所拥有的权力则过少和过小。外部治理结构是关于政府和企业等外部利益相关者如何行使控制权的制度安排,其关键在于"去中心化",即转变政府控制权对大学的作用方式,变直接管理为间接管理,变微观管理为宏观管理,同时赋予以企业为代表的社会力量参与大学管理的控制权,寻求政府与企业的控制权的协调与平衡,建立多元化的外部治理格局。[①] 当然,作为关键利益相关者,政府在大学外部治理中仍具有主导作用,但由于其他关键利益相关者的介入,政府就需要考虑其他关键利益相关者的意愿,与其进行协商。因此,政府主要通过综合应用立法、拨款、规划、信息服务、政策指导和必要的行政措施参与大学外部治理,减少不必要的行政干预。

四 组织理论与大学外部治理结构

从本质上来说人是一种关系存在,而人类社会中的组织则是这种关系存

[①] 潘海生:《作为利益相关者组织的大学治理理论分析》,《中国地质大学学报》(社会科学版) 2007 年第 5 期。

在的最直接的表现，也是人类管理活动的体现。伴随着人类社会文明的进步，大学作为一种复杂的社会组织产生于人类的社会实践活动中。作为复杂的社会组织，大学的管理涉及诸多繁杂的内容。组织理论作为一种边际学科的研究，能够帮助人们了解组织活动与运行的机制，为人类的决策提供重要信息。在着力实现高等教育现代化与构建新型大学制度的今天，组织理论对于大学外部治理具有重要的理论意义。

（一）组织理论的主要思想

组织是伴随着人类文明的出现而产生的，但系统、完整的研究组织的组织理论则是20世纪后才出现的。组织理论的发展经历了古典组织理论、新古典组织理论和现代组织理论三个发展阶段。

1. 组织概念的界定

理解某种理论，首先是要理解它的核心要素的概念，在组织理论中"组织"就是其中的关键要素。如何给予"组织"一个确定的概念，人们并没有统一的想法。组织理论的研究者们认为，要给"组织"一个大家一致认可的界定是比较困难的事情。正如美国管理学家哈罗德·孔茨（Harold. Koontz）所说"'组织'也许是语义最为混乱的词"。不同的研究者基于不同的角度与层面，形成了关于组织含义的不同界定。目前，研究者关于组织的概念有几十种之多。在这里，我们不想再对组织的含义进行新的界定，而是对其的含义做简要的介绍。正如詹姆斯·G. 马奇（James Garder March）所说："组织的定义并没有多少目的，从更理性的角度而言，它提供了我们理解所研究对象的基础。"[1]

有研究者从工具理性的角度出发，认为："组织是人类为了达到某些共同的目标而故意构建的社会单元（或人的群体），公司、军队、学校、医院、教会、监狱属于组织；部落、班级、民族以及家庭那些自然形成的群体不属于组织。现代化组织具有如下特征：一是在劳动、权力及沟通责任上有所分工，分工的方式既不是任意的，也不是传统的，而是围绕某一特定目标加以精心

---

[1] March. J. G, Sirnon. H. A. *Organization*. New York：Wiley Press, 1958, p. 1.

设计的；二是具备一个以上的权力核心，用以指挥组织成员的行为，以促进组织目标的实现，这些权力核心要不时地考核组织的绩效，必要时调整组织结构以增加效率；三是实行成员的淘汰，对不胜任的成员通过轮训、降职、撤职的方式加以更换。"①

切斯特·巴纳德（Chester Barnard）基于系统观认为："组织是一个'开放式系统'，本质上是一种'社会协作系统'，组织和组织中的所有人员都是寻求取得平衡的系统，强调内部和外部的各种力量以维持一种动态的平衡。是两个或两个以上的人有意识地协调其活动和力量的系统。"② 系统理论学派的代表人物弗里蒙特·卡斯特（Fremont. E. Kast）和詹姆斯·E. 罗森茨韦克（James E. Rosenzweig）认为："组织是有目标的，即怀有某种目的的人群；是心理系统，即群体中相互作用的人群；是技术系统，即运用知识和技能的人群；是有结构的活动整体，即在特定关系模式中一起工作的人群。"

西蒙（Simon）从决策的角度认为："组织指的是一个人类群体当中的信息沟通与相互关系的复杂模式。它向每个成员提供其决策所需的大量信息、许多决策前提、目标和态度；它还向每个成员提供一些稳定的、可以理解的预见，使他们能够料到其他成员将会做哪些事，其他人对自己的言行将会有什么反应。"③

理查德·H. 霍尔（Richard H. Hall）在总结前人研究的基础上，提出了一个相对综合的定义，他认为："组织是有相对明确的边界、规范的秩序（规则）、权威层级（等级）、沟通系统及成员协调系统（程序）的集合体；这一集合体具有一定的连续性，它存在于环境之中，从事的活动往往与多个目标相关；活动对组织成员、组织本身及社会产生结果。"④ 从古典组织理论到现代组织理论，各种研究者从不同的角度和立场对其做出了各种不同的解释，

---

① Gross E. , Etizioni A. *Organization in society*. N. J, Prentice Fall. 1985, pp. 5 – 7.
② Barnard C. I. *The function of the executive*. Cambridge, Massachusetts. Harvard University Press, 1938, p. 75.
③ ［美］西蒙（Simon）：《管理组织决策过程的研究》，杨砾译，北京经济学院出版社 1988 年版，第 9 页。
④ ［英］理查德·H. 霍尔（Richard H. Hall）：《组织：结构、过程及结果》，张友星等译，上海财经大学出版社 2003 年版，第 35 页。

但基本上在以下几点上达成了共识。第一，组织的存在是为了解决个人解决不了的问题；第二，组织是由规范体系、等级系统、信息沟通体制、有关组织成员行为的调整程序等构成的有机集合体；第三，组织是同一系列的组织目标密切相关的活动；第四，组织通过可确认的境界同环境相互作用；第五，组织是超越组织成员和组织部门的相对独立的社会存在；第六，组织包括正式关系和非正式关系；第七，从权力及个人利益的角度上看，组织是一种政治竞技场，在其间人们就行为进行协商，就个体权力策略竞相追逐。①

当然，在组织理论中研究者们除了对组织的含义进行了充分的研究之外，还对组织的特征进行了分析，比如提出组织具有实体性、目的性、系统性、结构性、协作性、权威性等；也分析了构成组织的重要要素，包括目标、成员、制度等；并对组织进行了分类，依据组织功能、组织结构等分为不同类型的组织。

2. 组织理论的主要流派

组织理论产生的历史不长，但发展比较迅速。组织理论从产生到现在经历了产生、发展以及逐步完善的过程，主要包括了古典组织理论、新古典组织理论与现代组织理论三个阶段。不同的发展阶段对组织理论的发展具有巨大的推动作用，也形成了组织理论的主要观点。

一是古典组织理论。古典组织理论产生于19世纪末20世纪初，当时西方国家先后完成了工业革命，工业生产方式发生了很大的变化，生产规模急剧扩大。传统的生产与管理方式已经不能适应工业发展的需要，需要建立符合社会化大生产的管理制度与方法。正是在这样的背景下，产生了重视管理体制、组织结构、规章制度、职能权责的古典组织理论。其基本观点主要包括②：（1）组织存在明确的分工。组织要依照任务性质、工作程序、作业地点和人员不同而分工。（2）组织是一种多层次结构，以便指挥统一、令行禁止。（3）组织内部要权责分明。组织中的每个岗位都有确定的职权范围，并

---

① ［法］埃哈尔·费埃德伯格：《权力与规则——组织行动的动力》，上海人民出版社2005年版，第49页。

② 张文泉、李泓泽：《组织理论的演进与发展》，《工业工程与管理》2000年第5期。

要求每个人承担职务的同时明确自己应承担的任务。（4）组织是依据法规、制度而组成的。组织中的每个成员都受法规、制度的控制。（5）组织具有目标性。任何组织都有一定的目标，组织的基本任务是实现既定目标。（6）组织要有协调性。由于组织分工与层次关系，要求组织各部门具有良好的协调性，以保证组织功能的发挥，防止各自为政。

二是新古典组织理论。古典组织理论的最大弊端在于其忽视组织中的人，漠视人与人之间的关系。正是看到古典组织理论的缺陷，新古典组织理论把研究的重点放在组织中的人的方面，强调人的本性和需求、行为动机、人际关系等。新古典组织理论包括组织与环境有关的理论、经验主义理论、人际关系理论等。组织与环境有关的理论主要代表人物有帕森斯（Talcott Parsons）、巴纳德（Chester Barnard）、戈斯（John M. Gaus）和谢尔兹尼克（Philip Selznick）等人。组织与环境有关的理论强调组织不是独立于环境而存在的，是存在于某种环境中的组织，组织结构会受到组织中的成员以及其所存在于其中的环境的影响。经验主义理论的代表人物是西蒙，他批判了古典组织理论的一些主张，认为只有依靠严格的经验主义方法才能促进组织理论的发展。人际关系论的主要代表人物是梅奥（Elton Mayo），该理论认为人是社会性动物，具有社会需求。新古典组织理论强调在组织中要重视人与人之间的关系，人在组织中不是作为独立的个体而存在的，组织对个人具有重要的作用；重视组织与环境的相互关系，认为组织是依存于环境而存在的，与环境之间进行着能量、信息等的相互作用。

新古典组织理论是在批判古典组织理论的基础上建立的，这就决定了其主要观点与古典组织理论相反，也呈现出与古典组织理论不同的特征。新古典组织理论主要具有如下的特征[1]：强调社会效益、重视非正式因素、重视组织与环境的相互关系、认为人并不是合理的和利己的、提倡经验主义。

三是现代组织理论。20世纪50年代组织理论的研究随着经济、社会的发展也得到了迅猛的发展，它与古典组织理论、新古典组织理论有着根本性的不同，在研究方法上有了新的突破。现代组织理论主要包括决策理论学派、

---

[1] 金冬日：《现代组织理论与管理》，天津大学出版社2003年版，第7页。

系统理论学派、制度理论学派。决策理论学派以赫伯特·西蒙（Herbert A. Simon）为代表，他认为组织的工作主要是决策与日常工作，其中决策是日常工作的前提，提出了"决策满意度原则"和"组织成员的有限理性"。系统理论学派的主要代表人物是卡斯特与罗森茨韦克，该学派把组织看作一个系统，而且是一个开放的系统，强调系统中各个子系统之间的相互关系，重视系统与环境之间的相互作用。制度理论学派强调在相同环境下，各个组织之间的相互关系，研究视角也从经济学转向了社会学。制度学派把组织看作一个有机的系统，强调从整体对组织进行分析。随着制度理论学派的发展，其分为了旧制度学派与新制度学派，二者的主要差异在于如何理解组织结构。旧制度学派强调非正式组织的主动影响，新制度学派则强调组织环境对组织的影响。

3. 组织理论的核心要素

经过近百年的发展，组织理论不断丰富、完善。上述三大组织理论产生于不同的历史时期，也有各自的研究重点。当然，不同历史时期的经济、社会等发展水平不同，也就决定了基于此产生的理论具有一定的局限性。尽管不同的组织理论在研究方法、研究视角、研究重点以及主要观点存在诸多差异，但其核心要素都包括组织目标、组织结构、组织环境、组织文化、组织决策。

（1）组织目标

任何活动都是有目标的，均是以目标为导向的，组织也不例外。组织目标就是组织所要追求的，是组织未来所要到达的状态。从不同的角度可以对组织目标进行不同的分类，如从时间角度可以分为短期目标、中期目标与长期目标，形式上可以分为定性目标与定量目标等。组织目标对组织的运行发挥着重要作用：首先，组织目标对组织具有导向作用，科学合理的目标能引导组织朝着正确的方向发展；其次，组织目标具有评价作用，目标能够作为评价组织所取得成就的标准；再次，组织目标具有激励作用，目标具有心理引力能够激励组织及组织成员不断前行。组织目标的确定不是任意而为，需要根据组织的发展情况确定科学合理并且经过努力能够实现的目标。

(2) 组织结构

组织结构是组织的基本架构，是指组织内部的各要素及它们之间的相互关系。组织结构的本质是组织好员工的分工协作关系，其内涵是人们在职、责、权方面的结构体系[1]。组织结构的定义包含以下关键要素：组织结构决定了组织中的正式报告关系，包括职权层级的数目和主管人员的管理幅度；组织结构确定了将个体组合成部门、部门再组合成整个组织的方式；组织结构包含了能够确保部门之间沟通、协作和力量整合的制度设计。[2] 结构决定功能，组织结构在一定程度上对组织的功能具有决定作用。组织结构具有如下功能[3]：组织结构是为生产组织的产品并为达到组织目标而设计的；组织结构在减少个人的多样性对组织的影响，或至少在调整这些行为方面起着重要作用；组织结构是行使权力、决策并进行其他组织活动的基本场所。

(3) 组织环境

组织环境对组织的发展具有决定性作用，影响着组织功能的发挥。组织环境主要指影响组织运行的各种因素，既包括组织内部因素，也包括外部因素。也就是说，组织环境既有组织内部环境，也有组织外部环境。

(4) 组织文化

组织文化是组织价值观的体现，是组织成员共享的价值理念，展现了一个组织的精神风貌。沙因（E. H. Schein）认为组织文化是由一些基本假设所构成的模式；这些假设是由某个团体在探索解决对外部环境的适应和内部统一问题这一过程中所发现、创造和形成的；如果这个模式运行良好，可以认为是行之有效的，成为成员在认识、思考和感受问题时必须掌握的正确方向[4]。组织文化可以分为不同类型，总的来说主要包括精神文化、制度文化、行为文化与物质文化。组织文化的内容十分广泛，综合来看组织文化主要包含以下要素：组织精神、组织理念、组织价值观、组织道德、组织素质、组

---

[1] 赵慧英、林泽炎：《组织设计与人力资源战略管理》，广东经济出版社2003年版，第51页。

[2] [美] 理查德·达夫特：《组织理论与设计（第七版）》，王凤彬、张秀萍译，清华大学出版社2003年版，第103页。

[3] 金冬日：《现代组织理论与管理》，天津大学出版社2003年版，第17页。

[4] E. H. Schein, E. N. *Organizational culture and leadership*. San Francisco: Jossy Bass. 1985, p. 89.

织行为、组织制度、组织形象等①。

（5）组织决策

组织决策是组织管理过程中的核心任务，决定着组织的运行。组织决策就是对组织运行与发展所要面临的各种条件的选择，也就是对组织面临的各种问题选择有效的解决办法。从定义中可以看出，组织决策包含以下内容：决策的目标性、决策过程性与决策的选择性。组织决策并不是随意做出的，而是要按照一定的程序做出的慎重选择。组织决策是按照如下的程序进行的②：认识和发现问题；确认和分析问题，确定解决问题的目标；收集和处理有关信息；方案的修订；比较与选择各种方案和决策方案的实施与评价。

（二）组织理论在大学外部治理结构的运用

大学是以知识为操作材料从事高深专门知识的传播、创造、应用、整合的学术组织，围绕知识体系和学术业务形成的学术结构与围绕资源管理和行政事务形成的行政结构构成大学组织结构的两维。③ 当然，相对于更大的组织社会而言，大学是社会中的子组织。在社会组织中还存在着政府、企业等很多子组织，社会是这些子组织得以存在的组织环境。生存于相同的组织环境中，大学与其他子组织之间相互作用、相互影响。在实现高等教育现代化与构建现代大学制度的重要任务中，形成新型的大学外部治理结构是其中重要的一环。作为子组织，大学外部治理结构的构建受到其他子组织如政府、企业等的影响。政府制定的相关教育政策会对大学的教育管理、课程设置等方面产生重要影响，企业的人才需求类型会在某种程度上决定大学的人才培养。在构建大学外部治理结构的过程中，大学需要与政府企业等相关组织进行良好的信息沟通，营造良好的文化氛围，让这些组织主动参与到大学的外部管理过程中。当然大学要时刻认识到自身才是办学的主体，在其他社会组织参与治理的过程中大学不能放弃在治理中的主导地位。组织理论中关于组织目

---

① 岳澎：《现代组织理论》，中国农业大学出版社 2010 年版，第 104 页。
② 刘延平：《多维审视下的组织理论》，清华大学出版社 2007 年版，第 120—121 页。
③ 迟景明：《现代大学组织特性与管理创新》，《大连理工大学学报》（社会科学版）2002 年第 6 期。

标、组织结构、组织文化等的论述，为构建大学外部治理结构提供诸多的理论支撑。因此，在大学外部治理组织结构的形成、组织文化的营造、组织目标的设置、组织决策的执行等方面需要吸收组织理论的重要观点。

第四节 大学外部治理结构运行的原则与目标

进入 21 世纪以来，随着社会经济的发展，对大学的发展提出了新的要求。为应对社会经济发展对大学提出的新要求，世界各国对高等教育体制进行改革。治理理论的兴起，为高等教育体制改革提供了新的理论支撑，从大学管理走向大学治理成为改革的重点。大学外部治理是大学治理的重要方面，构建外部治理结构是实施外部治理的关键。大学外部治理结构的运行是影响治理效果的重要因素，要实现大学外部治理结构的良好运行需要遵循相关原则，设定科学合理的目标。

一 大学外部治理结构运行原则

大学外部治理结构是实施大学外部治理的重要环节，大学外部治理结构的运行对大学外部治理的效果产生重要的影响。大学外部治理结构的运行并不是任意而为，而是需要按照一定的规则进行。

1. 权力分散

伯顿·克拉克（Burton R. Clark）指出："立法委员会、执行机构的高级官员、法院和各党派这些正规的政治渠道，现在越来越多地卷入了高等教育领域。高等学校的教授们也参加了集体的讨价还价或者组织集团进行游说活动。学校内部的利益集团大大增加，并加强了他们自己的组织和代表性。外部利益集团对高等学校也给予更多注意。"[1] 在传统的大学外部治理中，权力主要集中在教育行政管理部门。随着社会的发展，大学外部治理的权力主体

---

[1] ［美］伯顿·克拉克：《高等教育新论——多学科的研究》，王承绪等编译，浙江教育出版社 2001 年版，第 118 页。

呈现了多元化的特点，除了教育行政管理部门之外，其他的利益群体如学生家长、媒体、用人单位等都逐渐成为大学外部治理的主体。

大学外部治理结构遵循的权力分散原则也是对大学利益主体多元化的一种应对。传统上大学的利益主要是代表国家利益，是一体化的。然而随着大学职能的多样化和系统，大学的利益也开始分化。大学所需的教育资源除了直接来自国家外，还有来自个人、企业以及其他社会组织。既然大学获得了来自其他组织或个人的教育资源，就理应受到资源提供者的监督。利益主体的多样性决定了大学外部治理结构中的权力不可能也不应该集中在一个人或一个组织手中，每一个利益主体在大学外部治理中都应该获得相应的权力。

2. 共同治理

在治理理论中，许多研究者提出了多中心治理的理论。多中心治理是相对于单中心治理而提出的，其本质在于权力不集中在一个人或组织，不存在一个权力中心。多中心治理体制是指在各个行政机关行使的行政权力中间，并不存在着单一的权力中心，各个机构拥有的行政权力之间相互分离、平行行使，不存在等级节制关系。[①]

在制度经济学看来，任何组织都是利益相关者组成的。从这个意义上说，大学也是利益相关者组织。作为利益相关者组织，外部利益主体必然要求参与大学的外部治理。由于多个利益主体的存在并参与到大学的外部治理中，这就致使不同的利益主体之间构成了一个治理网络，而且这种治理网络需要各利益主体之间相互合作，共同治理。也就是说，多中心治理决定了大学外部治理是利益主体之间的共同治理。尽管不同的利益主体在价值诉求等方面存在不同，但在基于互惠以及存在互动的群体中，合作会发生演化，并且一旦建立，就可以防止其他不太合作的战略的侵入[②]。这就意味着，不同的利益主体为了保证各自利益的获得，就会在不断的互动中放弃"单独治理"的形式，从而达成共同治理的局面。制度是一种"合意"，体现着行动者的共同理

[①] 龙献忠：《从统治到治理——治理理论视野中的政府与大学关系研究》，华中科技大学，博士学位论文，2005年，第137页。

[②] Gilles Paquet., *Governance Through Social Learning*, Ottawa: University of Ottawa Press, 1999, p.10.

解和价值取向,并有行动者要求遵守的压力,能使行动者认同组织目标,进而采取合作行动。[①]

3. 合作协商

在我国传统的高等教育管理中,政府是大学的唯一管理主体,实行的是单中心的大学治理模式。随着我国高等教育的发展,政府在大学的管理中遇到越来越多难以解决的问题,这就需要政府转变对大学的治理方式,通过权力的让渡与联合其他力量来共同解决大学发展所面临的各种问题。

实现治理主体与权力的多元化,形成多中心治理是治理理论的重要内容。正如前文所说,多中心治理涉及大学不同的利益主体,诸如政府、企业、学生家长等。这些利益主体参与大学外部治理的目的是实现自身的利益诉求,并尽可能使自己的利益在治理过程中最大化地实现。因此,每个利益相关主体都希望用自己的治理方式进行大学的外部治理。而"囚徒困境"表明单个个体的理性并不是整个团体的理性,个人的最佳选择并不意味着就是团体的最佳选择。在大学外部治理中,只有各利益相关主体相互合作、共同协商,才能在治理中实现每个主体的利益。如果不同的利益主体在治理过程中只追求自身利益的最大化,各行其是,那么这些利益主体间就不会实现博弈的正数,只会出现博弈的负数。此外,在一定条件下,个体孤立地做出选择未必是对自身最合理的选择,并且这种选择也会给整个团体带来伤害。基于这样的分析,大学外部治理结构的运行必须遵守合作协商的原则,不同的利益主体之间相互合作,通过共同的协商制定大学外部治理的方式以及治理权力的分配,从而激发每一个利益主体积极参与大学外部治理,不同利益主体之间合作协商的目的是保证公共利益的实现。

二 大学外部治理结构运行目标

在建设高等教育强国与实现高等教育现代化的路途中,建设现代大学制度始终是我国大学发展的追求。《国家"十三五"规划纲要》与《国家中长

[①] 龙献忠:《从统治到治理——治理理论视野中的政府与大学关系研究》,华中科技大学,博士学位论文,2005年,第139页。

期教育改革与发展规划纲要（2010—2020年）》也都强调推进教育现代化，加快现代大学制度建设。推进高等教育现代化需要加快教育体制管理的改革，《国家中长期教育改革与发展规划纲要》指出"以转变政府职能和简政放权为重点，深化教育管理体制改革，提高公共教育服务水平。明确各级政府责任，规范学校办学行为，促进管办评分离，形成政事分开、权责明确、统筹协调、规范有序的教育管理体制。改变直接管理学校的单一方式，综合应用立法、拨款、规划、信息服务、政策指导和必要的行政措施，减少不必要的行政干预"。这就意味着，需要改变传统的政府与大学之间的关系。因此，大学外部治理结构运行的目标就是要构建现代大学制度以及重构政府与大学的关系。

1. 构建现代大学制度

建立现代大学制度，是新时期高等教育改革的方向、发展的必然要求，同时也是创建世界一流大学的制度保障。[①] 构建现代大学制度，应明晰内外部治理结构。大学内部治理结构的明晰，有助于减少大学的内耗，使大学的决策有章可循。外部治理结构就是要明确大学与外部其他组织的关系，使利益相关者参与大学治理。现代大学制度建设的问题理解和表征在部分上是失败的，其存在的核心问题是现代大学制度决策的目标存在争议，现代大学制度决策主体单一，行政化的决策模式导致了制度激励不足或制度规约过度而造成的变迁动力匮乏问题和知识分布不均衡问题[②]。从外部治理的角度来看，当前我国大学的外部治理主要是由政府主导，其他的利益相关者没有机会参与；即使有些参与了大学的外部治理，但在实际的治理中并没有真正地发挥作用。因而，在大学外部治理结构中应改变政府是唯一的治理主体。我们应该重构政府在大学外部治理中的权力，使其他的利益相关者获得相应的权力，通过理事会等形式积极参与大学外部治理。

2. 重构政府与大学之间的关系

在大学的发展历程中，政府与大学的关系一直是高等教育常常谈论的课

---

① 袁贵仁：《建立现代大学制度，推进高等教育改革》，《中国高等教育》2003年第3期。
② 陈梦迁、黄明东：《治理框架下现代大学制度决策的逻辑与模式建构》，《现代大学教育》2013年第4期。

题。"关于现代大学的功能和使命，学术自治和学术自由的边界，政府和国家力量的干预限度，大学参与社会的程度与方式等等，一直是高等教育哲学的主题。"[①] 在我国传统的大学管理体制中，由于政府是大学教育资源的主要提供者，这决定了其一直是大学外部治理的主导者。这种治理模式给大学发展提供了所需的资源，这种治理模式同样给大学的发展带来了诸多的困难。在着力推进高等教育现代化的今天，必须改变这种治理模式，重新审视政府与大学的关系。《国家中长期教育改革与发展规划纲要》提出"推进政校分开，管办分离。适应中国国情和时代要求，建设依法办学、自主管理、民主监督、社会参与的现代学校制度，构建政府、学校、社会之间新型关系。适应国家行政管理体制改革要求，明确政府管理权限和职责，明确各级各类学校办学权利和责任。探索建立高等学校理事会或董事会，健全社会支持和监督学校发展的长效机制"。从治理的角度来看，要使其他社会组织与政府共同参与公共事务的治理，就必须打破政府对公共事务管理权力的垄断及其作为单一权利中心的状况。政府和大学都是为公共利益服务的机构，或者说它们存在的基础是为公共利益服务，二者在存在形态和地位上有一定的独立性和平等性，在现代社会最好不以"谁高谁低"而论，彼此的领域性质不同[②]。大学外部治理结构的构建旨在重构政府权力，厘清政府角色，建立权力清单，使其与大学之间形成合作伙伴的新型关系。

---

① 杨东平：《大学精神》，辽海出版社 2000 年版，第 3 页。
② 马陆亭、范文曜：《我国现代大学制度的建设框架》，《国家教育行政学院学报》2009 年第 5 期。

第二章　中国大学外部治理结构运行的现状调查

　　大学外部治理结构指大学组织中各个外部相关利益者群体的相互关系，是大学与政府、区域经济、社会以及其他外部利益相关者之间的关系结构，通过一些必要的权力运作和配置机制来达到各个相互关系的平衡，从而保证整个系统的有效运行和协调发展。通常而言，既包括建立"政府、区域经济、社会、大学"之间的一种的权力结构形式，也包括"政府、区域经济、社会、大学"之间的一种良性互动的合作机制。在中国，政府对大学治理结构及其变迁起着核心作用，大学的初创和发展随着国家兴衰而一波三折，新中国成立以后高等教育管理经历了几次大规模的调整，逐步形成了以政府为主要推动力的稳定格局。在新中国成立初期，社会发展内忧外患，为保证国家富强、民族独立，社会、经济发展对人才的需求，政府推行统一领导全国高校的政策，形成高度中央集权的高校行政管理体制。改革开放以来，市场经济体制逐步确立，社会的内外部环境都发生了很大变化，1993年国家颁布《中国教育改革与发展纲要》指出，要逐步建立政府宏观管理，学校面向社会自主办学的体制。系统考察中国大学外部治理结构的运行现状，分析存在的特点及发展趋势，对坚持发扬中国大学与民族荣辱与共的历史使命和责任感，构建现代大学制度背景下中国大学外部治理结构的运行机制，有着十分重要的意义。

第一节 研究方法

研究采用文献分析和网上数据采集的方法。关键数据的来源有：CNKI 数据库中发布的报刊、年鉴、百科、统计数据、会议与期刊论文，国家教育部、各省教育厅、各直辖市教育委员会等我国大学外部治理部门的各级各类官方网站等。

基于资料发布的可信性，各级各类官方网站为主要数据来源。据统计，至少访问分析了 50 个政府官网；查阅了教育部等中华人民共和国国务院组成部门及其直属机构等政府部门官网 19 个；抽样调查了直辖市政府、市教委、省政府、省教育厅等政府部门官网各 3 个；抽样调查其他下属相关机构如高教司、科技司等政府官网 20 余个。共涉及机构设置、概念、职责及 CNKI 中的百科词条等 1000 余条。

将所搜集的资料按归类法分为四步进行分析。依据 2014 年 7 月 9 日教育部官网发布的"全国普通高等学校名单（包括学校名称、主管部门、办学层次等）"，第一步按主管部门的隶属关系将我国大学分为中央部委所属高校、地方部门所属高校和民办高校三类；第二步在每个大类中再根据办学类型分成若干小类；第三步在每类中分别选择 1—2 个具体的外部治理主体（如某某省教育厅），最后依据外部治理主体在大学外部治理上发挥的具体作用，进行深入的分类阐述。

第二节 治理结构下中国大学的分类

根据不同的目的，中国大学可以按办学规模、层次、水平和性质等多个角度进行分类。为了便于深入研究剖析，根据大学的管理权限、隶属关系和外部治理结构，可将中国普通高校由隶属关系自上而下分为中央部委所属高校、地方部门所属高校和民办高校。其中，中央部委所属高校由教育部直属高校、国务院相关部委（及部级单位）直属高校构成；地方部门所属高校则形成了省属国家"211 工程"重点大学、"省部共建大学"、地方性直属高校三大模式。

一　中央部委所属高校

中华人民共和国中央部门（单位）直属高等学校，简称"中央部属高校"，主要是指中华人民共和国国务院组成部门及其直属机构在全国范围内直属管理一批高校，目的是在探索改革上先走一步，在提高教学、科学研究和社会服务方面发挥示范和引导作用。此类学校关系到国家发展全局，且行业特殊性强，由国务院组成部门及其直属机构在全国范围内直属管理。

20 世纪末，经过高校管理体制的调整，我国高校形成了中央和省级政府两级管理，以省级政府统筹管理为主的新体制。少数关系国家发展全局的高校以及行业特殊性强的高校继续由国务院委托教育部、工信部和相关部门管理外，多数高校由地方管理或以地方行政管理为主。2000 年 2 月 12 日，教育部、国家计委、财政部《关于调整国务院部门（单位）所属学校管理体制和布局结构的实施意见》指出：除教育部、中国科学院、外交部、国防科工委、国家民委、公安部、安全部、海关总署、民航总局、国务院侨务办公室、体育总局、地震局等部门和单位继续管理其所属学校外，国务院其他部门和单位原则上不再直接管理学校。截至 2014 年 7 月，中央部署高校共有 112 所，由教育部、工业和信息化部、国家民族事务委员会、公安部、交通运输部、中国科学院、国务院侨务办公室、中共中央办公厅、外交部、国家体育总局、中华妇女联合会、国家卫生和计划生育委员会、共青团中央委员会、中华全国总工会、国家安全生产监督管理总局、司法部、中国海关总署、国家林业局和中国地震局等直接管理。

二　地方部门所属高校

地方所属高校，俗称"省属高校"，是指隶属各省、自治区、直辖市、港澳特区，大多数靠地方财政供养，由地方行政部门划拨经费的普通高校（2500 多所），作为中国高等教育体系的主体部分，主要为区域培养高素质人才，为区域经济社会发展做出贡献。部分省份政府为做强地方高等教育，大力支持省属高校依靠自身特色积极争取相关中央部委的资金和资源支持，以从战略上最大程度破解其发展受限的不利局面，推动自身快速发展甚至上升为国家发展战略，形成省属国家"211工程"重点大学、"省部共建大学"、地方性直属高校三大模式。

历史上中国高校大多隶属于国家不同的部委，各个部委办自己特色的高校。国家教育领域体制改革后，中央将原来的部委所属高校调整为教育部主管（教育部直属高校）和部分工信部主管，其他高校改由省级地方政府管理，即形成了目前的高校隶属格局：少数中央部（委）属高校和多数地方政府所属高校。2004年，教育部经过认真、慎重的论证和研究，决定与中西部无教育部直属高校的省（自治区）包括新疆生产建设兵团各共建一所地方所属高校。此举旨在全面实施科教兴国战略和人才强国战略，促进高等教育的合理布局和协调发展，逐步缩小地区间发展差异，提高中国高等教育整体水平，推进教育公平，更好地为西部大开发以及区域经济建设和社会发展服务。除了省级政府与教育部共建高校外，另一个大的共建院校群体当属工信部与省级政府共建高校群体。这一共建体制的形成是为了解决一些高校在发展自身特色的同时能够获取省级政府的大力支持，支持地方经济建设。在共建各方的共同努力下，工信部共建高校的改革发展取得了可喜的进步，进一步厘清了办学思路，学科建设等获得了快速发展，学校硬件条件和外部环境得到了明显改善，对外交流的渠道进一步拓宽，与地方和区域经济社会发展的结合更加紧密。

三 民办高校

民办高校是指企业事业组织、社会团体及其他社会组织和公民个人利用非国家财政性教育经费，面向社会举办的高校及其他教育机构。我国的民办高等院校与公办高等院校不同，民办高等院校一般由院校所在省、直辖市、自治区的教育厅或教委主管，公办高等院校则由院校所在省、直辖市、自治区级政府主管。国家鼓励社会力量举办实施义务教育的教育机构作为国家实施义务教育的补充，但严格控制社会力量举办高等教育机构。国家对社会力量办学实行办学许可证制度，各级教育行政部门按规定的审批权限，对批准设立的教育机构发放办学许可证。

中国民办高校已经有 30 年历史，截至 2013 年 6 月 21 日，独立设置民办普通高校 424 所。2012 年 6 月，教育部《关于鼓励和引导民间资金进入教育领域促进民办教育健康发展的实施意见》（教发〔2012〕10 号）提出，鼓励和引导民间资金发展教育和社会培训事业，促进民办教育健康发展。随着市场经济的确立和社会环境的变化，民办高校越来越注重校园文化建设，提高育人质量。与公办高等院校相比，民办高校更加注重自身的办学特色，尊重学生的兴趣爱好。2012 年，包括北京城市学院在内的 5 所民办高校通过教育部审批，正式获得了研究生招生的资格。这是新中国成立以来，中国民办高校首次获得研究生教育资格，标志着民办高校学历培养层次进一步得到提升，打破了过去研究生招生由公办高校、科研院所独家垄断的局面。与此同时，中国民办高校也面临着亟待突破的瓶颈：民办高等教育机构在人才培养方面的投入不充分，生源减少导致民办高等教育机构的生存压力骤增，教师队伍建设滞后成为制约民办高等教育机构发展的瓶颈等。

第三节　中国大学外部治理结构运行的现状

由于中央集权的文化传统和高等教育起源较晚的历史局限，我国大学外部治理主体通常是各级政府主管部门。其中，中华人民共和国教育部是高校外部治理的核心主体，是各级各类高校的最高指导和管理机构，和一般行政管理部门不同，教育部既是行政管理者，也是国立院校的经营者。教育部下设 27 个直属司局，与高校外部治理都紧密相关，由强到弱、由直接到间接地在中央部委所属高校、地方部门所属高校和民办高校三类高校的外部治理中发挥作用，区域经济、社会以及其他外部利益相关者在高校的外部治理结构运行中发挥一定作用。

一 中央部委所属高校政府治理主体的运行

中央部委所属高校的主导机构是中华人民共和国教育部、中华人民共和国国务院相关部委（及部级单位）等政府机构。中央部委所属高校的外部治理主体主要是其上级主管部门，即前文所述的教育部、工业和信息化部等19个政府部门。尽管中央部属高校分属于多个机构或部门，但实际上，这些部门在中央部属高校的外部治理上并不是孤立存在，而是由教育部在各类高校的外部治理主体中起到沟通协调、统筹管理的重要作用。教育部的宏观作用不再赘述，下文主要阐述其余18个相关部门及教育部直属高校工作司的相关治理职能。

中华人民共和国国务院相关部委（及部级单位）是中央部属高校外部治理的重要相关主体。这些部委包括工业和信息化部等国务院直属部委，主要参与治理行业性强、专业学科特殊的高校。根据2014年7月9日教育部官方网站发布的信息，研究者对中央部属高校进行了统计：全国中央部属高校共112所，其中教育部直属高校73所，工业和信息化部直属高校7所，国家民族事务委员会直属高校6所，公安部直属高校5所，交通运输部直属高校5所，中国科学院和国务院侨务办公室直属高校各2所，中共中央办公厅、外交部、国家体育总局、中华妇女联合会、国家卫生和计划生育委员会、共青团中央委员会、中华全国总工会、国家安全生产监督管理总局、司法部、中国海关总署、国家林业局和中国地震局直属高校各1所。在这些外部治理主体中，有些设置了专门的机构负责高校管理工作，例如，工业和信息化部直属高校，由该部的人事教育司直接管理；国家民族事务委员会直属高校，由该委员会的教育科技司管理。有些外部治理主体则没有专门设置特定机构，而是进行全局统筹式的管理，如中国科学院、国务院侨务办公室对其所属的高校的治理。各类高校及各个部委的治理功能不一一列出。在所有高校管理的部委中，教育部是中央部属高校的直接管理者和经营者，承担高等教育教学的宏观管理工作，规划和指导高等教育发展的各个方面，协调其他各个外部治理部门之间的关系。

就中央部委所属高校的直接管理工作来看，教育部原设有直属高校工作司直接进行管理。后经中央编制委员会办公室批准，在组建教师工作司、调整职业教育与成人教育司等司局职能之后，于2012年撤销了直属高校工作司，而是在高等教育司设立了直属高校工作办公室。原直属高校工作司即现在的高校工作办公室，主要工作职责是，指导直属高校制定发展战略规划，负责省部共建大学工作，承担教育部直属高校工作咨询委员会秘书处日常工作，负责直属高校年度事业发展统计信息有关综合工作等。总体而言，中央部委所属高校的外部治理主要是由政府部门，特别是教育部内部所有司局的共同协作完成的。

二 地方所属高校政府治理主体的运行

中华人民共和国教育部高等教育司是各类高校的重要管理部门，在宏观上对地方所属高校进行统筹管理。高等教育司下设高等教育评估处等11个处室，这些处室与高校外部治理都紧密相关。高教司的主要职责可参照教育部官网发布的相关信息。

中华人民共和国各省（自治区）教育厅（直辖市教育委员会）是地方所属高校的主管部门。经抽样调查发现，各省（自治区）教育厅（直辖市教育委员会）下设机构通常在20—30个，囊括了地方所属高校外部治理的各个方面。相关处室及职责通常包括：高等教育处统筹指导高等教育业务工作；研究室统筹指导教育决策、政策和管理的研究工作；法规处统筹指导教育法制建设工作，发展规划处统筹指导教育事业发展规划和计划；成人教育与培训处统筹指导成人教育工作；德育处统筹指导大中小学校的学生德育工作和高校学生的有关管理工作；体育卫生与艺术教育处统筹指导各级各类学校体育、卫生与健康教育、艺术教育和国防教育；科研处统筹指导高校社会科学和自然科学的研究工作；校办产业管理处统筹指导校办产业工作；基本建设管理处统筹指导教育基建项目的规划和实施；学校后勤管理处统筹管理和规范指导学校后勤工作；保卫处统筹指导高校和直属单位的安全保卫工作；财务处统筹指导教育财务工作；审计处统筹指导教育系统的内部审计工作；人事处统筹指导教育系统教师队伍建设和人力资源管理；市人民政府学位委员会办公室负责市人民政府学位委员会的日常工作；市人民政府教育督导室办公室负责市人民政府教育督导室的日常工作；高职高专教育处统筹指导高等职业教育、高等专科教育的业务工作等。

值得指出的是，中华人民共和国教育部是各级各类高校的最高管理和经营机构，各省（自治区）教育厅（直辖市教育委员会）虽然在地方所属高校的外部治理中发挥直接作用，但其治理运行均在教育部所拟定的框架下开展。

三 民办高校政府治理主体的运行

政府在民办高校外部治理结构运行中具有重要作用，省（自治区）教育厅（市教育委员会）是民办高校的主管部门。在有些省市，民办高校与普通地方所属高校一起由高等教育处直接管理，如河南省等；在另一些省市则设置了专门的处室来规范管理民办高校，如天津市教育委员会设置了社会力量办学处。就后者而言，政府职能为统筹规划、综合协调、宏观管理民办教育管理工作。具体包括：负责会同有关部门研究拟定民办教育发展规划，制定有关政策，并组织实施；负责民办非学历高等教育机构的审批和管理工作；负责民办高校、市属老年人大学的审批和管理工作；负责民办中等及以下学历教育、民办学前教育、民办高中自考助学机构及民办非学历教育机构的备案工作；负责民办高校、市属老年人大学的年检工作。

可见，政府仍然是我国民办高校外部治理的核心主体之一。但是，在民办高校外部治理过程中，政府对民办高校的管理还没有从全程管理、直接管理转变到强化法规建设、提供信息服务、加强督导评估的轨道上来，呈现宏观管理还不到位与微观管理太到位同时并存的现象。近几年来，由于中央政府和教育主管部门对于职业教育、民办教育的重视，加大了对民办高等教育的关注、投入与扶持，但从全国范围来看，社会参与民办高校外部治理的形势不容乐观，社会主体还没有完全意识到对于发展民办高等教育的意义与责任[①]。从我国民办高校的办学性质来看，主要是投资办学，主导方向是资本的逐利性，根本目的也是为了获得投资的回报和利润。目前，社会组织或个人作为我国民办高校的治理主体，在治理方面以追逐利益为目标的治理模式普

---

① 郑扬波：《我国民办高校外部治理结构研究》，首都师范大学，硕士学位论文，2011年。

遍存在，这是政府宏观调控难以根除的，未来可通过法律环境、政策环境、管理环境和经济环境的完善，达成良性治理的目标①。

总体而言，政府是各类高校的主要外部治理主体，且政府各个部门间的工作并不是相互割裂，而是密切联系的。中华人民共和国教育部直接负责部委直属高校，统筹管理其余所有高校，各省（自治区）教育厅（直辖市教育委员会）负责上传下达和地方所属高校及民办高校的管理工作。

四　中国大学非政府外部治理主体的运行

在西方发达国家，社会团体、知名人士、家长和学生代表等社会力量通过各种咨询委员会、评估机构、董事会等形式参与高等教育的决策和管理，发挥咨询和监督的作用，已成为高等教育运行机制的重要组成部分。目前，中国高校的非政府外部治理主体包括学生家长、社会教育募捐机构、与高校有合作关系的企业等，主要通过董事会的形式发挥作用。

中国高校董事会是适应高等教育办学体制改革需要而产生的，实行"官产学"相结合的组织体系。根据办学主体的不同，高校董事会可分为指导咨询型和领导决策型两类。建立指导咨询型董事会的一般为国家举办的公立高校（包括中央部委所属高校、地方部门所属高校），本身不具有法人地位，而是由普通高校和其他企事业单位发起组建的松散的协作组织，对高校的办学起咨询、指导、支持作用。该类董事会占中国高校已建董事会的大多数，也是性质与作用较难确定的一种类型。建立领导决策型董事会的通常为个人或企业举办的民办高校，实行董事会领导下的校（院）长负责制，学校拥有较大的办学自主权。中国高校董事会的基本作用在于扩大高校面向社会自主办学的权力，由"官产学"各界代表组成层级结构，依据身份来源在董事会内任相应职务。通常，高校所属部门或地方政府官员担任董事会领导职务，使政府意志和职能在董事会得以延伸；企业及科研院所作为董事单位，构成了董事会的基础，包括了高校所能辐射的全部重要方位；高校则充任常务副董

---

① 郑扬波：《试论当下我国民办高等教育发展过程中的政府责任——基于治理的视角》，《继续教育研究》2010年第11期，第72—74页。

事长、秘书长等要职，操持着董事会的日常事务，是董事会运行的关键和枢纽。董事会集中了高校外部环境的一切关系群落，是我国大学非政府外部治理结构的重要部分。

中国普通高校董事会在功能上是产学研结合合作办学、促进共同发展的协作组织。根据合作目的的不同，功能上通常为合作育人、合作科研、合作生产。董事会对学校办学的约束，主要是审议学校的办学方向、办学规模、专业设置、招生对象、毕业生去向等重大问题。中国高校建立董事会组织之后，对促进高等教育改革与发展起到了积极作用，然而不论理论上还是实践中均存在不少问题。由于董事会不具有法人地位，本身也不是一级管理组织，与校长之间没有委任关系，与政府及社会之间也不存在委托关系，因而不具有强约束力。

第四节 中国大学外部治理结构运行的特点与发展趋势

要深入剖析中国大学外部治理结构的运行特点，就必须将之放在世界和时代发展的潮流中进行比较分析。根据权力的密集程度，大学治理结构可区分为以内部监督为主的关系型、以国家监督为主的行政型和以中介机构（通常代表政府意旨）监督为主的复合型三种运行模式。根据新制度经济学的制度变迁理论，大学外部治理结构被区分为诱致性制度变迁下的运行模式和强制性制度变迁下的运行模式两种基本模式。两种运行模式的典型代表分别为：其一，盎格鲁—北美高等教育体系。高等教育是非政府型的，卓越大学是自由竞争的产物；政治系统与学术系统分离，普遍认同大学自治和学术自由；重视博雅教育，教育指向人的精神和灵魂，代表性国家有英国、美国以及澳大利亚、加拿大、新西兰等英联邦国家。其二，欧洲大陆的高等教育体系。高等教育归属于国家体制，卓越大学由政府指定；政治系统与学术系统不分，大学属于政府附属机构；实行教育国家主义政策，大学应满足社会需求，代表性国家主要有意大利、瑞典、法国、德国、俄罗斯等欧洲大陆国家。在以上两种分类体系下，我国大学外部治理结构可界定为以国家监督为主、与欧洲大陆的高等教育体系更为接近，属于强制性制度变迁下的运行模式。

一 中国大学外部治理结构运行的特点

调查发现，中国大学的外部治理结构中主要有政府主体和非政府主体两大类，其中政府主体是所有高校外部治理的核心，大学外部治理结构的运行以政府计划为强制驱动，非政府主体的作用甚微，其原因可从公立和民办高校的性质进行分析。一方面，公立高校通常被定位于事业单位，与教育行政机关是内部隶属关系。1998年国务院公布的《事业单位登记管理暂行条例》明确规定："事业单位，是指为了社会公益目的，由国家机关举办或者其他组织利用国有资产举办的，从事教育、科技、文化、卫生等活动的社会服务组织。"传统上，我国将高校视为政府的隶属单位，《宪法》第19条规定："国家发展社会主义教育事业，这是以国家最高法律的形式，明确了国家对包括高等教育之内各种教育层次的责任。由国家来举办公立高校，是落实宪法规定的国家教育职责的重要表现形式。"政府与公立高校在财权划分上的基本形态是"政府提供，学校自主使用"。基于以上法律，高校没有独立的法人地位，与政府的关系是内部行政法律关系，只是被动地服从和执行行政机关的命令或者指示。另一方面，虽然社会组织和个人在民办高校的外部治理结构运行中发挥了一定作用，但民办高校很难自觉实现与社会、市场的互动，处理好学术价值追求和经济价值追求之间的关系，仍然需要政府的管制与引导。

基于分析可见，中国高校外部治理结构的资源配置受政府计划和市场需求的双重制约，其中政府计划发挥核心作用。在现代大学治理中，任何大学都不能割裂其与市场的联系，大学不再是传统的"象牙塔"，其发展的目的与动力都与社会存在着密切的联系，而市场是社会活动的主体。但是，由于长期以来市场经济的缺位，中国大学现已基本形成了以政府为主要推动力的稳定治理格局。从历史发展的脉络中可以看到，在新中国成立初期及以后对中国社会主义发展的探索，在中国的大学里，政治权力占绝对主导地位，学校的一切规章制度、资源配置，甚至于教材的选用、课程的设置、教师的聘任等都由政府进行统筹规划。21世纪以来，随着市场经济的逐渐发展，政治和社会条件发生了变化，大学的政治权力日益淡化，行政权力渐渐凸显，学术权力也经历了一个从完全真空到初露端倪的过程。从主客体关系进行归纳发现，中国大学外部治理结构运行的特点还表现为：一是治理主体的单一性与模糊性，大学治理结构的主体实质上仍然是国家行政机构；二是治理客体的计划性与被动性，大学的管理者多数是国家干部的身份，因而作为社会组织的大学及其微观主体，没有或很少有独立的价值需求与利益关切；三是治理机制的指令性与政治性，从治理结构的机制来看，没有内部治理机制和外部治理机制的明显区分，所有大学都是依靠国家行政指挥系统来运转，指令性计划和政治控制是大学治理的中枢神经，也是驱动大学运行的两个轮子①。

二 中国高校外部治理结构运行的发展趋势

知识经济的浪潮把高校从社会的边缘推向了文明社会的中心，高等教育给人类的发展带来了巨大的希望和影响。中国大学的治理结构存在着对行政体制的严重依赖，但随着社会政治、经济等领域的改革开放，教育领域所开展的一系列改革开始重视政府之外部门的作用，外部治理结构的运行也呈现出新的发展动向。

1. 公立高校的主体地位逐步确立

政府与公立高等教育的关系由最初的行政隶属关系，转变为开始认识到高校作为一个独立的主体也要参与社会活动，要赋予其民法上的独立地位和自主办学的权利。1995 年颁布的《中华人民共和国教育法》第 31 条规定："学校及其他教育机构具备法人条件的，自批准设立或者注册登记之日起取得法人资格。"该规定首次在法律上明确了学校的法人地位。1998 年《中华人民共和国高等教育法》第 30 条规定："高等学校自批准设立或登记注册之日起取得法人资格，高等学校的校长为高等学校的法定代表人"，该规定进一步确立了高校的法人地位。领导体制由早期的党委领导下的校长分工负责制，到《高等教育法》中的"党委领导下的校长负责任"；由过去的单一强调"党委是学校工作的一切核心，对学校工作实行统一领导，支持以校长为首的

---

① 刘琳、钟云华：《浅析我国中央直属高校管理实践中的政府干预——以英美两国为参照》，《长春工业大学学报》（高教研究版）2009 年第 3 期，第 5—7 页。

全校行政指挥系统行使职权，并监督他们的工作"，到"党委支持校长行使对行政工作的指挥权，不要包揽具体行政事务"。

2. 政府对高校的管理模式转变为以间接为主

中国大学的初创是在政府主导下诞生的，因而形成了政府本位的传统管理方式。初期多采用行政命令的直接管理方式，近年来，中国一直探索着高等教育宏观管理体制改革，转变政府管理职能，扩大高校办学自主权。中国大部分公立大学在办学筹资、获取社会资助方面的能力同国外同等性质的大学相比还是很有限的，从实际操作层面来看，越来越多通过拨款、规划、评估等非强制性的行政手段进行。从立法层面来看，国家也越来越注重依法治校，使高校与政府之间关系的调整逐步规范化、法制化，走向依法行政、依法监管。转变职能并非否定政府的地位和作用，实现由权力唯一中心向多中心行动体系的转变，实现由"全能政府"向"有限政府"的转变，实现由运用行政手段向运用经济手段、法律手段和必要的行政手段相结合的转变。

3. 政府开始意识到第三方社会组织的积极意义

从西方发达国家的大学外部治理结构中可以看出，"第三方"在大学外部治理结构中是除政府之外的关键要素。20 世纪 80 年代开始，中国也陆续出现了一些处于政府和大学之间的第三方组织，目前介于政府和高校之间的第三方组织主要包括企业、校友组织、研究机构等，职能涵盖了高校的社会评价、就业评估、校企共建、人才培养、咨询建议、社会监督等。尤其在教育管理和监督中，作为非营利的社会中介组织具有独特的地位和作用，同时为政府和高校提供双向服务。在权力下放给高校后，第三方组织能在高校与政府的关系中起着必要的缓冲作用，既能提供良好的决策咨询，又反过来行使对高校的管理监督[①]。

特别在改革开放以来，中国高等教育不负众望，取得了一定成绩，但面临的国内外环境也越来越复杂。目前，政府仍是中国高等教育改革的倡导者和组织者，政治权力中心的制度创新能力和意愿是决定治理结构变迁方向的

---

① 张圣祺：《我国大学外部治理结构探析》，《内蒙古民族大学学报》2011 年第 6 期，第 57—58 页。

主导因素。2012年以来,党的十八大和十八届三中全会提出了深化教育领域综合改革任务,围绕这一任务,全国各地的高校及高等教育管理部门开始了新一轮的改革竞赛。2015年5月北京市发布的《关于创新事业单位管理加快分类推进事业单位改革的意见》中明确提出"对现有高等学校,保留其事业单位性质,探索不再纳入编制管理",这一举措对高校原有的治理结构将产生重要影响,既为高校迎来放权,同时带来挑战。与以往历史时期相比,中国高等教育面临着前所未有的难题,高等教育领域的纵深改革势在必行,并将影响着外部治理结构的运行。

第三章　国外大学外部治理结构的运行模式分析

国外的大学外部治理方式各不相同。由于历史原因，多数发展中国家大学外部治理模仿西方发达国家，尤其是原宗主国。在西方发达国家中，英国、美国、法国、德国以及东亚的日本的大学外部治理形成了各自独特的模式。

第一节　英国大学外部治理结构的运行模式

英国大学外部治理经过了长期的发展过程。早期的英国大学受教会和国王控制。19世纪60年代至20世纪60年代，国家干预高等教育倾向显露端倪，行政权力开始干预大学事务。12世纪以前，英国高等教育只存在于部分教会机构，由教士开启人们的智力生活。牛津大学、剑桥大学成立之后，智力活动中心从教会转向了大学。但此时的大学仍是教会的附属机构，以宗教为中心，目的是培养神职人员。大学校长由教会任命。

18世纪60年代以来，英国经济、科技飞速发展，英国一跃成为世界首屈一指的工业强国。为适应经济科技发展的要求，英国推动高等教育改革。1839年，英国成立了最早的中央教育行政机构——枢密院教育委员会，该机构后演变为教育局。在教育局的组织协调下，1902年，英国颁布了《巴尔福教育法》，以地方当局为教育行政主体并由国家统一领导，与地方分权自治相结合的管理体制开始登上英国高等教育舞台。1919年7月，英国成立了大学拨款委员会，其职责是对政府应该给大学总体上提供多少资助提出建议，并负责政府资助款在各大学间的分配事宜。1944年，《巴特勒教育法》将教育署改组为教育部,并由部长担任独立法人。这部法律是英国教育史上的一部重要法案,反映了英国政府在20世纪教育政策的转变,明确了地方教育局对学校与学生的职责。在此期间,英国建立了以伦敦大学学院为代表的一系列城市学院。这些城市学院是19世纪初期自由主义运动的产物,他们针对社会经济发展需要开设课程,改变了英国封闭的大学体系,使它逐步形成了自己的高等教育体系。城市学院的兴起使得新的权力主体——外来人员开始登上英国大学治理的舞台,逐渐形成以学者为主导,外部力量参与的评议会的治理结构。在此背景下,英国政府主要通过立法手段来体现对大学的外部治理。同时,英国政府还通过特许状制度来规范大学的行为。

第一次世界大战后,基于知识创造技能的大学和政府联系更加紧密,通过高等教育培养高质量人才的理念被越来越多的人接受。但大学捉襟见肘的财政状况、陈旧的校舍和设备使得大学难堪重负。在政府和社会舆论的压力之下,英国传统大学被迫进行了改革,但英国大学仍由学者主导,并追求学术自由。同时,政府也调整了对大学外部治理的手段,更多地让政府和大学之间的中间机构去协调和处理两者的关系,使得国家和大学的关系更加和谐。总体上,虽然英国政府的干预与以前相比有所增强,但大学仍享有较高的学术自由。另外,外部力量在大学治理中发挥着越来越大的作用,社会和市场力量开始在大学治理中显现出来,学者团体参与大学治理仅限于学术活动,学术权力在大学治理中的主体地位受到威胁。19世纪30年代,新成立的学院中学术人员在大学治理中没有任何参与,甚至到19世纪末,牛津和剑桥以外的大学都是教学和学术控制相分离的。总体上,这一时期英国大学治理开始形成政府、市场、学者共同治理的治理结构。

20世纪60年代是英国大学治理新旧两种体制转换的开端。20世纪60年代初发表的《罗宾斯报告》推动了英国大学的迅速扩张,与此同时,英国大学外部治理也开始发生明显的变化。外部力量介入大学治理的一个重要原因是大学寻求外部经济支持。经济手段成为外部力量介入大学治理的一种主要方式。早在1919年,英国政府就成立了专门负责政府拨款事务的大学拨款委员会,隶属财政部。1964年,大学拨款委员会从财政部转属教育与科学部。这表明英国大学外部治理开始了重大变革,因为这意味着大学被充分整合到国家教育体系中，受到政府政策的干预。20世纪70年代，英国陷入经济危机。经济实力的下降导致政府对大学拨款的减少，甚至造成一些大学关闭，英国高等教育陷入危机。于是，20世纪80年代，当时的首相撒切尔夫人提倡新公共管理运动。新公共管理的理论基础是新自由主义，核心思想是将市场机制引入公共服务领域，改变以往政府包揽公共服务的做法。"英国在20世纪80年代到90年代几乎所有的政府改革都涉及市场方式"①，高等教育自然也不例外。英国政府为了使大学能够适应市场的需求，并提高其办学效率，开始通过"引入激烈的竞争机制和市场取向达到驾驭高等教育走向"的改革，试图将市场机制引入高等教育系统，打破传统的"牛津—剑桥"大学所形成的传统的相对封闭的高等教育体系。

首先，英国政府通过改革高等教育二元制，构建统一的大学系统，在高等教育领域建立了既能反映政府意志，又能体现社会需要的大学治理模式，同时刺激传统大学进行改革。20世纪60年代，英国政府曾提出发展多科技术学院，二元制的高等教育体系由此建立。但受到地方政府管理等多方面的限制，多科技术学院与大学相比明显处于弱势地位。1988年，《教育改革法》的颁布使多科技术学院脱离了地方政府的控制，1992年颁布的《高等教育与继续教育法》明确规定，只要符合一定的标准，所有高等教育部门都可以有"大学"的头衔。自此，多科技术学院能够与大学在统一的市场里展开竞争，从而使高等教育市场得到进一步完善。② 一元制高等教育体系由此建成，新建立的大学能够与传统大学平等竞争，分享教育资源。

其次，英国政府改革了对高等教育的拨款方式，并通过削减教育经费而将竞争机制引入大学内部。1981年，大学拨款委员会实施了一项经费削减的政策，计划在三年内将资助总额减少15%，同时在大学中实行高度选择性的资助分配方式，并建议关闭一些院校及取消某些特定学科。同时，政府采用竞争性拨款方式，把要划拨的经费分为两部分，采用"核心＋边际"的方式

---

① Gareth Whillams, The market route to mass higher education: British Experience 1979 – 1996. *Higher Education Policy*. Vol. 10, No. 3/4, 1997, pp. 125 – 136.
② 张婷姝：《英国高等教育市场化改革的背景与措施分析》，《江苏高教》2005年第6期，第130—133页。

划拨经费，核心部分就是政府根据学校的不同而划拨的固定经费，边际部分是竞争性的，是通过招收额外学生以及根据教育和研究质量来获得。1989年，改建后的高等教育基金委员会再次减少了分配给各大学的资金，同时把减少的拨款用在增加对学生的资助上。1997年《迪尔英报告》按照成本分担的原则提出学生个人应该承担相应的教育成本，1998年开始，英国大学开始向所有学生收取学费。由于大学从政府那里得到的经费少了，若想增加收入就只有通过多招收学生。为了吸引更多学生入学，大学之间在学生权利、课程设置、服务等许多方面展开了竞争，这样一来，就使竞争机制在整个英国高等教育体系中建立起来。竞争机制对英国高等教育的扩张产生了影响，同时也满足了社会发展对于高等教育多样化的需求。1988年颁布的《教育改革法》规定取消教师职务终身制，鼓励引入临时性教师和研究人员，推动教师聘用市场化。

再次，英国政府通过法律对大学的组织运行机制做出明确规定。1985年发表的《大学效率研究指导委员会报告》提出行政人员应当分享部分学术人员掌握的权力，建议大学成立校务委员会，鼓励大学融入社会，促进大学外部治理市场化，从而促使更多外部力量参与大学治理。1992年颁布的《高等教育与继续教育法》要求新建立的大学设立董事会和学术委员会。董事会是大学的最高决策机构，由学校代表、产业界人士及社会知名人士组成，其中校外人士占大多数。学术委员会负责学术方面的事务，如制定学术标准、审核课程、制定考试程序等，由校内人员组成，一般包括全体教授和系主任、教师代表和学生代表。值得注意的是，虽然英国政府一改传统"守夜人"角色，开始有限介入大学内部事务，但是仍尽量避免采用直接干预的方式，多采用宏观调控的手段来实现对大学的改革。

另外，英国政府重视进一步发挥中介组织的作用。中介机构一直都是政府与大学之间的缓冲器，是政府对大学进行宏观调控的一种方式，能够保证大学在获得政府资助的同时，又能够避免政府对大学的直接干预。传统的中介机构英国大学拨款委员会成立于1919年，它代表政府对大学进行资助，主要职能是为大学定量分配政府的资金，并对大学资金的使用提供建议。20世纪70年代末，为应对经济危机所产生的影响，撒切尔政府开始削减对公共部门的财政预算以保证公共开支,这其中包括对大学的拨款。为了使大学在减少拨款后能够更加高效地利用财政拨款,政府首先在1988年废止了大学拨款委员会,并建立了大学基金委员会和多科技术学院与其他学院基金委员会,体现了政府要求大学更加积极回应社会需求的初衷。1992年,英国政府又将二者合并,成立了高等教育基金委员会。与作为"缓冲器"的大学拨款委员会不同,高等教育基金委员会是政府的代理机构。其职能是审计和评价,在管理上具有商业经营的特色。作为政府的代理机构,高等教育基金委员会的职责是根据对各大学的教学和科研评估情况将公共资金分配给各个大学和学院,在促进大学教学质量和科研水平提高的同时保证这些资金能够发挥最大的效用用于学生和大众身上。高等教育基金委员会是政府建立的机构,虽然负责管理公共资金,但它不是政府的一部分,属于公共服务机构,是政府与大学之间的桥梁。高等教育基金委员会的核心目标是:扩大高等教育参与者的范围,并保持机会均等;努力提高教学质量;促进科研质量的提高;促进大学对社会经济的贡献;努力发展高校治理和管理的水平,促进高等教育实力的不断提升;提高高等教育基金委员会内部的管理水平和自身发展。高等教育基金委员会创立了完整规范的由政府、基金委员会以及大学三个层次构成的治理模式。[1] 政府审查流向大学的拨款,以保证拨款的有效性;基金委员会主要是分配对大学的拨款份额,并以政府的政策目标为标准;大学则要在政府和基金委员会设定的工作体系内有效运作。高等教育基金委员会通过加强对大学的财政监督和审计以保障高等教育的质量,而政府也借机通过审查大学的拨款来干预高等教育的事务。高等教育基金委员会面向英国高校分配公共资源,并要保证大学财政的健康,防止大学出现财政亏损。作为政府意志的代理,基金委员会工作的实质是确立大学评估的标准。

英国政府推动的市场化改革取得了显著成就,但也引起了公众对公共服务质量下降的担心。为此,1991年上台的梅杰政府将改革重点转向质量和问

---

[1] 李建航:《英国政府创新高等教育管理机制的措施及启示》,《国家教育行政学院学报》2009年第7期。

责。"问责由三个要素组成：问责者、应付责任者和责任的内容，即谁来问责，谁来负责以及所问和所负的责任是什么。具体到高等教育领域，问责者是指高等教育机构的利益相关者，负责者是指高等学校自身，责任的内容则指高等学校的利益相关者的利益诉求。"[1] 英国大学的问责者主要来自三个领域：政府机构、民间团体或工商企业、教师及学生。政府关注的重点是财政的廉洁和大学责任的履行；民间团体或工商企业则关心大学的教育质量及大学对社会关注的回应；教师和学生则关注自身的权利和地位。各类利益群体对问责的关注使得英国大学必须面对各种外部力量的评估与审查，从而加深了外部力量介入大学事务的深度。各种外部力量对大学的问责逐渐集中在两个方面：一是透明度，即大学治理中的廉洁与公正问题；二是回应性，即大学对社会和公众呼声的反应。1994年国会议员的贿赂丑闻发生后，英国政府成立了公共生活标准委员会，以审查所有国会议员及大型公共机构行政长官的行为。1995年6月，委员会宣布对包含大学在内的所有公立机构的治理展开审查，并将审查结果公之于众。最终，委员会宣布没有发现大学治理中的不端行为，但是却流露出对大学治理缺乏透明度的担忧，建议完善相关规则以提高透明度。为此，大学主席委员会和大学基金委员会决定联合起来制定关于大学治理的指南纲要，从以下几个方面来规范大学治理：确保治理机构以有效、透明、及时的方式做出决策；确保所有成员熟悉治理安排；确保治理机构规模适当；确保治理机构履行内外职责。[2]

市场化改革虽然缓解了财政压力，提升了高等教育质量，但过分强调高等教育对市场的回应，过于注重削减高等教育拨款，而忽视了高等教育的公益性、公共性和公平性。1997年，工党政府上台后开始修正高等教育改革路线，倡导"权利人"和社会包容思想。在前期市场化改革的基础上，英国政府就增强高等教育公共属性推出了一些较为激进的措施，逐步形成了适合英国国情的大学外部治理模式。

---

[1] 吴慧平、王英杰：《西方大学的共同治理》，北京师范大学出版社2012年版，第132、135、74页。

[2] Michael Shattock, The Lambert Code: Can We Define Best Practice? *Higher Education Quartly*, Vol. 58, No. 4, October. 2004, pp. 229–242.

一是加强大学和企业合作。英国政府鼓励企业和大学建立密切合作关系，在促进知识转化和交流方面发挥中介和桥梁作用。同时，政府鼓励非研究型大学尽力推广自己的研究成果，而不是仅仅申请专利。非研究型大学师生不仅关注学术前沿突破，更热衷于各种社会现实问题，并将掌握的各种专业知识和技能应用于解决这些问题。为此，英国政府于2001年启动了"知识互换"计划，设立了新的科技机构，进一步扩大科技和知识共享网络。在国内每一地区设两所这样的机构，以高校、进修学院和私营组织之间的伙伴关系为基础，专门提供学科信息、技术创新和其他高科技学习计划，并与地方公司密切合作确保这些公司具备使用先进技术的技能。

二是提高教学质量。政府鼓励大学密切与雇主们的关系。这对双方都是有益的，一方面，雇主们希望毕业生所具有的技能和品质如沟通能力、组织管理能力、团队精神等贯注于大学的教育教学中，雇主们甚至可以担任教学质量监督者，并参与基础课程的开发；另一方面，雇主们为大学生实习提供场所，使学生在大学阶段就能接触到产业前沿的生产设施，获得宝贵的实践经验，对大学来说也节省了一大笔教学设备开支。如荷兰皇家航空公司、英国航空工程公司和金斯敦大学联合开发了航空工程基础行为课程，作为课程的一部分，学生有权使用荷兰皇家航空公司的设施，从而获得亲自实践的机会。

三是鼓励大学参与社区服务。英国政府积极引导大学参与社区服务，让大学的专业知识和技能在社区建设中发挥作用。如在谢菲尔德市的城市战略规划中，谢菲尔德大学和谢菲尔德—哈勒姆大学作为合作伙伴，曾参与谢菲尔德市的城建规划项目，同时还参加科研吸引新产业来谢菲尔德投产，促进了城市的发展。

四是吸引国际学生，增加大学收入。1999年，英国政府宣布了一项扩大国际学生规模的新计划，将英国高等教育机构未来的发展目标设定为占全球教育市场份额的25%。为此，英国政府推出了一系列新政策，如简化入境申请手续，允许学生课余兼职，毕业后可延长留居时间等。这些努力取得了明显效果，"1997—2004年期间，英国各类高等学校就读的海外学生增长了39%，而且大部分学生都来自欧盟以外的国家，亚洲成为主要的生源输出国，尤其以中国和印度输出的学生为最多。截至2005年末，预计招收75000名海外学生的目标已经超额实现，英国普通高校已招收93000名海外学生，继续教育机构也吸收了23300名海外学生"①。

经过长期的调整，英国大学外部治理形成了独具特色的英国模式。一方面，英国政府坚守"守夜人"的传统定位，对大学采取"多支持，少控制"的态度；另一方面，财政的紧缺、社会的期望等现实压力迫使英国政府加强了对大学的控制，同时市场力量也在大学治理中发挥相应的作用。

第二节 美国大学外部治理结构的运行模式

美国大学教育始于殖民地时期。北美第一所学院哈佛学院成立于1636年，其治理权归属于由官员和牧师等12名校外人士组成的董事会。由于交通不便，董事会成员很难集中处理校务，于是借鉴英国的学者自治模式，在1650年成立了由校内教师组成的管理委员会。由此形成了董事会和管理委员会共治的治理机制，但董事会对管理委员会的重大决策拥有否决权，董事会决定着学院的重大决策。

1776年，美国建国后，美国高等教育迎来了高速发展时期。1776年，马萨诸塞州首先正式以法律形式介入教育领域。该州在宪法中强调大学应适当鼓舞传授推广各种有用知识。随后，其他各州纷纷效仿。1787年，美国制定宪法，正式成立联邦政府。1791年联邦宪法规定，"凡在本宪法未授予联邦而又未禁止各州行使之权利，分别留给各州或人民"。宪法规定的教育权利逐渐落到各州政府和人民手中，教育管理的地方分权体制正式确立。随后1794年联邦宪法修正案确立了政教分离的原则。

在此背景下，1800—1860年，各州批准建立了500多所小学院。私立学院采取了董事会治理的制度，董事会成员由殖民地官员和牧师变成了工商业

---

① 吴慧平、王英杰：《西方大学的共同治理》，北京师范大学出版社2012年版，第132、135、74页。

者。1818年，达特茅斯学院将私立学院董事会控制权的斗争推向高潮。达特茅斯学院在开办之初由校长惠洛克执掌大权，惠洛克去世后，其子小惠洛克继任校长职务。但小惠洛克的管理方式引起了董事会的不满，董事会根据特许状授予的权利于1815年解除了小惠洛克的职务。1816年，达特茅斯学院所在的新罕布什尔州制定新法案决定将私立达特茅斯学院改为州立达特茅斯学院，但董事会拒绝执行此法案，由此演变为董事会和州政府的斗争，最终联邦最高法院介入，判决达特茅斯学院属于私法人，而且保证私立学院拥有独立的法人不再受政府干涉的自治权。

达特茅斯学院案虽然保证了私立学院的地位得到司法确认，但也暴露了私立学院治理中存在的问题。由于私立学院不再接受政府的拨款，私立学院不得不自谋出路，向社会力量寻求资金支持。各种社会力量开始介入私立学院的治理，工商界人士、政府官员、著名校友纷纷加入私立学院董事会。在获得经济资助的同时，私立学院的控制权也开始转移到这些人士手中。

达特茅斯学院案后，各州不再寻求将私立学院变更为公立学院，而是通过财政拨款建立公立学院。州政府的资助使公立学院飞速发展。政府对公立学院有着绝对的控制权。公立学院的最高权力机构是董事会，由州政府和议会直接管理。

1818年，耶鲁大学在校长杰里迈亚·戴的领导下，逐渐形成了所谓的"耶鲁理念"，杰里迈亚·戴在决策中尊重教授，不利用行政权力干涉教授们的职责和特权，如果没有征得教师们的建议或同意，即便是代表法人机关的董事会也不能做出任何决策，"教授会立法、校长同意、董事会批准"逐渐成为耶鲁大学的治校格言。耶鲁毕业生成为其他学院的校长之后，也将母校的治理理念扩展到其他学院，这些学子沿袭"耶鲁理念"，学术权力在学院中逐渐受到重视，教师的地位有所提升。学术治理的理念在美国的兴起与耶鲁大学的学术治校理念密不可分。

1819年美国第三任总统托马斯·杰斐逊受欧洲学术治理思想的影响，引入德国的"学习自由"的口号。由他创办的公立弗吉尼亚学院允许学生在选课方面享有"完全的自由"，这是美国学院史上第一次把"学习自由"的口号付诸行动。此后美国学院开始将教师派往欧洲学习深造，而且教师也可以在不同院校之间流动。这一时期讲师和助理教授大量增加，从讲师到教授的晋升程序也得以正规化，教授职位越来越职业化和专门化。那些希冀在各学术领域获得高级训练的人一般都出国留学，尤其是到欧洲留学，随着学子们从欧洲学成归来，并且成为美国各大学的校长，欧洲学术管理理念逐渐开始对美国大学教育产生影响。

随着大学教师人数的逐渐增加，专业教授职位有所扩展，教师们要求参与大学治理的呼声日渐高涨。1824年，哈佛学院再次发生教师争取法人会空缺席位的争斗，教师提出要像英国学院的教授一样在法人会中占据一席之地。1826年，哈佛学院董事会与管理委员会联合颁布新的"法令与法规"，将大学权力分为外部控制权和内部管理权。外部控制权交由董事会，主要负责决策和经费分配，内部管理权则交给校长，负责招生、训练与教学指导，并赋予教师在招生、学生纪律、住宿安排以及教学方面的控制权。

从18世纪中后期到19世纪中期的建国初期，由于"耶鲁理念"和欧洲学术治理理念的兴起，美国出现了以弗吉尼亚学院为代表的新兴学院，教授与学生的地位得以提升，学术权力开始萌芽。但在此期间，公立学院控制权掌握在州政府控制的各州教育董事会手中，拥有私立学院控制权的董事会也变为由工商业者主导。学院的学术事务决策权虽然在一定程度上呈现出由董事会向教师转移的趋势，但学术权力仍然无法与处于垄断学院控制权的行政权力相制衡。

工业的发展使得教育规模迅速扩大，而教育规模的迅速扩大要求必须进行科学的学校管理。从19世纪40年代开始，世界主要资本主义国家纷纷立法，促进义务教育的发展。美国的马萨诸塞州1852年颁布了第一个义务教育法。至1898年，美国已有32个州颁布了义务教育法。一系列措施的出台，使初等教育有了前所未有的发展机遇，各种普及读写算和公民捐助的慈善性小学大量出现，初等教育的普及促使人们希望受到更高等的教育。同一时期，马萨诸塞州开办了美国第一所州立师范学校，师范学校为各层次学校输送了大量教师。由此，公众不断加深对教育重要性的认识，人民普遍认为国家应当建立一个包括大学教育在内的完整的教育体系。

1862年生效的《莫雷尔法案》就是在上述背景下颁布的。为兴办切合工农业发展需要的大学，《莫雷尔法案》规定由联邦政府拨给土地辅助各州兴办农业和工艺学院，即赠地学院。《莫雷尔法案》规定联邦政府把属于联邦政府自己的土地赠送给各州，各州将拍卖土地的钱用于教育事业。1867年，美国国会通过《教育部法》，并于同年3月正式建立联邦教育部，此举进一步促进了美国各层次教育的发展。1890年《第二莫雷尔法案》获得通过，该法案规定联邦政府每年向学院拨款①。《莫雷尔法案》推动的"赠地运动"满足了美国社会经济发展和人口激增对大学的新需求，在大量"赠地运动"资金的资助下，美国大学数量与规模迅速增长，大学学生和开设课程数量激增，大量新的教学研究单位得以设立。在赠地资金的全额资助下，1865年安德鲁·迪克森·怀特说服美国电报业巨头康奈尔捐赠50万美元共同创办康奈尔大学，加强科学领域研究，向社会各阶层开放学校的大门。1874年，霍普金斯大学开始筹建，1876年正式成立。大学的董事们决定，霍普金斯大学应该是一所全新的大学，而借鉴德国大学模式，是建立美国新大学的理想选择。校长吉尔曼宣布：霍普金斯大学的宗旨是促进所有有益知识的发展，鼓励科研，提高学者的水平。由此开创了美国研究型大学的先河。随后，其他院校也在19世纪中后期逐渐发展为大学。

可以说，19世纪中叶后，美国高等教育制度进入了学习德国高等教育制度的巅峰，其直接动力一方面是由于美国前往德国留学的一大批人士返回美国，并在美国高等教育领域发挥重要作用；另一方面是大量德国学者和著名科学家相继来到美国大学执教。在上述背景下，1900年哈佛大学等已开始出现了助理教授、副教授、教授的现代教师梯级模式，这说明教授作为美国大学不可或缺的一个学术权力主体，其重要性逐渐显现。同时，尽管在大学中董事会权力有所削减，但董事会与校长常常可以不经过任何听证程序，任意解除教师乃至教授的职务，上述种种促使了美国教授协会（American Association of University professors，AAUP）的诞生。1915年，美国大学教授协会在哥伦比

---

① 州政府对大学的资助仍是主要的，联邦政府的拨款只起补充作用。

亚大学召开成立大会，美国大学教授协会创立之初，发表了《委员会关于学术自由和学术终身教授制的声明》，积极致力于学术自由和教师聘任的一般原则，倡导大学教师参与大学治理。

经过几十年的发展，美国大学教授协会对具体的教授聘任与解聘不断予以完善。1940年，美国大学教授协会和美国学院协会联合发表了《关于学术自由和终身教授制的宣言》，这不仅对大学教授应享有的学术自由和终身聘任的权利、范围以及所承担的责任和义务进行了明确规定，而且对解聘教授的原因和程序做出了具体要求。这些原则已经得到了大学校长以及行政人员的认可，并被美国法院系统所接受，广泛运用于各种有关大学和学院组织尤其是教师地位的判决中。

美国大学教授协会的创立和发展为教授权力提供了支持，但该协会仅维护教授的权益，而非大多数底层教师的权益，又由于行政管理专业化不断加深，底层教师在行政管理方面的权力逐渐减小。尽管教师们乐于专注教学和研究、摆脱行政事务工作，但他们却仍然重视自己传统上的对教学目的、教学内容与教学方法等学术事务的控制权。然而，学术事务只有经过行政管理人员研究之后才能提交到学术评议会上讨论。这个程序虽然减少了许多繁杂的工作和不必要的争论，加快了学术事务的处理进程，却在一定程度上削弱了教师在学术管理方面的权力。学术评议会是由教授主导的，校长、教务长等大学行政人员在参加评议会时只有列席权，无表决权。可见20世纪初期兴起的美国大学评议会制度虽不如欧洲国家创立早、发展快，但却充分给予了教授在学术上的自由权和控制权，体现了"教授治校"的理念。在美国学术评议会的发展史中，成立于1904年的斯坦福大学评议会是美国大学评议会的一个典型，"评议会组织章程规定了大学评议会的权限以及内部组织架构"。在不断修改完善的基础上，于1977年通过了《评议会章程修正案》，且沿用至今。到了20世纪中叶，美国几乎所有的大学都开始建立评议会，有些州甚至开始把公立大学的评议会制度纳入立法中来。

第二次世界大战后，由于退伍军人大量涌入大学以及婴儿潮的影响，美国高等教育规模急速扩张，美国高等教育从"精英教育"向"大众教育"转型。在仅 30 年中，大学生人数翻了几番，高等教育入学率逐渐上升到 50% 左右。在此期间所建设的校舍比过去 300 年所建校舍的总和还多，高等学校的收入总额从 1939—1940 年的 7.15 亿美元上升到 1974—1975 年的 356.9 亿美元。在高等教育规模的扩张过程中，美国政府直一直发挥着重要的作用，为广大公民提供更多的高等教育机会一直是联邦政府和州政府努力的政策目的。例如，1944 年通过《军人权利法》，为复员军人设置奖学金，使大量复员军人进入高等学校；以后又通过了《国防教育方法》和《高等教育法》，设置了"国防学习贷金""保证学习贷金"和"佩尔助学金"，使大学生人数直线上升。进入 20 世纪 70 年代，美国政府对高等教育的持续支持却遇到经济衰退的冲击，居高不下的财政赤字迫使美国政府不得不大幅削减高等教育经费。此时，供应学派主导了国家财政政策，认为资金投到公立高等教育不符合公平原则，应该引入竞争机制，让所有公立和私立高等院校在平等基础上通过竞争获得联邦资助。如表 3-1① 所示，联邦对有学位授予权的公立高校拨款总量从 1980 年的 55.401 亿美元增加到 1990 年的 97.634 亿美元，增幅 76.2%；同期州政府和学费以及高校销售服务收入的增幅分别为 94.3%、173.9% 和 154.8%。从公立有学位授予权高校收入来源构成看，1980—1981 年度联邦、州政府拨款以及学费、销售和服务收入占公立有学位授予权高校收入总量的比例分别为 12.8%、45.6%、12.9% 和 19.6%；1990—1991 年度四项来源占学校总量比例为 10.3%、40.3%、16.1% 和 22.7%；联邦和州政府拨款占学校总收入比重分别下降了 2.5 个百分点和 5.3 个百分点，而同期学费和销售服务收入则分别上升了 3.2 个百分点和 3.1 个百分点。以上分析表明：1980—1991 年间，联邦和州政府对高等教育的拨款虽然在增长，但是增幅缓慢并低于同期学费和销售服务收入增幅，而高校收入来源构成比重也有所下降。许多大学为维持运作，向学生增收学费以及提高销售服务收入等来弥补经费短缺。

---

① 美国国家教育统计中心（http://www.nces.com）。

表 3-1　美国有学位授予权的公立高校经常性收入来源及构成（单位：千美元,%）

内容	总量			占总量的百分比		
年份	1980—1981	1985—1986	1990—1981	1980—1981	1985—1986	1990—1981
学费	5570404	9439177	15258024	12.9	14.5	16.1
联邦政府	5540101	6852370	9763427	12.8	10.5	10.3
州政府	19675968	29220586	38239978	45.6	45.0	40.3
地方政府	1622938	2325844	3531714	3.8	3.6	3.7
私人捐赠	1100084	2109782	3651107	2.5	3.2	3.8
基金收入	214561	398603	431235	0.5	0.6	0.5
销售与服务收入	8455449	12990670	21546202	19.6	20.0	22.7
其他来源	1016110	1667600	2482819	2.4	2.6	2.6

20世纪90年代初，联邦高等教育资助仍在减少，有限的联邦资金竞争更加激烈。承载着社会责任和社会期望的公立高等教育不得不经常向社会汇报其发展情况，政府也开始寻求各种途径把高等教育拨款与高校业绩评估联系起来，以监督高等教育履行其责任。除了财政资源短缺是推动高等教育改革的一个重要因素之外，还有一个较为关键的原因就是欧美国家的管理哲学发生了较大改变，或者说这些国家的信仰体系有了普遍不同的认识。传统的欧洲国家与大学的关系形态是建立在理性主义的国家哲学之上，即大学作为一种文化机构，只对社会融合和经济发展具有总目标而没有具体目标。这种信念体系曾经影响大多数欧洲国家的政府行为，还部分地影响一些美洲国家的政府行为。随着20世纪70年代西方国家普遍遭遇的经济滞胀，入不敷出的财政重

负迫使欧洲国家对大学的态度发生了较大变化，因此一种新的信仰体系开始在欧洲国家滋长，这种新的信仰体系要求大学作为公共服务机构，以更加功利主义的方式受制于具体的社会、政治与经济目标的导引。这种新的信仰体系的主要观点就是高等教育机构应该承担起一定的社会责任，为此，大学不仅要提供有益而实用的科研成果，同时还要提交有关投入与产出效能的评估报告。实际上，功利主义的倾向早就植根于美国政府与大学的关系调节之中，欧洲国家出现的这种新的信仰体系只不过使得美国高等教育政策调整中的功利主义的痕迹更为明显，因而也使得竞争、绩效、分权、问责、参与等原则成为20世纪90年代美国高等教育领域改革的关键话语。

美国举办高等教育的责任主要在于州政府，联邦政府只提供少量经费。这种分权体制使得美国的高等教育管理呈现出多样性。但20世纪80年代以来，各州面临的问题大致相同：教育资源的短缺、教育成本的分担、生源的激烈竞争及社会对高等教育质量和效益的要求。这些问题汇集在一起，促使美国政府大学外部治理问题上推出了以下改革措施。

一　采用绩效拨款体制

美国各州独立管理本州的高等教育，拥有对高等教育的立法权，为本州的公立高等学校提供经费。一般来讲，州政府保证本州公立高等学校40%—60%的经费，其对高等学校的拨款也是由专门人员组成的委员会进行的，通常采取增量拨款与公式拨款的模式。增量拨款一般是依据上年基数，根据财政能力和教育发展要求，来提高增长系数。其基本假定是，高校上一年所从事的教学、科研等活动以及预算分配和支出都是合理和有价值的，因此增加的款项主要考虑规模的扩大比分。在20世纪60年代美国高等教育从精英教育走向大众化教育的过程中，增量拨款发挥了重要作用，它顺应高等教育的发展潮流，满足了人们对于政府增加公共拨款的愿望。但增量拨款也有其局限性。首先，在没有参照对象时，增量拨款不能保证经费是否充分；其次，增量拨款容易导致学校管理的僵化，学校缺乏提高现有资源使用效率的动力，也无法运用财政手段调整专业等活动。一旦政府削减或不增加经费，拨款与教育需求的矛盾就会相当突出。公式拨款是指依据大量数学公式，经过复杂的计算，精确衡量拨款种类及数额。公式拨款可减少拨款的随意性，增加拨款过程的公正性和透明性，但也存在一些无法克服的问题，如公式所依据的上一年的预测结果难以反映实际需要、不利于奖优罚劣、无法衡量大学的办学效益等。于是，20世纪80年代后，各州相继采用绩效拨款模式。所谓绩效拨款，是指通过衡量大学的教学、科研及服务社会等方面的绩效来决定拨款数额。这种方法的好处是拨款与大学的办学效益挂钩，任何学校在效益面前平等。这有利于政府对教育经费的合理分配和有效利用，更对大学的发展起到了强有力的督促作用，有利于大学降低成本、重视教学科研质量，从而提高大学的整体价值。绩效拨款的指标一般包含以下几个方面：教育质量、教育培养、机会均等、经济发展与生活质量。表3-2显示了肯塔基州高等教育绩效拨款指标[①]。

表3-2　　　　1998年肯塔基州高等教育拨款绩效指标

办学任务	计划指标	绩效目标
教育质量	教育产出 总体质量 质量评审 教职工水平	普通教育成果、学位教育成果、学术成果、师生发展机会、州范围的评审、校内评审、专业评审、教师薪资的竞争力
教育培养	教育成就 支持基础教育 技术运用	补习、学生保持率、毕业率、地方中小学满意度、合作教育计划、远距离教学、技术手段在教学上的运用
机会均等	高等教育机会均等	就业、招生
经济发展与生活质量	劳动力培训 为本州经济部门提供的服务 科研和公共生活	劳动力培训、工业和雇主满意度、科研、社会服务

---

① 肯塔基州高教委员会报告，*Concept paper on performance funding*. 1995，（10）http：//cpe. ky. gov. /news/reports/nationalreports. htm。

二 强化高等教育的质量评估

20 世纪 80 年代以来，随着相关利益者对高等教育办学效益与质量的诉求增加，社会问责制逐渐成为美国高等教育政策调整中不可或缺的环节。相应地，美国政府强化了对高等教育的质量评估。质量评估分为外部评估和内部评估。外部评估是指大学以外的机构对大学的评估，主要包括联邦政府的质量认证和州政府的绩效评估，其主要内容有对学校或专业的认证、联邦政府的数据收集、州政府对大学办学绩效评估、州政府向大学颁发许可的评估、大学排行榜等。联邦政府对高等教育的质量认证通常由非政府认证机构负责，由他们制定认证标准，并要经过同行专家的科学论证。州政府的绩效评估最关注的是本科教育和学生学习成绩，有些州也关注学生资格考试通过率、专业就业率等。内部评估是美国校园传统文化的组成部分，评估内容主要包括：组织机构和管理体制、专业建设与教育计划、教师情况、学生服务体系、图书馆与信息资源、基础设施、财政状况等。内部评估比外部评估更直接地与学校规划，资源分配，优先设置新专业等挂钩。

联邦政府对高等教育实施的质量认证通常由一些非政府的认证机构负责进行，由他们制定评估标准，并且要经过同行专家的科学论证。这类认证机构主要分为三大类：地区性认证机构、全国性认证机构和专门职业性认证机构。联邦教育部和高等教育认证委员会（CHEA）成立于 1996 年，负责对各类认证机构进行规范和管理，它的理事会由大学校长、学校代表和公众代表等 15 人组成。它以 3200 所大学与学院为会员，是以高等学校为会员的组织中最大的一个，它接受并认可了 55 所地区性、全国性和专门职业性鉴定机构。CHEA 强调其宗旨是"通过对高等教育认证机构的认可来改进（高等教育的）学术质量，并通过认证来加强学校的自我约束，从而为学生及其家长、学院及大学、资助团体、政付和用人单位服务"。CHEA 的质量评估主要有三个基本目标：为院校改进教育质量服务，确保院校和专业的质量，在质量达到基本水准后，进一步提高院校和专业质量；为政府财政拨款提供依据，联邦教育部的质量认证以 10 项内容为基础，其中包括入学政策、财政和管理能力及设施、学生学业的成功等，只有通过经联邦教育部和高等教育认证委员会所认可的认证机构的认证，院校才有资格获得联邦政府提供的学生财政资助；为满足公众获取信息之需要，认证机构通常向公众公开认证程序和认证结果，接受公众的监督和咨询。

美国高等教育质量认证主要经过以下步骤：（1）资格预审：院校在申请鉴定前必须获得州政府颁发的许可证，并确定以教学研究为其主要任务；（2）学校进行自我评价；（3）认证机构现场考察；（4）专家组依据收集数据进行讨论，并撰写鉴定报告；（5）公布鉴定结构并接受公众监督和咨询。20世纪90年代末，鉴于以往认证机构缺少公众参与的情况，高等教育认证委员会特意扩大了社会人士的参与比例，以便加强大学与政府、社会的合作关系，同时，联邦政府也在认证机构的认可标准中明确指出，决定认证结果的认证委员会中要有一定数量的公众代表，并对公众代表做了详细的定义，从此改变了认证评估人员都是高等教育领域内人士的状况。另外，联邦政府还要求认证机构向公众提供有关认证过程、认证标准及认证人员的书面材料，在认证过程中，要求认证机构引入"第三方评论"机制，即要为一般公众提供机会，对所认证的院校或专业进行书面的或公共的正式评论，以接受对认证的监督。这些举措极大地增加了认证制度的透明度和民主性。[①]

三 构建协商合作的伙伴关系

美国高等教育实行的是各州分权的管理体制，教育部除了把教育经费拨给各州之外，并不直接管理和控制各州的高等教育，教育的权利仍分散在各个州，由州议会制定有关州内公立和私立学校的法律和政策，推行其认为是合适的教育制度。传统上，州政府赋予大学充分的自治权。如加利福尼亚州1879年制定的州宪法就明确规定：大学是一个受公众委托的组织机构，管理应该完全独立于所有政治、党派影响，并自由地任命董事、处理内部事务。除了法律上的制度保障之外，州政府更多的是充当经费资助者的角色，在美国，不论公立大学还是私立大学，其成长与壮大都离不开州政府的扶持与资助。正如杜

---

① 熊耕：《简析美国联邦政府与高等教育认证之间控制与反控制之争》，《比较教育研究》2008年第8期，第21—25页。

克大学的校长特里·桑福德（Terry Sanford）所说："额外的经费来自联邦政府，这是用来锦上添花的经费……这是需要的，也确实改善了品质……但是我们应该记住，尽管这些额外的经费带来了诸多好处，但是高等教育的列车，最初是由州政府启动的，也由于州政府在人力和物力上的不断注入，才得以继续向前奔驰。"

但20世纪80年代后，州政府对大学内部事务的干预增多，这是因为政府对大学投入了大量资金，同时大学又是社会的中枢组织，应该受到社会各部门的控制和监督。这导致了大学和政府之间的紧张关系。随后政府试图调和二者的冲突，构建大学和政府之间协商合作的伙伴关系。目前，州政府与大学通过签订行政合同来规范二者之间的关系。行政合同内容通常有州政府拨给学生的人均经费、维修校舍与购买设备的资助形式、教师的薪资水平等。通过行政合同，政府将大学外部治理中的一些敏感问题如教师薪酬问题、经费分配问题等规制化，避免了不必要的争议和冲突。实际上，州政府与大学保持协商合作的伙伴关系，不仅是出于对以往合作传统的承袭，更主要是鉴于双方的共同利益和长远发展。对州政府来说，大学不仅为其经济发展培养所需人才，而且还能为产业界提供技术与智力支持。对大学来说，州政府为其提供经费资助和政策支持，有助于其健康持续发展，大学通过与社会、企业开展交流合作，可以获取更多资源和公众支持，从而使大学保持活力。20世纪西班牙著名思想家奥尔加特曾经指出："大学不仅需要与科学进行长期、永久的接触，否则就会退化；而且需要和公共生活、历史事实以及现实环境保持接触。大学必须对其所处时代的整个现实环境开放，必须投身于真实的生活，必须整个地融入外部环境。"[1]

四 鼓励教育中介组织参与大学事务

州政府不仅与大学构建协商合作的伙伴关系，而且鼓励各类教育中介组织参与大学事务。这样做一方面可以缓解双方的矛盾，另一方面使得更多的

---

[1] [西班牙]奥尔加特·加塞特：《大学的使命》，徐小洲、陈军译，浙江教育出版社2001年版，第98页。

利益相关者直接介入大学事务，营造一种共同治理的格局。美国高等教育领域的中介组织主要有以下三类：第一类是具有评估及鉴定作用的协会组织，如新英格兰地区中学和大学协会（New England Association of Schools and Colleges）建立于1885年，主要负责新英格兰地区六个州的学校认证；独立学院和学校认证理事会（Accrediting Council for Independent Colleges and Schools）建立于1912年，主要对私立院校进行质量评估与认证。第二类是政策咨询组织，如美国大学联合会（The Association of American Universities）、美国州立大学协会（The Association of American State Colleges and Universities）、美国社区学院协会（Association of American Community Colleges）等大型中介组织，它们在高等教育领域十分活跃，积极参与政府政策的制定，特别是联邦立法、司法和行政过程；第三类是具有协调规范作用的中介组织，如美国教授协会（The Association of University Professors）制定了教师职业道德标准、教师聘用和解雇的基本原则。虽然各类组织功能存在差异，但在不同领域进行沟通合作是大多数中介组织的基本职能。可以说，教育中介组织是高等教育系统中各个要素之间相互连接的纽带，也是促进各个元素彼此契合运转的润滑剂。它们一方面倡导、组织高等教育参与政府和产业界的相关活动，另一方面又代表高等教育界与政府和产业界协商交涉，解决合作的具体事宜，让高等教育与外界需求保持较高程度的契合。

美国大学外部治理变革体现了传统与创新的和谐统一。它既保持了本国大学治理的传统特色——分权与自治，又吸收了欧洲国家管理哲学的新思维，将大学视为一种公共服务机构，以绩效和问责的方式保障了大学的办学质量，提高了公众的参与度。

第三节　法国大学外部治理结构的运行模式

法国大学历史之久远堪称世界之最。虽然诞生于12世纪初的巴黎大学略晚于意大利的博洛尼亚大学，但其创立的以教授治校为基本特点的大学模式被后来多数大学所沿袭，其历史意义尤为重大。正因为其历史悠久，保守势力便无比强大。文艺复兴之后，法国大学本应挟精神变革与工业革命之势迅猛发展，然而在法国大革命期间，资产阶级的国民公会却认为大学被贵族习气所玷污，于1793年9月15日颁布一项法令，宣布取消大学，导致法国百余年无大学。直至1896年，法国大学建制才得以恢复。

长期以来，法国政府不断尝试大学改革，但鲜有成功，基本原因在于对大学的抵制。追溯法国大学现代化改革之路，真正成功的大学改革不过有三：一是拿破仑于1806年创立的帝国大学；二是1896年7月10日颁布的《大学法》；三是1968年"五月学潮"之后制定的高等教育法。拿破仑创立的帝国大学并非真正意义的大学，而是统领全部教育的国家管理机构。其管辖的高等教育仅仅是重建的大学中的学院，而非大学，但却奠定了法国中央集权的高等教育体制——不仅是管理体制的中央集权，同时还有以大学科划分的学院的行会式学术集权体制。1896年《大学法》产生的直接原因是法国从普法战争惨败的教训中，认识到大学在培养经济、工业、军事人才，保证法国强大的重要作用。该法参照德国的高等教育，将各个学院融于大学之中，同时在大学中发展科学研究。

1968年的《高等教育指导法》，亦称《富尔法》，以当时法国总理为名。当时，"五月学潮"刚刚平息，法国的议员们惊恐未定，破天荒地以无人反对的投票结果通过了这一高等教育法。该法设置了"教学与科研单位"（UER）以取代原先各自独立的学院，并允许大学的教师、行政人员和大学生等所有成员可以通过其代表参与大学的管理，少数教授直接决策的特权不复存在。

这三次高等教育改革之所以成功，政治因素起了决定作用。第一次在于拿破仑的个人政治强势；第二次迫于战争的失败；第三次由于学生运动的冲击。政治势力超越了大学的保守势力，虽然改革获得了成功，但很难实现全面的改革。法国大学的中央集权体制依然束缚着大学的真正自治，单一学科的学院壁垒并未真正打破，民主参与的背后实际掌控学术权力的仍然是教授。

20世纪90年代以来，欧美国家的高等教育领域以追求绩效和问责为旨，掀起了一场治理变革的浪潮，试图构建一种注重效率、分权、责任、参与的新治理机制，但在具体的治理模式的设计和选择上却是各有千秋，其治理实践经验也是千差万别。治理是一个较为宽泛的概念，一般在两个层次上使用这个概念：一是制度层面的，主张缩小政府规模，鼓励公、私机构之间的合作和互动，实际上就是归权于社会。二是技术层面的，倾向于各种治理工具的运用，其中包括实现法治、改进政府管理、提高政府效率。法国基本上是适用技术层面的治理，将治理视为一种改革手段，致力于在保持社会政治秩序的基础上更有效地使用各种治理工具来达致公共目标的实现，具体表现为改革政府的权力运作方式和责任分担机制，实现政府职能的转换，在公共领域引入市场机制，削减公共开支，提高管理绩效。

自20世纪90年代以来，法国在高等教育领域就一直推行一种带有国家主义尾巴的调适性改革路线，将治理视为一种改革手段，法国之所以选择一种渐进主义调适风格的改革路线，主要还是由于高等教育发展面临的传统掣肘和现实困境。所谓传统掣肘是指高度集权的教育管理体制带来的各种矛盾和冲突，而现实困境则是指80年代以来法国高等教育发展面临深刻的财政危机。法国政府对大学实施的是中央集权式的控制和管理，这种集权式管理体制可以追溯到拿破仑时期，拿破仑建立了高度集权的帝国大学制。此后，法国政权几经沉浮，帝国与共和国交替出现，但是教育管理体制却没有发生根本性转变。直到1968年爆发的"五月学潮"才对沿袭了100多年的高等教育管理体制有所触动，并促成了《高等教育方向指导法》的颁布，提出以自治、参与、多学科三原则来引导高等教育的发展，政府逐步放松对大学的控制与管理。虽然1968年的改革部分地解决了高等教育规模扩张与传统的管理体制不相容所带来的一些问题，但是在大学的办学理念、办学质量、权力分配等一系列问题上突破不大，致使老问题与新矛盾在新的历史时期中又显现出来。另外，70年代中期席卷西方国家的经济危机，给法国社会带来极大冲击，1974—1979年法国经历了一次较长时间的经济萧条，经济的萎缩直接影响了教育的发展。政府对高教投资的增长速度逐步下降，1964年，法国大学生人均经费为3.2万法郎，1976年下降为2万法郎，到1982年仅有8000法郎。不少综合性大学连续数年在财政上出现庞大赤字，办学经费不足致使学校无力购置新设备，开设新学科，以至于在面对外界需求变化时反应迟钝，从而招致社会各界的指责与批评。在此种情况下，要求改革的呼声日益高涨，1981年密特朗领导的社会党政府上台后，针对法国高等教育发展面临的传统掣肘和现实困境，围绕分权、质量、问责等问题，展开了全方位的改革。

法国高等教育改革主要针对高度集权的管理体制进行的渐进性调适，一方面，政府通过制度分权来增强国有资金的使用效率；另一方面，政府推行一种渐进的市场路线，增强其适切性与回应性。

一 分权改革举措

（一）寻求责任分担伙伴

20世纪80年代以来，法国高等教育财政陷入危机之中，反映高等教育投入的主要指标如高教经费占GNP的比重、高教公共经费占总公共经费的比重、按不变价格计算的平均高教公共经费，多年来均持续下降，同期大学生人数却在急剧增长，高等教育经费供不应求的矛盾十分突出。如"1970—1979年的10年间，高等教育支出增长了7%，而学生人数增加了23%；1980—1985年间，支出增加了12%，而学生人数增加了21%"。为了缓解财政压力，政府希望通过制度分权的形式，寻求责任分担的伙伴。1982年颁布的《权力下放法案》，拉开了分权改革的序幕，《权力下放法案》对中央政府、地方政府及地方各级政府间的权限划分做了明确规定，构建了法国现行的中央与地方关系的框架。它改变了法国长达几百年的中央集权体制，使法国开始在维护单一制国家结构的前提下，逐步向分权管理方向发展。1983年政府公布了新的权限分配法，这些法律包括地方分权的政策措施，作为地方自治体的机构被分为三级：26个区域、101个省郡、36800个市镇乡，各级的教育行政机构也因此重新改组调整，促进权力的不断分化。随着80年代中期《地方计划总纲》的出台，地方政府的权力得到了进一步的强化，"地区委员会对大学的投资不断增加（1989年约为20亿法郎），地区行政机关在发展某些领域以满足地区需要方面扮演着更为活跃的角色。其中之一是由学区总长协调规划地区内所有高校的需求与供应，另一个是由市郡长官负责起草教育投资计划的机构"。

1991年，法国政府制定了20世纪末高等教育发展规划，即《2000年大学纲要》（以下简称《纲要》）明确了国家和地方政府通过合同形式进行协作，主要达致四个目标：（1）扩大高等学校招生规模；（2）强化高等教育的适切性；（3）高等教育主动参与地区发展；（4）提升高等教育的国际竞争力。与《纲要》配套的是："1991—1995年度的投资和校区建设计划。在这个计划中各地方政府是非常重要的参与者，其参与的模式由国家—地区协商制定的契约所规定，根据《纲要》的规划，1992年法国新建了七所大学。"

（二）构建行政契约关系

行政契约关系的建立是法国政府解除管制，赋予大学以较大自主权的一种有效途径，行政契约关系主要通过国家与大学签订合同来实现。1984年出台的《萨瓦里法》指出，大学还可以接受地方政府的拨款，与企业、地方和国家签订合同。"第一个与国家签订合同的大学是昂热大学（Angers University），1989年12月，根据项目谈判和评估结果，昂热大学与国家通过合同签订确立了行政契约关系。"自此，法国所有大学每4年就项目的选择、战略目标的确定、财务预算框架，与国家进行磋商谈判，签订合同。在实施合同政策的初期，合同只限于研究领域的经费分配，1989年，合同政策很快扩大到学校的各个方面，成为高等学校获取政府拨款的基本形式与对高等学校进行评估活动的主要依据。合同的实施不具备法律效力，通常由国家和大学定期协商制定，"两者之间，应该是一种相互之间的承诺，而不是一种真正的合同"。国家对不执行目标合同的高等学校无法实行制裁，而是主要通过协商谈判机制来处理双方关系。

虽然1989年法国政府就做出了与大学签订合同、赋予大学以更大自主权的决定，但是由于随后一段时期内政府财政困难，而使合同的实施一再搁浅。直到1994年年底为止，法国政府的这一措施还未在公共研究机构得以实施。1993年9月，法国高等教育与研究部开始在全国范围内组织法国科学研究重大目标咨询活动，并于1994年6月公开出版了题为《法国研究之报告》的这一咨询活动的最后报告。法国高等教育与研究部在这份报告中明确提出要在政府与公共研究机构之间实行合同政策，以加强公共研究工作。1998年，合同政策经过修正之后，成为国家与高等教育机构之间重要的沟通方式。合同政策明确了政府对高等学校的委托关系，使得高等学校在一定程度上摆脱了从属于政府的上下级关系，从而形成了一种理论上平等的契约关系。

二　推行市场理念

（一）调整课程结构

长期以来，由于综合性大学的办学思想偏于保守，教材更新缓慢，课程设置落后于实际需要，教学上又过分强调理论，忽视对技术和实践能力的教育，致使培养出来的大学生不能很好地满足工业界和企业界的实际需要，在就业竞争能力方面无法同大学和短期技术学院的毕业生相比。为了改变这种状况，法国政府开始对综合大学的教学内容和课程结构做出适当的调整，使之能适应经济发展的需要，增强学生的职业竞争能力。法国大学的课程调整大致经历了三个阶段：一是 70 年代开设高等专业学习文凭课程和职业硕士课程。1974 年，为了满足市场对高级技术人才的需求，法国政府在大学第三阶段推出了一类职业性的高级专业学习文凭课程（DESS），从而使得第三阶段出现了两类课程并存的局面：一类是职业性的高级专业学习文凭（DESS）课程；另一类是为科学研究做准备的深入学习文凭课程（DEA）。二是 80 年代增设大学科技文凭课程。1984 年，法国政府开始在大学第一阶段设置"大学科技学习文凭（DEUST）课程"。大学科技学习文凭不同于大学普通学习文凭，它具备就业资格，目的是为不能接受长期教育的大学生提供两年职业教育，使学生获得职业专长。此外，1985 年在第二阶段出现了一种新的文凭课程——新硕士文凭（Magistere），这个文凭不属于国家文凭，是学校文凭，相当于大学颁发的工程师文凭。该文凭课程学习期限三年，是一种以职业为主要目的的教育，便于第二阶段毕业生直接进入职业界。三是 90 年代设置职业学士文凭课程，法国政府为了实现《博洛尼亚宣言》中对加强高等教育合作与人才交流的承诺，于 1999 年推出职业学士文凭课程，该课程由学校与企业联合制定，注重理论与实践相结合，目的是培养适应劳务市场需求的人才。

（二）开展校企合作

法国的综合大学，长期以来一直处于学校与外部社会不同程度的隔离之中，这种隔离不仅使高等教育本身失去了应有的活力，而且也使其难以适应科技日益发达的现代社会的需要。鉴于此种情况，政府开始调整综合大学的办学方向，鼓励学校解放思想，打破自我封锁的束缚，进一步面向社会、面向实际，通过提供科技咨询、签订科研合同、承担在职培训等方式，及时灵活地满足工业界和企业界的需要，改变综合大学的形象。1989 年出台的《法国教育指导法》强调校企合作的意义及进一步加强校企合作的必要性，并指出："正是在共同使用资金与技术设备的情况下，教师与企业雇员的交流和用于地方发展的技术转让活动才能获得其全面的效益。"1998 年，法国高等教育委员会提交了《构建欧洲高等教育模式》的改革方案，对学校与产业界的合作提出如下建议："高等学校的发展要适应今后的职业，适应企业精神。职业生活准备应当成为所有高等教育机构教学计划的主要方向之一，应当促进课程与社会需求紧密联系。"

三 强化质量评估

渐进性的市场化改革路线在解决法国综合性大学的适切性问题之后，又将满足公众对优质高等教育需求的回应性问题提上了日程。1984 年，法国政府为此创建了国家评估委员会来监控高等学校的办学质量及经费的合理使用。国家评估委员会由 17 人的委员会和 24 人的行政工作人员队伍组成，由一位主席领导。评估委员会的委员大多来自学术机构（11 位委员来自学术研究机构），还有一部分来自商界（4 位委员来自经济与社会委员会），另有少量官员充任委员（1 位来自国务院，1 位来自国家审计署）。

国家评估委员会负责对全国高校和科研机构的状况进行调查和评估，定期向总统提交高等学校的评估报告并予以公布，为高等教育的改革提供依据。高等学校的质量评估主要包括两种形式：自评和他评。自评主要是由被评高校在国家评估委员会的指导帮助下准备一份自评报告，报告包括分析学校的优劣势及其未来的发展前景。他评是指同行间的考察，包括一次实地访问，并形成机密性报告。国家评估委员会再根据自评报告和专家们提交的他评报告写成完整详尽的综合报告。国家评估委员会每 8 年（相当于两个合同期）完成一次对所有大学的评估，在成立后的大约 20 年以来，几乎对所有大学都进行了 1 到 2 次的评估。对大学的评估每年保持在 20 所左右，主要是第二年需要与政府签订合同的大学。评估结果通常直接影响合同的签署和拨款力度，评估委员会对学校设计的项目、项目的完成情况以及战略目标进行评估，并着重审查学校所提供教育的整体性和严密性。因此，评估机制与合同政策的结合不仅能为法国的高等教育提供系统的质量保证，巩固和加强公众对于高等教育所提供服务的信心，而且还能增强高等学校的办学效益，部分地缓解经费短缺的状况。

四 加快国际化进程

为了增强高等教育的适应性与灵活性，提升其在国际市场中的竞争实力，法国政府依据博洛尼亚进程的发展要求不断进行政策调整。首先是改革高等教育学位制度，实施一种新的 LMD 学制。传统上，与欧美其他国家相比，法国大学文凭和学位制度复杂，不易与国际上通行的高等教育文凭和学位等值；即使在欧盟国家内部，法国的文凭与其他成员国也存在着明显的差异。显然，法国这种高等教育的文凭和学位制度不利于欧盟统一市场政策的实施，特别是在人员相互交流、人才自由流动、劳动市场开放等方面，同时，也不利于法国作为世界留学生主要接受国在激烈的国际生源争夺中的竞争。因此，改革法国高等教育文凭和学位制度，寻求与欧盟国家协调一致的高等教育政策势在必行。LMD 学制与旧学制相比较，简化了学科之间的分类，打破了原有学科之间的制度界限，增强了不同专业之间学生的可比性。另外，为了促进学生流动，法国政府决定在高等教育领域实施欧洲学分转换系统。欧洲学分转换系统主要从课程信息、学习量和成绩状况三个方面为不同语言、国家之间学习的学生提供比较统一的量化标准，这一系统提高了法国与欧洲各国的高等教育机构内部和相互之间的可进入性和灵活性。

作为中央集权制国家，法国注重政府的权威，在大学外部治理中仍然强调政府对大学的控制。虽然迫于现实压力推出了一些市场取向的改革，但相对于大学治理变革发源地的英美国家，法国只是将治理视为一种改革手段来推行。它不具备盎格鲁—萨克森国家全面、系统、激进的特点，奉行渐进主义的有限改革，形成了"中央集权、政府主导、市场参与"的法国大学外部治理模式。

第四节　德国大学外部治理结构的运行模式

德国大学产生于 14 世纪中叶以后，比意大利、法国的大学大约晚两个世纪。德国大学的产生方式不同于欧洲早期大学，虽然采取了柏林大学自治团体的模式，但它不是作为学者联合体自发产生的，而是由诸侯国建立的。因此，从一开始，德国大学在具有自治传统的同时，又受到政府控制。

德国的教育组织最早可以追溯到奴隶社会向封建社会转变时期。随着封建制度的形成和发展，以及城市的兴起，欧洲各地经济联系开始增多，基督教（主要是天主教）也得到了广泛传播。随之而来，一切异教的文化都消灭了，整个社会都处在严酷思想和愚昧政策的统治下。

除了教会的《教义问答》外，不允许任何异端思想存在。天主教成为最大的封建主，一般至少占有各诸侯国土地的三分之一。它不但垄断着意识形态，而且有自己的行政系统、税收和法律制度，有自己的军队和监狱，俨然如国中之国。有时教皇甚至可以废黜国王，将其土地转赠别人。公元 8 世纪到 10 世纪，基督教会又发展出经院哲学，成为维护统治阶级利益的官方哲学，但这些均未上升到高等教育层面。

自 11 世纪伊始，欧洲地区变得日趋安稳，社会渐渐恢复繁盛，普通教育逐渐被视为教会的分内之事，许多教堂或寺院自发地承担了所在地学校的功能，一时间，神学成为各类学校居于主导地位的课程。1189 年，第三次拉特兰大教堂会议甚至做出"让贫苦学生和教士一起免费接受教育"的规定，普及教育的思想在教会法律中得到认可。与此同时，整个欧洲范围内涌现出的新兴城市，继承了古希腊、古罗马时期城邦国家的"自治传统"。在这些新兴城市中，商人和手工业者等主要居民，不但通过创设各类公会来管理相应的行业，而且还选举市长等组织机构来管理公共事务。一时间自主与自治意识广泛地根植于人们的头脑之中。随着经济实力的不断壮大，新兴城市用金钱赎买或者斗争的方式，摆脱了早期所依附的封建领主，取得法律上部分或完全的自治权利。城市居民们思想活跃，有强烈接受教育的动力，使得教会设立的学校数量大大增加。城市当局一般会通过对由牧师管理并配备职员的学校进行经济资助，来获得部分管理权力，以使学校能在一定程度上满足城市发展的需要。这可以看作教育摆脱教会直接控制的最早迹象。

面对社会及公众对教育的需求，德意志皇帝卢森堡家族的查理四世在位期间的1348年，波希米亚（今捷克）在其首府布拉格创办了布拉格大学，标志着高等教育在德国正式诞生。布拉格大学建立的短短几年内就吸引了众多来自德意志各邦的学生，注册总人数很快就超过了1万。稍后维也纳大学（1365年）、海德堡大学（1385年）、科隆大学（1388年）、爱尔福特大学（1392年）、莱比锡大学（1409年）、罗斯托克大学（1419年）先后创建[①]。1456—1506年，在文艺复兴所形成的人文主义教育思想的推动下，以及受宗教改革运动兴起的影响，权力逐渐由教会向世俗转换。在这一背景下，格赖夫斯瓦尔德大学（l456年）、弗赖堡大学（1457年）、巴塞尔大学（1459年）、因戈尔施塔特大学（1472年）、特里尔大学（1473年）、美因茨大学（1477年）、蒂宾根大学（1477年）、维滕贝格大学（1504年）、奥得河畔法兰克福大学（1506年）等9所大学创建。这些大学不同于先前在意大利、法国等创办的大学是从松散的学生和教师行会发展起来的，而是地方政府创设的。虽然其运营参考自意大利的博洛尼亚大学和法国巴黎大学，但在大学内部组织结构上，大学师生常常根据出生地区分别组成若干个"同乡会"，各同乡会自行选举主席和财务人员。大学的首脑被称为校长，是经过选举产生的大学主持者，大学内部通常设置神学、医学、法学和哲学四个系，并讲授经院哲学。这一时期德国大学常建在一些小镇，而非中心城市。其主要特点是由诸侯国举办，大学的数量虽多，但规模小、水平低。大学组织相对松散，教师自主地传授以神学为主的那些基本上重复僵化的知识，学术创新乏善可陈。

与14世纪相比，16世纪初期的德国大学在人数规模上有了较大增长。然而，受16世纪20年代爆发的社会和宗教纷争的影响，1526—1530年，许多大学所接纳的学生降至之前的三分之一。之后，随着一些新教大学的建立以及经济生活秩序的恢复，在校生人数又开始增长，这一势头一直持续到17世

[①] 由于今天布拉格和维也纳不在德国境内，当今人们习惯把海德堡大学看作德意志境内第一所大学。

纪初"三十年战争"的爆发。1694年，在度敬派和理性主义者的推动下，哈勒大学正式开办并得到国王的支持。哈勒大学创办后，截止到1700年，除奥地利外，德意志各邦共有28所大学，但其中许多生源不足，难以运转。例如，海德堡大学1701—1705年每年平均仅招收约80名学生，其他20所大学不足300名学生。而在"三十年战争"前，20所大学招收了差不多8000名学生。虽然每所大学当时平均约有400名学生，但到1700年每所大学平均不足290人。这种状况到18世纪中期以后变得更加恶化。一些大学甚至被迫关闭，如科隆大学、特里尔大学、斯特拉斯堡大学等。

无论是已经倒闭的大学还是仍然存续的大学，此时期的大学，没有学术地位上的明显等级之分，主要任务是培养各邦的公务和神职人员，与科学无关，所谓的科研工作大多是学者"闲逸的好奇"。特别是来自城市等的自治传统，使得教会、政府侵犯学术自由的现象并不多见。可以说，此时的学术自由处于一种不自觉的存在状态中，学术权力也在不自觉中主导着大学的运作，纯粹是一种自发的秩序。

从18世纪开始，在英国工业革命的影响下，德国资本主义得到迅猛发展。在这一过程中，自然科学逐渐代替神学和经院哲学，不仅成为现代新哲学的基础，而且为德国资本主义的进一步加速创造了条件。自然科学的发展所带来的社会生产方式变革以及资本主义经济的发展，呼唤新型的具有实际生产知识与技能的科技人才，而传统的充满神学与古典人文学科韵味的大学教育，由于教学内容陈腐，教学方法呆滞，教学语言没有活力，颓废、腐败的学风使大学暮气沉沉，显然已不适应这一要求。与此同时，自然科学的发展越来越引发人们对一直以来的神学世界观的怀疑，并由此开启了以"理性主义""批判精神"和"维护人的尊严"为核心内容的启蒙运动。在启蒙思想的指导下，德国高等教育进行了一系列变革，逐渐冲破了神学对大学思想和学术的束缚，大学渐渐成为启蒙运动的阵地。

基于此，在反经院哲学的学者和新教思想家的推动和领导下，作为德国18世纪新文化思想指导中心的哈勒大学开始着力引入近代哲学和自然科学，确立了教学和研究两方面的学本自由原则并获得政府的承认。1737年，汉诺威效仿哈勒大学创办了哥廷根大学。哥廷根大学的教师身份特别尊崇，他们大力倡导真正的科学研究，建立专门从事自然科学和医学的研究所，就连在哈勒大学不受重视的古典文学，在哥廷根大学也被接纳并获得了新的发展。随后直到18世纪中叶，包括新教和天主教地区的德意志的其他大学在内的很多大学都按照哈勒大学和哥廷根大学的模式进行了改革。改革的结果是，大学世俗化趋势日益增强，学术团体或专业委员会的成员都开始注重从大学教师中进行遴选，促进了大学重视学术研究和教学研究，强化了大学学术权力的地位。毋庸置疑，此阶段的改革运动取得了阶段性的成功，以哈勒大学和哥廷根大学为代表的德国大学呈现出了新的气象。尽管如此，整体上德国大学的发展前景并不乐观。就招生状况来说，尽管经过改革后的一部分大学可以保证生源，但多数大学仍面临着生源不足的困境。据统计，1700—1755年，德国大学生总数8000—9000人，但到1791—1795年，学生总数却已不足7000人。这其中固然有战争的影响，但更为主要的还是与大学自身息息相关。许多大学在智力活动上落后于时代的步伐，成为"过时的"机构，备受诟病。公众普遍认为，大学中知识被固定在封闭的制度里，大学唯一的任务是通过陈腐的教科书来向学生传递已知的知识。在此种情况下，有的大学甚至被迫关闭。面对着危机四伏的现实情况，一些大学的教授和大学以外的教育改革家积极推动大学的变革。与此同时，政府通过那些承担了大学责任的世俗或教会的官员，颁布法令以改革大学的弊端。

可以说，贯穿于18世纪的大学改革运动使得大学不再是沿袭宗教教条的旧式学校，而是成为领导学术界进行创造性研究的基地。注重学本自由，强调学术研究等现代大学所具有的特征已初现端倪。但就整个国家的大学体系而言，德国大学制度还是落后于时代的要求，许多大学由于不能满足现实要求纷纷被迫关闭，如特里尔大学、美因茨大学等均在此列。特别是，法国大革命后，拿破仑通过多次发动战争，不仅使存在了近850年的德意志民族的神圣罗马帝国瓦解，还通过普法战争[①]将"中立"十年的普鲁士彻底打败，

---

① 普法战争通常指的是发生于1870—1871年普鲁士和法国之间的战争，是普鲁士王国为统一德意志并与法国争夺欧洲大陆霸权而爆发的战争，普鲁士获得胜利。这里的普法战争指的是拿破仑一世称帝统治法国期间（1803—1815年）与普鲁士之间爆发的各场战事，法国获胜。

甚至占领了其首都柏林。《提尔西特和约》（1807年7月7日）和《柯尼斯贝格补充协定》（1807年7月12日），更是规定普鲁士不仅要割让大片领土，还要支付1.5亿法郎的巨额战争赔款，耶拿大学与哈勒大学也在此间被关闭。战争在客观上打击了德意志传统势力，扫除了各邦国封建割据的樊篱，为德意志资本主义经济发展创造了条件。但在当时，战败的耻辱，亡国的危险，深深刺激着德意志人民，有识之士自发地从各地汇集到普鲁士开始了一场短暂却卓有成效的改革。1807年8月一群来自哈勒大学的前教师代表团，请求在柏林重建他们的大学，对失掉哈勒大学极其伤心的威廉国王欣然同意了他们的要求。最终，普鲁士国王把重建教育的重任交给洪堡（Humboldt）主持，在1810年创办了柏林大学。

柏林大学的创建揭开了德国大学历史上新的一页。虽然柏林大学在很大程度上继承的仍是中世纪的组织形式，但它有一项意义深重的创新，即注重教学与学术研究的统一，强调学术研究、学本自由。洪堡认为大学应该是一个民主自治机构，它需要一个复杂的行政组织进行统筹，在校务管理方面，实行学生自治和教授治校，校长由教授会选举，教授们仅负责学术而不必理会庶务，大学的最高权力机构是评议会。

由于柏林大学打破了原来的地方主义风气，很快就吸引了德意志各地的一大批杰出学者，他们在这里传播自由平等、人权民主等思想，并使大量青年受到爱国主义的熏陶。柏林大学成为德意志统一与自由运动的先锋和进步思想的发源地。后期的布勒斯劳大学（1811年）、波恩大学（1818年）、慕尼黑大学（1826年）都是以其为模板创建的。由洪堡所创设的柏林大学的教育理念趋向于最理想的大学理念，也由此确定了本时期德国大学学术权力主导的大学治理理念。1871年德意志在政治上恢复统一之后，建立了帝国。通过抓住第二次工业革命浪潮的机遇，利用建立在电能、内燃机等新技术平台上的优势，社会、经济都得到比较快的发展，高等教育也有了很大的发展。到了20世纪之后，德国高等教育在规模上有了很大发展，教师和学生的数量成倍增长。此间在研究型大学理念下，学术权力一直占据着大学治理中的主导地位。

第一次世界大战爆发后，德国的大学立即全面卷入其中，德国高等教育也开始由此走下神坛。教授与学生们放下手中的课本,离开象牙塔,坚定地站在政府一边,支持政府的战争行为,参与战争并血洒疆场。统计显示,仅哥廷根大学就有762名学生和22名教工阵亡。可以说,短时期内,德国高等教育体系内实现了学术权力与政治权力"初步的结合"。1918年11月战争宣告结束后,威廉帝国崩溃,随之产生了魏玛共和国。魏玛共和国成立初期,受战争的影响,经济凋敝,国外赔款负担沉重、战债纠纷繁复杂,加之新的共和政体是在战败的条件下建立的,常常被看作强加的结果,因而在当时得不到足够的拥护,而且战后的动荡更增强了对昔日帝国盛世的怀念。这一系列问题使得魏玛共和国领导人备感压力。战争期间冲到第一线的高等教育也受到了重创。鉴于此,在1919年8月颁布的《魏玛宪法》中明确指出:国民教育及高等国民学校,应由联邦、各邦及各自治区振兴之。但是,一方面,在国内转业军人步入大学与社会底层人士的入学,使得大学在生源上出现了短期的"繁荣",随之而来导致了知识分子"过剩"和知识行业的"超员"问题;另一方面,国际学术界对德国学者及其学术研究采取敌视的态度,在学术交流中取消使用德语,不让德国科研人员参加国际学术会议和学术组织,致使很长一段时间内德国的高等教育并未按照预想的方向发展。

1929年,世界经济危机使德国经济迅速下滑,到1932年8月,德国工业生产指数降低了40.6%,失业人数达600万人,社会矛盾空前激化。世界经济的不景气给大学带来的影响变得更大。大学教授的待遇急剧下降,引致他们的强烈不满。在帝国时代,教授的收入是一个普通职员的7倍,而在魏玛共和国时期降到了2倍。此外,由于教授一直都是国家养的,所以,他们对帝制一直充满了忠诚之心,而对共和制采取了不予合作的敌视态度,甚至在课堂上公开攻击政府。与此同时,早在威廉帝国时代就已经弥漫的反犹太情绪,在魏玛共和国时期又有所增强。尤其是1933年纳粹政权建立后,纳粹政权在大学中推行统一化政策,在大学的管理和教学中贯彻纳粹的意识形态,将大学看作维护政权的工具。传统的学术自治被政府的直接控制所替代[①],各学术团

---

① 在学术上,人文和社会科学受到纳粹思想的支配,自然科学和工程科学则主要服从于军备武装的目的,大学的部分教师对纳粹政权持支持态度。

体的全部决策权被剥夺。到此时德国高等教育体系内彻底实现了学术权力与政治权力的"完全结合",由政府的强力控制所衍生的行政权力在大学治理中得到进一步强化。此种状态在整个纳粹时期有愈演愈烈之势。

第二次世界大战结束以后,德国①迎来了适龄人口进入大学的高峰期,1950年,德国高校新生入学者占同龄人口的比例为4%,到了1960年,这一数字增至7.9%,1980年达到19.1%。在校生人数增长也很快,1960年,德国高校的在校生人数约为29万人,1970年达到约51万人,1980年增长到104万人,与20年前相比约增加了3.6倍。可以说,这30年,德国高等教育的性质发生了根本变化,即从传统的精英阶段转向大众化阶段。不断扩张的高等教育入学人士使得已有的高等教育机构不堪重负。为扩大各类大学的容纳能力,减轻现存大学的负担,德国科学审议会于1960年发表了《关于扩大学术组织的劝告》,提出扩大高等教育规模、创办新大学的改革建议。20世纪70年代初,德国开始创建综合制大学和高等专科学院两种新型的高等教育机构。1977年,高等专科学院的创设带来新一轮的高校扩张。联邦政府和各州为此又共同制定了一项开放决议,该决议提出尽可能地开放高等教育机构,并采取一些临时性措施来解决部分大学超负荷运转所带来的问题。另外,为了解决教师数量不足的问题,师范类大学的高等教育机构也得到了扩充,其中相当数量的师范学院被编入了综合性大学。据统计,1960—1975年,德国总共新建了24所综合性大学,加上20世纪60年代末70年代初蓬勃发展的专科学校,这十年成为德国高等教育史上高等学校扩张的重要时期。与此同时,学生人数持续增加。大学生在同龄人口中占比由1960年的7.0%上升到1970年的13.4%和1980年的25.6%②。

高等教育规模的急剧扩张也给德国社会带来了一系列问题。首先面临的问题就是现有的高等教育发展状况与传统高等教育管理体制之间的矛盾。主要体现在两个方面:一方面是传统大学的办学思想遭遇现代管理哲学挑战,

---

① "二战"后,1945年德国分裂为东德和西德,1990年东德和西德合并。本书中,1945—1990年的德国指的是西德,即联邦德国。

② 国家教育发展研究中心:《中国教育绿皮书》,教育科学出版社2001年版,第90页。

按照传统大学观，大学只处理纯粹理性活动，而不涉及其他社会责任。但随着 20 世纪 80 年代英美国家行政改革浪潮的兴起，对传统官僚体制的抨击迫使政府对公共部门采取一种新的管理哲学，即在政府远距离掌舵的政策框架下，要求高等教育机构应该承担更多的责任，提供与具体的社会、政治、经济目标有关的有益而实用的成果，同时他们还需要提交有关投入与产出效能的评估报告。这样实际上就意味着文化国家的管理理念日渐衰退，国家在经济上无条件支持高等教育的信念发生了动摇，文化机构的保护氛围开始消退，大学需要将他们的合法性建立于新的基础之上。另一方面是高等学校组织机构面临权力的重新博弈，这种权力博弈不仅在高等学校内部管理层面展开，而且还出现在影响高等学校发展的外部权力领域。20 世纪 60 年代，一场以民主参与为题的改革运动在德国各类高校兴起，改革的最大举措就是"由正教授治校的大学变为集体治校的大学，从此，教授和学生、科学辅助人员和其他工作人员可以通过各种领导集团，如专业委员会、校务会议等，参与大学里几乎一切事务的决定"，在改革过程中，助教和其他科学辅助人员的地位也得到了提高。而在外部，权力博弈的主要表现为联邦政府和州之间的管理权限分配，一向对高等教育袖手旁观的联邦政府也开始插手高等教育。1969 年，依据德国《教育基本法》的修改，联邦分担了高校基本建设费；联邦教育与科学部也于同年成立。到 1976 年，联邦政府不仅获得了扩建与新建高校及其附属医院的共同任务（此后分担高校基本建设费的 50%），而且还获得了《高等学校总法纲》的立法权，教育规划的参与权、向大学生提供学习资助的专项权；传统的联邦主义变成了合作联邦主义。

其次，高等教育发展遭遇到严重的财政危机，高校基本建设和投入没有跟上需求的步伐。

1977—1990 年，新生入学人数增加了约 73%，按标准修业年限注册的学生数增加了约 48%，大学毕业人数（不含博士生）增加了约 20%，大学教工约增加了 7%；教学用房面积约增加 11%；高校经费支出增加了 12%（扣除物价上涨因素、包括第三方经费）；科学研究联合会的经费增加了约 78%。然而，高校经费支出占国民生产总值的比例却由 1977 年的 0.78% 下降到 1990 年的 0.65%。高校的任务增加了，经费支出却与社会经济发展增长水平出现了相背发展的情形。州财政部长会议和州文化部长会议共同认为，高等教育事业的发展需求和对其人、财、物的投入出现了长时间的比例失调。据州文化部长会议估算，要使西部地区高校的财政状况有实质性的好转，每年财政总额必须达到 30 到 40 亿马克。此外，重建和扩建东部地区的高校则需要更多资金。但是自 20 世纪 90 年代以来，德国经济的平均年增长率长期徘徊在 1%—2% 之间。这种经济形势给"文化国家"理念的实现以及以国家投入为主体的高等教育运行机制带来了相当的负面影响。政府对高等教育的财政拨款连年减少。据统计，1996 年联邦和各州政府的高教拨款比 1995 年减少了 20 亿马克。[①] 在学生人数大量增加的情况下，政府 1997 年提供的资助金反而比 1992 年的 30 亿马克削减了 2.7 亿马克。它直接导致各州纷纷出台强行合并机构和硬性裁员的政策，使得高等学校教学研究条件进一步恶化，也使那些来自中等及中等以下收入家庭的学生经济上陷入困境。1998 年，德国爆发了 20 世纪 60 年代以来规模最大的学生游行示威活动，实际上是对政府高等教育政策不满情绪的总爆发。

在上述背景下，德国政府对大学外部治理进行了改革，主要办法是遵照新公共管理理论，在坚持"文化国家"理念的前提下解决传统与现实的矛盾，以在高等教育领域实现分权、竞争、效率、开放和自治。改革后，德国大学外部治理结构具有以下特征。

一 管理权限分散

1976 年，德国政府颁布了《高等学校总纲法》，对州与大学的关系做出了规定，并明确了各自的权责。《高等学校总纲法》第 58 条第一款规定：高等学校在法律框架下拥有自我管理权。该条款意味着大学可以独立承担其特定任务，并自主实施相应的管理活动，标志着大学拥有一种自主的、受命于政府指令且独立承担责任的决定权。《总纲法》虽然确认了大学的自我管理权，但是在管理权限上，却存在着大学自我管理权限向国家管理权限转移的倾向，比如《总纲法》第 59 条第二款规定：高等学校在执行国家下达的任务

---

① 梁淑妍：《德国高校办学中的困境》，《德国研究》1998 年第 2 期，第 12—15 页。

时，尤其是在人事管理、经济管理、预算和财政管理以及医疗方面，必须接受广泛的监督。另外，国家还以统一管理的形式，与高等学校在诸多领域实施合作，这种合作包括大学教授的聘任，高等学校在招生考试、高校内部组织机构设置以及校长遴选等工作领域的合作，也就是说，大学有关博士学位的考试、授予条例、大学内部组织机构的设置、变更及撤销，学校领导人的任命等，事先都必须得到州教育主管部门的审批和认可。大学自我管理权限一方面在经受着国家权威的侵蚀；另一方面，大学内部的学术管理权限又在日益由教授手中转移到教辅人员和学生手中，这一点在70年代成立的综合大学表现得更为明显，如下萨克森州1971年颁布的《下萨克森州综合大学法草案》规定废除大学传统的组织制度，选择由所有高校成员共同参与高校咨询与决策的综合大学形式。该草案依据职务和利益将高等学校成员划分为四种类型：高校教师、学术性辅助人员、大学生以及其他非学术性辅助人员，规定由以上各团体所选举出来的代表参加高校自我管理的决策机构并拥有等效的表决权。

20世纪90年代，德国在高新技术领域缺乏足够的竞争力，使得德国政府将更多期望寄予大学，希望大学对社会承担更多责任，尤其是在参与国际合作和竞争中发挥作用。政府希望通过放松管制，赋予大学以更多的办学自主权来增强大学的适应能力，同时，还引入以绩效为导向的财政拨款体制来强化大学的问责与竞争能力。1998年，联邦政府对《高等教育总法》进行了第4次修订，修改秉持如下原则：一，自由，即给予高校更多的改革空间。二，多样，即对高校进行的改革持更为开放的态度。三，竞争，鼓励高校宣传自己的特色，促进各高校在教学与研究领域展开竞争。修订后的《高等教育总法》删除了许多统一管理与共同负责的条款，为高校自我管理权的扩大提供了可能性。自从《高等学校总纲法》修订实施以来，联邦与州政府主要通过高校建设规划委员会、联邦与州教育规划和促进研究委员会等机构在发展和扩充整个高等学校领域进行合作。时至今日，许多校内校外机构的委员会都涉足于高等教育的政策、计划、财政及管理。联邦作为有立法权和投资权的新角色已登上了高等教育的舞台，各州一方面在合作的文化联邦制中向联邦政府交出了某些权限，但另一方面同时也加强了对高校内部的影响。

二 采用绩效拨款模式

德国高等教育经费主要依靠公共资金，2004 年，政府拨款占德国所有大学总收入的 78%，专科院校的 89%。联邦和州将高等学校的基本办学经费分成基本部分和增量部分，其中增量部分比重逐步增加，并以教学科研绩效和人才培养质量作为政府拨款的基本参照指标。这种拨款通常以院校上一年的财政预算为基础，并根据通货膨胀而增加资金划拨或根据总预算的紧缩调整拨款金额。由于，高等教育改革不可避免地会导致单项预算的取消，通过该方式分配政府拨款将会越来越不合适，因为分配总量的基数无法重构且是不透明的。近些年来，德国政府试图在不改变其拨款框架的情况下引入竞争机制，逐步实行政府拨款与高校教学科研绩效挂钩，以增加拨款的弹性。政府可以利用不同的资金划拨方式激励高校间的竞争。这样至少在原则上能保证以补充资金的形式给予绩效优胜者奖励。绩效拨款方式是基于各院校的绩效来划拨资金，各院校的绩效是通过一个包含固定指标的公式测量而获得的，具体指标包括标准学制期内在读的学生数、按时毕业的人数与比率、非政府来源收入比重、博士论文数、专利数、来自社会服务的收入等。各院校所得到的拨款总额将自动生成，并伴随指标的升降而增减。政府按照它想达到的目标或者它认为最能体现高校投入的工作量等来制定指标。通常的做法是分配给各院校一笔固定的经费，随后的拨款则依据各单位绩效及其竞争对手的绩效而生成。

在 20 世纪 90 年代初，德国就有一些州最早引入了绩效拨款模式，比如 1995 年，海德堡大学就开始改革传统的资金分配制度，实施绩效拨款模式，大学的经费分为三部分：第一部分是基本经费即人员费用，占总经费的 49%。第二部分是根据教学单位绩效指标计算的经费，占总经费的 24%，大学从基本数据上考察和评估各学院或专业取得的成绩，主要包含两个方面：教学方面和研究方面。教学方面主要考察如在校生人数、学生中期及毕业考试的通过率等，研究方面主要考察如争取到第三方经费的数额、博士生和教授发表的论文数量等。第三部分是通过谈判决定的调控性经费，占总经费的 27%，这部分属于校方调控经费。即便是较为保守的北威州，也开始从 2003 年对州内四所大学试行资金分配方式改革，最初，州政府将大学经费的 10% 按照绩效分配给大学，这一部分高校可以完全自由支配，随着改革的进行，用于绩效拨款的经费比例将会逐步增大，最终可达到28%，同时高校有义务向州议会汇报资金的使用情况。到2005年，绩效拨款模式在北威州的所有大学全面展开。目前，德国16个州中的11个州已经将绩效拨款作为高校拨款模式之一。

三 重视教育中介组织作用

在德国，存在着许多教育协商、咨询、协调以及合作机构，它们对高等教育的发展起到重要的作用。这类组织一般具有独立和权威两大特点：尽管它也接受政府拨款、基金的资助，有的主要成员也是由政府任命的，但它的运作方式是独立的；同时这类单位得到了政府、学校、教授、社会的普遍认可，具有相当的权威性。这种中介机构实际上充当着学校和政府间的"缓冲器"，既有利于维护高校的自由，国家又能施加影响。

这些中介组织主要可以分为以下三类：

第一类是政策咨询组织，比如大学校长协会（Hochschul Rektoren KonferenZ，简称HRK），是大学和其他高等教育机构的一个自愿性组织，代表高等学校的利益。目前共有成员258个，包括大学82所，高等专业学院121所、艺术院校39所、其他高等教育机构16所。大学校长协会的主要工作目标有：(1) 在高等教育政策问题上统一思想、达成共识；(2) 协调高校间的利益，确保不同区域、不同类型的高等教育系统机构，实现最低限度的统一；(3) 对联邦和州政府的教育决策提供咨询；(4) 向成员学校及有关部门提供国内外高等教育发展的相关信息；(5) 加强德国高等学校与国外大学校长协会及其他国际组织的联系。

第二类是具有评估和鉴定作用的中介组织，比如成立于1957年的科学委员会，该委员会由联邦政府和州政府共同资助，但在政治上是独立的，分设科学委员会和管理委员会。科学委员会的职责主要是对高等学校、科研机构的组织建构与发展方向提出建议，包括新大学的建设。建议的提出必须考虑社会、经济和文化的需求，对其产生的效益要有所考虑，对建议实现的途径提出备选方案。建议主要涉及如下两个领域的科学政策：第一，科学机构建设，包括大学、高等专业学院和非高校研究机构，特别关注其结构、绩效、发展及财务状况；第二，与高等教育体制、教学科研结构的选择、学科专业的管理相关的问题。科学委员会对高等教育机构所作的鉴定与评估结果将会直接影响到政府的投资方向。

第三类是具有协调沟通作用的中介组织，比如德意志研究联合会（DFG），它是促进德国高等学校学术交流的机构，成立于1925年，第二次世界大战期间一度解散，1949年重建，1951年和德国研究顾问委员会合并后改名为德意志研究联合会（DFG）。DFG采取会员制，会员分别来自高等院校科学研究单位、科学院和科学协会，现有会员79名，其中58个来自高等院校，3个来自科研机构，5个来自各科学院，3个来科技协会。会员大会是DFG的最高权力机构，会员大会每年举行一次，会员大会决定研究联合会工作方针、政策、听取年度报告和年度决算、批准主席团工作报告、选举主席团成员和委员会会员、决定接纳新会员、任命同行评议专业委员会等。DFG的经费主要来自联邦政府和各州政府的按固定比例的拨款，其中联邦政府约占60%，各州政府约占40%。此外，也有很小比例的经费来自于捐赠，1997年DFG的总经费为21.15亿马克，资助总共25000个研究项目，包括奖学金2001年的经费达到约25亿马克。DFG资助研究项目的种类主要有一般项目、重点项目、人才培养项目和合作研究中心等。一般项目是DFG传统的核心项目，DFG每年40%的经费用于资助此类项目，此类项目不设申请截止日期，科学家可随时向DFG提交项目申请，每个项目的最长期限为2—3年。重点项目是根据DFG议会的决定而设立的为期最长6年的项目，该项目的特征是在某一选定领域全国范围内的合作。这类项目的竞争比较激烈，资助率在25%—30%。DFG每年经费的14%用于资助此类项目。DFG有诸多人才培养项目，例如研究奖学金、进修奖学金、教授资格、博士奖学金、博士后项目、海森堡项目等，这些不同类型的人才培养项目为德国青年科学家成长的各个阶段：博士、博士后、学科带头人、取得教授资格提供了及时有效的资助，DFG每年都要资助1000多项人才培养项目。于1967年开始设立的合作研究中心被称为DFG历史上的一个转折点，1968年年底18个合作研究中心开始得到资助，1969年合作研究中心的数量已增至42个。合作研究中心是为了鼓励一所大学或几所大学与位于其附近科学研究所之间长期合作而设立的，申请一般由大学提出，

DFG 对每个合作研究中心的资助从 3 年到 15 年不等。DFC 总经费的 26% 被用于资助合作研究中心。

四　吸纳第三方资金

第三渠道资金是指德国大学和科研机构除了国家每年的固定拨款和自身收入之外，通过第三渠道（项目、委托科研等）从国家、企业界、基金会或私人机构得到的额外资金。德国科研目前相当程度依赖于第三渠道资金。德意志研究联合会是大学最重要的出资者。1985 年，43% 的第三渠道资金来源于德意志研究联合会。所有能独立进行研究的科学工作者，只要不以营利为目的，不分学科和地位，都能进行申请。第三渠道资金，与科研的巨大花费相适应，集中用于实验自然科学和实验工程科学。根据 1984 年北威州的调查，第三渠道资金为 4.1 亿马克，这笔资金中的 67% 用于人员开支，33% 用于设备购置。据德国科学委员会 1988 年提供的资料显示，1985 年大学用于科研开发的资金的 2/3 来自基本建设费用，1/3 的大学研究开发资金来自第三渠道。这第三渠道资金中的 80% 来自于国家，20% 来自于私人出资者。但与其他西方国家相比，德国大学获取的第三渠道资金比例还是较低的（见表 3 - 3①）。

表 3 - 3　　　　西方国家第三渠道资金的比例（1985 年）

国别	比例（%）
德国	21
法国	48
英国	28
日本	25
荷兰	17
美国	77

---

① 国家教育研究中心编：《发达国家教育改革的动向和趋势（第六集）》，人民教育出版社 1999 年版，第 456 页。

第三渠道资金作为德国大学科研的重要支撑力量，尤其是在资助科学后继人才和基础研究方面发挥着巨大作用。为此德国大学不遗余力地筹措第三渠道资金，为了吸引更多第三渠道资金进入德国大学的科研领域，科学委员会建议联邦政府和各类基金会应该为德意志研究联合会投入更多资金。1987年，德意志研究联合会支出了6.41亿马克作为自由运用资金。与1975年相比，这个数字整整增加了3200万。德意志研究联合会对科研资助的金额在1975—1980年期间增长了4.6%，1980—1987年期间增长了6.8%。20世纪90年代，德意志研究联合会继续增加对第三渠道资金的资助额度，同时为了使第三渠道资金的运转具有更大的灵活性，科学委员会还建议将经常费作为第三渠道资金的组成部分纳入由各部和行政当局委托进行的研究和由欧共体、工业科研协会以及由经济界和各联合会资助的科研中去，这样就使得第三渠道的资金来源更加多样化。据德国联邦统计局提供的数据显示，1993年以来，大学从外界获得的第三渠道资金呈现不断增长趋势（见表3-4[①]）。

德国高等教育治理变革的主要意图是通过教育改革，使高等学校具有更强的竞争力、更高的效率以及更有成效的管理。为此联邦政府将扩大高校自我管理权和提高其自我责任能力到醒目位置，在明确政府有条件进行财政拨款职能的基础上，旨在使高等学校最大可能地获得自治权、能自主地建构自己的特色，并提高其自身的竞争力。州政府则开始重新定位其职能，从具体管理各院校规划改为从系统层面进行宏观的战略调控。一些州逐步给予高校更多教学和研究方面的自主权，同时加强高校在财政上的自治，使其在考虑资源分配的时候拥有更多的自主权。

虽然自20世纪90年代以来德国实施的大学治理改革政策表现出强烈的市场化倾向，但并不意味着国家要放弃对高等学校的责任。首先，改革并未从根本上动摇德国高等学校的立国基础。可以说竞争和效率目标在现阶段只能作为改善政府高等教育投入机制的补充，它的实现还需要建立在传统的国家—大学关系基础之上。其次，加强高等学校自主性的努力一方面本来就是

---

① 范文曜、马陆亭主编：《国际视角下的高等教育质量评估与财政拨款》，教育科学出版社2004年版，第70页。

文化国家观的要求；另一方面，也在事实上表明国家仍然与高等学校存在不可分割的联系，因为高等学校自治只有在国家中，而且相对于国家才具有真正的意义。最后，伴随着高等教育事业的发展，文化国家理念的内涵势必扩大。即国家依旧要一如既往地支持高等学校，但却会对高等学校提出效率的要求，因为国家所能提供的资源有限；同时高等学校的自主权也会更大，但其主动性和社会责任意识则将进一步加强，否则就会脱离其赖以生存的现实社会条件。

表3-4　1993—1998年德国高等教育机构收入来源（单位：百万马克）

年份	1993	1994	1995	1996	1997	1998
基本经费	17283	17751	18684	18844	18589	18863
第三方资金	2817	2977	2979	3306	3440	3520
经常费	451	505	501	498	535	569
总计	20551	21233	22164	22648	22564	22954

第五节　日本大学外部治理结构的运行模式

日本高等教育的雏形可追溯到公元7世纪飞鸟时代的"大学寮"，随着社会制度的变迁及西方文化与西方大学制度的引入，"大学寮"逐渐趋于衰落，明治维新以后最终被以西方大学为蓝本的近代大学所取代。

明治维新以后，日本政府实行"富国强兵、殖产兴业、文明开化"的政策，开始走上资本主义道路。西方教育思想、教育制度开始引入日本。1872年，以洋学派思想为主导，以法国教育制度为蓝本，在吸收其他欧美国家教育制度优点和批判继承本国教育传统的情况下，日本文部省颁布了日本历史上第一个全国统一的近代教育法令——《学制》，内容涉及大学、中学和小学教育诸多内容。按照《学制》的构想，日本全国被分为8个大学区，每个大学区设一所大学，这些大学是传授高深学问的机构，内设理学、文学、法学、医学四科。但由于种种原因，直到1877年，近代日本第一所大学——东京大学才得以成立。其时，东京大学仅是松散的联合体，不仅学部分别设置，而且各学部独立管理自己的事务，没有统一管理大学事务的校长及行政机构。此时，由于政府对举办高等教育缺乏经验，对东京大学"不闻不问"，加之学术权力先于行政权力产生，此时东京大学基本上只有内部治理，没有外部治理。

1879年，《学制》被废除，由模仿美国自由主义教育制度而制定的《教育令》取而代之。但强调自由主义教育方式不利于中央集权制的建立，因此1880年政府修改了《教育令》，颁布了《改正教育令》，强调大学治理中国家对大学的控制。与此相对应，1881年6月，东京大学设立了总理（校长）来统领四个学部，并设置了咨询会。1885年，日本政府又修改了《改正教育令》部分内容，模仿普鲁士的中央集权的教育制度。至此，日本形成了"欧洲的集权主义""美国的自由主义""东方儒家的家族和国家"混合而成的教育思想及体系，也初步奠定了具有日本特色的大学外部治理结构的基础。

1885年，日本废除了带有封建残余的太政官制度，实行内阁制，成立了教育管理机构——文部省。内阁制的创立，使文部省这样的教育管理机构可以摆脱过去的太政官或参议的掣肘，直接对天皇负责。这标志着日本的国家主义君主立宪制开始得以确立。在这样的政治背景下，教育的目标不再是单纯的对人的培养，而是天皇立宪体制下臣民的培养。国家主义教育思想一跃成为当时日本的主导教育思想。1886年，文部省颁布了《帝国大学令》，其第一条就明确指出，大学的目的是"教授国家需要的学术技艺，并研究其蕴奥"。在第五条和第六条中对大学治理制度做了具体规定，要求大学设立总长、评议官、书记官和书记。并进一步规定，文部省大臣具有对大学总长的任命权和监督权。在第七条和第八条中还规定，帝国大学内部可以设立总长的咨询机构——评议会，但评议会的评议官由文部省从教授中直接选任。[1] 可

---

[1] 《帝国大学令》颁布之后，东京大学改成帝国大学。在帝国大学成立的过程中，司法省的司法学校、工部省的工部大学校和农商务省的东京农林学校相继并入，使得帝国大学成为具有法、医、工、文、理、农六个学院（后改为学部）的综合性大学。

以说,《帝国大学令》的颁布,标志着日本高等教育思想和制度的重大转折。1899年,日本模仿德国的君主立宪体制,颁布了《大日本帝国宪法》,形成了近代日本的天皇制国家体制。1890年,日本颁布《教育敕语》,以天皇诏书的形式,重申了教育的国家主义方向。

1893年,文部省对《帝国大学令》做了较重大的改革,扩大了大学评议会的权限和自主性,评议会的评议官由各分科学院的教授选举产生。同时,文部省明确了教授会的地位和职责,使得评议会和教授会合议的大学治理制度得以确立。这次改革不仅在帝国宪法的法律框架内最大限度地弱化了政府对大学的控制,而且确立了日本近代大学制度的基本框架。总体上,帝国大学的治理机制是以外部治理为特征,政府的行政权力占主导。同时,学术权力初露端倪。[①]

第二次世界大战后,在驻日盟军的主导下,日本大学治理结构发生了重大变化。战前日本大学治理体制以中央集权为特征,种种教育法规体系从根本上规定了国家管理大学的责任与大学服务于国家的义务。这种治理体制在战后遭到严厉批判,驻日盟军下属的民间情报教育局、美国教育使团均主张抛弃旧体制,建立以美国为模板的新体制。

日本政府于1946年11月颁布了新的《日本国宪法》,在第23条中明确规定要保障学术自由,为教育改革指明了方向。与此同时,日本政府成立了以教育界人士为核心的教育刷新委员会,专门研究和审议教育改革方案。1947年3月,日本颁布了《教育基本法》,提出教育要直接对全体国民负责。1948年4月,教育刷新委员会发表了建议书:《关于确立的大学自由与自治》,明确指出为使大学成为传授知识和研究学问的核心机构,必须确立大学自由、自治的理念和制度。在政府积极推进教育改革的同时,日本学界及民间组织也积极建言献策。如日本大学基准协会提出了《大学自治法案》,认为应该由政府任命大学理事会成员,理事会是大学最高治理机构,理事会选任

---

① 例如,1913年5月,京都帝国大学校长泽柳政太郎欲免除文、理、医、工分科学院7名教授职务,遭到法学分科学院教授会的强烈抵制,认为这是校长的越权行为,并以全体教授辞职对抗。最终,泽柳政太郎辞职。同时,文部省发表了校长应和教授会协商解决教授任免问题的意见。

校长，校长对理事会负责。在《大学自治法案》提出后不久，文部省提出了《大学法试案纲要》，提出了在国立大学中实行设于大学外的中央教育审议会、大学内的管理委员会和教授会共同治理的构想。按照这一构想，中央教育审议会是全国性的管理机构，从宏观上对全国的大学教育提出指导性意见；管理委员会是大学治理的最高权力机构，由文部省任命的国家代表三人、知事任命的府县代表三人、校友代表三人、教授代表三人及大学校长组成，具有校长任选及罢免、制定大学预算及管理大学设施设备、学部长及教授人事的否决权等权限。教授会是由校长、学部长、图书馆长、事务部长、全体教授和副教授组成的下位机构，承担着教学和学生事务的职责。

《大学自治法案》及《大学法试案纲要》提出后遭到了日本国内教授联合组织、学生团体及大学的强烈抵制。认为其破坏了日本大学的传统，阻碍了大学自治原则的落实。至此，战后初期围绕大学治理的权力结构，政府、大学及各协会之间展开了激烈的攻防战，但由于战前形成的教授会自治传统根深蒂固，源于美国的大学理事会模式没能在日本复制。尽管如此，1945—1952年的"占领期"内，在美国主导下所进行的高等教育民主化改革，在弱化了大学和政府之间关系的同时，使日本大学学术自由和大学自治较之于帝国大学阶段有了提高。

20世纪50年代以后，日本经济进入了飞速发展时期。经济的发展对大学提出了更高的要求，包括公立、私立大学在内的整个高等教育领域开始纳入经济发展计划。1953年，文部省颁布了《关于国立大学评议会的暂行规定》，进一步规定了在国立大学内设置评议会的规定，用以审议大学的重要事项和协调各学部教授会的意见，对国立大学的治理做出了明确规定。1963年1月，中央教育审议会向文部省提交了《大学教育之改善》的建议，提出了基于大学自治和学术自由原则上的社会人士参与大学治理的建议。1971年6月，中央教育审议会向文部省提交了《关于今后学校教育整体扩充改善的基本政策》的报告，提出了国立大学法人化的构想。

与此同时，在大学法案失败后，文部省并未放弃对国立大学的改革，而是开始创立新型大学。筑波大学的成立便是文部省改革设想的具体落实。文部省于1973年10月废止东京教育大学，全部继承其资产，成立筑波大学，并于翌年开始招生。筑波大学成立之初就设计了权力集中于大学层面的校长、副校长、评议会和各种委员会等对大学实施治理的制度。并且,将评议会由原来的决策机构转变为咨询机构,另外设立了"参与会"来参与大学治理。然而,筑波大学的治理机制遭到了国立大学及其他教育团体的反对,他们认为引入校外人士参与大学治理和加强校级管理机构有违教授会自制的传统,可能会阻碍学术自由、大学自治原则的落实。最终,在社会各界的反对声中,文部省主导的"新构想大学"模式未能推广。

20世纪90年代以后,随着经济泡沫的破灭,日本经济陷入了持续的低迷。经济的长期低迷使政府面临沉重的财政压力,同时少子化和老龄化问题加速了日本经济进入"不景气循环"。在这样的背景下,日本成立了"行政改革会议",开始了"独立行政法人化改革",国立大学作为改革的重要领域首当其冲。

具体而言,日本大学治理结构改革基于以下几个方面的原因。

一是国家行政改革的大环境。日本20世纪90年代中期开始的旨在提高行政效率的"小政府改造运动"是国立大学改革的直接动因之一。早在1997年日本政府开始实施行政改革时,就正式提出了国立大学法人化是亟须解决的政策性课题。由于当时改革政策主要是从行政改革的角度制定的,并没有充分重视国立大学自身的发展诉求,因此遭到了国立大学的反对。

但是,面对连年的高额财政赤字,推进改革已经成为主流民意。其中,裁减公务员数量一直是行政改革中各种政治势力大做文章的筹码,政府提出削减公务员数量比例逐年上升,从1997年的10%,到1998年的20%,再到1999年的"10年时间内削减25%"。在这种行政改革的要求下,拥有公务员身份的国立大学教师和公务员总数达12.5万人的文部科学省列政府部门公务员数量的第二位,因此成为改革的重要议事日程。

二是经济衰退带来的财政压力。20世纪90年代以来,日本经济一直处于低迷状态,受经济衰退的影响,大学所需的科研经费得不到及时解决,学校发展的各项新计划难以实现。经济萧条所引起的财政困难使得日本政府不断削减对高等教育的财政投入。同时,人们对国立大学管理运营中存在的浪费现象提出了越来越多的质疑,要求通过引入经济管理手段来改善国立大学的经营效率。而且,日本经济的持续萧条,直接导致了大学毕业生就业困难。

另外由于 18 岁学龄人口锐减,大学将会出现供给过剩,甚至面临生存危机。严峻的经济状况,给日本的国立大学乃至整个高等教育都带来了严峻的挑战。

三是大学治理结构自身的僵化。在法人化改革实施之前的 100 多年,日本的国立大学是文部科学省管辖的一级行政组织,它们在建设和发展上一方面得到国家强有力的财政保障和支持,另一方面也受到文部科学省严格的行政管理制约。步入 21 世纪,在世界经济全球化和知识经济社会的背景下,大学的创新能力成为一个国家竞争力的主要标志。而此时代表日本高等教育最高水平的国立大学陷入了运行机制僵化、缺乏发展活力的困境。单一僵化的管理体制限制了国立大学应对社会变化的能力,使它们的研究活力不足,缺乏竞争力。

四是国际竞争的加剧。随着国际竞争的日益激烈,信息化和科学技术的不断进步,人们越来越认识到人才培养与科学研究的重要性,纷纷把目光聚焦于高等教育,对高等教育的创新能力寄予极高的期待。英美等国高等教育的急剧扩张以及同处亚洲的中国高等教育的迅速发展,特别是中国大学"211"和"985"等重点建设工程的实施,都给日本的高等教育带来了前所未有的竞争压力。

在上述内因与外因、国内与国际等诸多因素的影响下,为了尽快使国立大学走出被束缚的困境,提升国立大学的创新与竞争能力,在激烈竞争环境中建设一批世界一流、个性鲜明的大学,日本教育界开始呼吁将国立大学从原来的处境中解脱出来,建立完全独立的国立大学法人制度。

日本国立大学法人化改革的目的是在激烈的竞争环境中,创造富有活力、充满个性的大学。其改革目的具体体现为:其一,通过实施国立大学的独立行政法人化,提高大学运营的自主性和自律性,强化大学的自我责任。其二,通过大学经营责任明确化,充分发挥各所大学充满活力的办学思想,实现灵活和富有战略性的大学运营。其三,重视大学对社会的说明责任,通过聘请校外人士参与经营,建立公开透明的运营机制。其四,建立强有力的领导体制,选任富有教育研究方面的远见卓识和卓越经营管理能力的人士为大学校长。其五,建立与教职员工的能力和业绩相适应的弹性化人事制度。其六,引入竞争机制,通过评价提高教育研究的质量,重视社会"绩效"。

2000年后，大学治理改革步伐明显加速。日本文部省于同年7月设立了咨询机构——"关于国立大学等独立行政法人化调查研究会议"。与此相适应，国立大学协会专门成立了"设置模式研究委员会"，以便与文部省沟通协调。两年后，2002年3月，调查研究会议发表了最终报告《国立大学法人新模式》。以该报告为基础，2003年2月文部省制定了《国立大学法人法》等相关法律草案并提交国会审议。2003年7月，日本国会审议通过了该法案，并于2003年10月1日正式生效。这标志着国立大学法人化改革进入法制化阶段。从2004年4月1日开始，国立大学法人化全面实施，同时设立了89位国立大学法人。

同改革前相比，实施国立大学法人化改革后，日本大学外部治理结构发生了重大变化。

一是办学主体和大学管理权限的变革。法人化改革明确了日本政府对高等教育的管理职能，确保大学作为办学主体自律运营。如前所述，2004年4月1日之前，文部科学省是日本国立大学的办学主体。法人化改革后，国立大学独立法人成为大学的办学主体，校长是国立大学独立法人的代表。文部科学省虽然对国立大学法人拥有极大的管理监督权，但已不是直接的办学者。政府从大学具体办学的主体转变为办学的监管者，从具体的办学过程管理转变为宏观政策制定和经费拨付的监管。国立大学法人的自主管理权限大大增加，特别是大学有权决定校内学科、专业以及各部门的设置与废除；大学不再如以往一样按照文部科学省的标准统一设定，而是依据各自的实际情况，新设或废除校内教学科研机构，大学的内部组织机构呈现出多样化态势。

二是人事聘任制度的变革。国立大学在教职员的人事聘用和薪资升迁等方面也有了自主权。实行非公务员型体制，从终身雇佣制转变为合同聘任制，并且可以灵活引进校外及国外的专业人才。原先所有国立大学的正式教师都是国家公务员，因此教师也被称为"教官"，享受与政府官员同样的待遇。但是法人化改革之后，国立大学教师不再是国家公务员，教师的工资、奖金和住房等方面的待遇将直接由各国立大学法人决定。

三是财务管理和预算编制的变革。国立大学法人的财务管理改成依照企业会计原则进行，更加强调财务运转的透明性。在经费使用、开拓财源、预算分配、制定学费标准、教职员工资和其他费用标准等方面，大学具有更大的自主权；当然大学本身也担负更大的责任。与此同时，大学的预算编制和运作也有较大的变化。例如，法人化改革之前，各大学的人员费和管理费（水电、设备管理等）基本上是由各学部、研究所等管理；法人化改革之后，许多大学改由全校统一管理，设定目标，减少经费支出，分配给校内教师的研究经费一部分改为通过竞争获得。

四是评价制度的确立与拨款机制的变革。法人化改革后，国立大学按照文部科学省制定的六年中期目标，制订为期六年的中期计划和各年度计划。6年后，根据各大学的中期计划，文部科学省的国立大学法人评价委员会和总务省的政策评价机构——独立行政法人评价委员会以及其他第三方评估机构（如独立行政法人大学评价·学位授予机构）对大学实施评估，根据评估结果文部科学省对国立大学进行预算拨款。这改变了以往文部科学省主要根据大学教职员和学生人数以及上一年度的预算数额对大学进行拨款的做法。大学在多大程度上实现了中期计划成为决定大学获得拨款分配的主要依据。

五是新的组织和管理机构的产生。通过国立大学法人化改革，日本政府对大学实行了全新的管理模式，国立大学内部管理组织也进行了重建。新设立了理事会（日语原文役员会，英文 Board of Director）、经营协议会（英文 Administrative Council）和教育研究评议会（相当于中国大学里的学术委员会，英文 Education and Research Council）等组织。在新的内部管理体制下，上述三大组织形成校一级管理机构。理事会成为最高决策机构，是国立大学权力的核心。它由校长和副校长等组成，讨论和决定学校的重要事项，包括中期目标及年度计划的制定，预算的编制、执行及决算，大学内部重要机构的设置及撤销等。除了议决重大事项外，大学日常管理运营的很多事务也要经过理事会的审议。经营协议会由来自校外的有识之士（原文部科学省的官员、企业或校友代表等）和校内的管理人员（校长和理事等）组成，主要负责处理与大学经营有关的事务。教育研究评议会则由校内教师等学术人员代表组成，专门审议与大学教育教学、研究有关的事务。学校权力的中心从法人化改革前的评议会转移到以校长（理事会主席）为核心的理事会；此外，经营协议会和教育研究评议会也由校长主持。因此，形成了一个以校长为领导核心的自上而下的管理系统。

六是行政权力与学术权力的协调。国立大学内部的管理权限划分发生了重大变化，主要表现为属于行政系统的校级领导权力的加强和属于学术系统的学部教授会权力的削弱，特别是作为法人代表的校长行政权力大大加强。总之，校内的管理体制从以学部教授会为核心的模式变为以学部意见为参考，注重听取校长和校外人士意见的模式。在行政事务人员的配置上，由原先的学术系统与行政事务系统分离模式向教师和行政事务人员一体化转型。具体而言，将原先与学术系统并行、直属于大学事务局长领导的行政事务系统分别按不同的服务职能划分为校长和副校长辅助系统、部局长和研究所所长等辅助系统、教师辅助系统、学生辅助系统与附属医院辅助系统等。部分行政事务部门引入教师担任负责人，并明确规定其一周不得少于3—4天的行政工作。由此确立了以校长和学院长为核心的灵活机动的行政管理体制。具体来说，校长作为大学经营和教学科研两方面的最高责任者，既要重视校内的意见，又要发挥强有力的领导作用和经营手段；有关大学经营的重要事项通过配备分管副校长，辅佐校长进行行政管理；有关重要事项，由理事会讨论决定，确保其透明度以及决策的妥善性和正确性；事务组织与教员联手合作参加规划立案，发挥专门职能集团的作用；精选教授会的审议事项，实现以学院长为中心的强有力的学院管理与运作。对校内的教育、研究、经营等工作进行适当的责任分担，加强了大学整体的行政权力与学术权力的协调。

七是大学校长和中层干部的遴选机制。国立大学遴选校长时，由经营协议会和教育研究评议会各选出相应的人数，组成校长选考委员会。校长选考会负责对校长的聘任和考核，由经营协议会中的校外委员从经营协议会选出的代表、教育研究评议会选出的委员组成，此外也可以加上校长或理事，但不得超过校长选考会总人数的三分之一。之后由大学通过一定的组织方式与程序，经各学部教授会投票（或通过全体教师的投票）选出三名校长候选人，然后校长选考委员会确定最终候选人，再报文部科学省审定与任命。这种大学校长选拔的选举与任命两段制模式反映出日本大学的自治，它不仅是大学自主精神的展现，也是大学社群的公众意志的集中体现。按日本相关法律规定，如果选出的校长不合格，校长选考委员会可实行罢免，但迄今为止，日本大学历史上还从未出现在任期内校长被罢免的情况。副校长（理事）中有一名由文部科学省派遣，也就是说他是来自文部科学省的官员。一方面可以看作文部科学省对国立大学的领导管理监督权力依然在发挥作用，另一方面他可以看作大学自身希望据此保持和加强与文部科学省的联系。中层干部，即各学部长都是经由所在学部的全体教授选举后产生，而不是由校长直接任命。从立法上来讲，大学校长有解聘学部长的权力，但至今没有发生过日本的大学校长解聘学部长的事例。国立大学内部的其他各级管理干部都是由学校经营协议会任命的。

国立大学法人化改革后，政府依然在经费上给予大学以一定程度的支持，但国立大学不再从属于政府，而是独立的法人。政府对大学的控制方式也由直接控制变为间接控制。国立大学法人化改革后的大学治理结构可概括为图3-1：[①]

图3-1

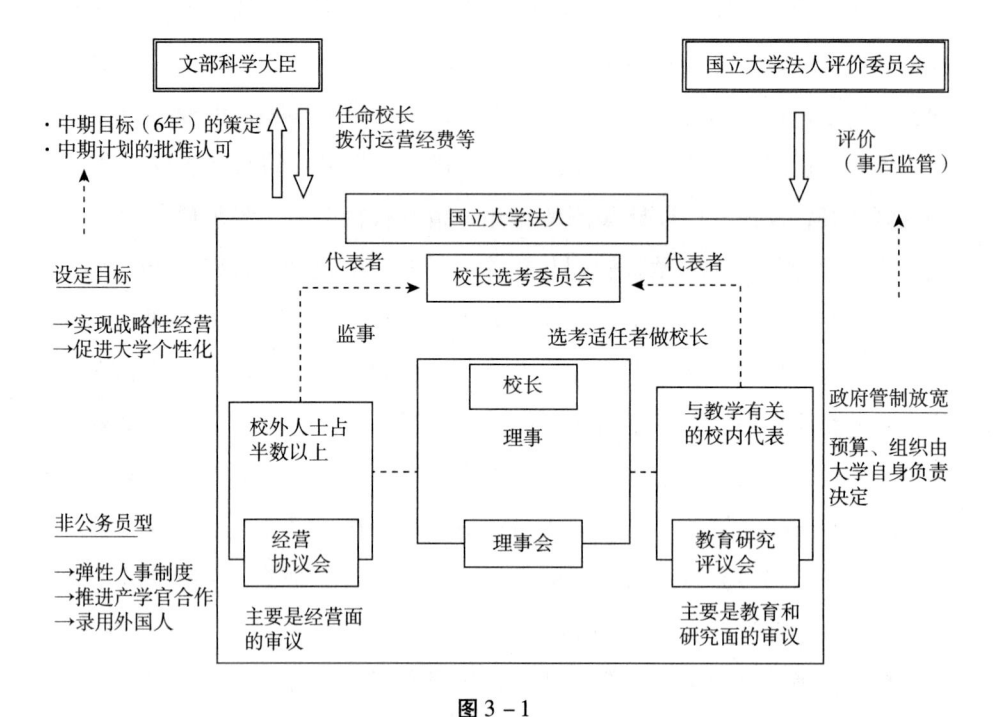

[①] 参见贾德永、[日]王晓燕《日本国立大学法人化改革后的大学治理结构》，《高等教育研究》2009年第5期，第100页。

国立大学法人化改革重新构筑了日本的大学治理结构，对高等教育管理产生了重大影响。至2010年4月，改革的第一个周期已结束，日本认为改革基本上取得了成功，主要体现为以下几点：

一是扩大了学校的办学自主权。通过法人化改革，国立大学获得了以下办学自主权：第一，学科专业设置权；第二，教学自主决定权；第三，机构建置或废除权；第四，人员编制与人事聘任权；第五，经费管理分配使用权；第六，科研开发、校企合作及社会服务权；第七，国际交流合作权等。例如东京大学和京都大学等都设置了新的学校内部组织，如研究中心、行政事务组织、产学合作中心、海外事务所等。

二是拓宽了大学运营经费的来源渠道。首先，虽然日本政府每年降低0.68%的运营经费，但国家财政性拨款（非竞争性经费）基本没有改变。大学附属医院的建设由国家出钱，而且保证20年的投入运营。医院的赤字由国家来补充（根据日本文部科学省2010年提供的数据，日本的86所国立大学中，85所拥有附属医院）。其次，更加注重竞争性经费的投入，大学可以争取没有上限的科研经费。再次，国立大学也可以接受企业提供的经费、各种捐款等。显而易见，法人化改革使大学运营经费的来源渠道更加多元化了。

三是自主弹性的人事管理。就人事管理来说，法人化改革改变了以往的定编制，各个部局在所分担的任务要点之内，由各部局长灵活地设置岗位和决定人数。例如，以特别的工资待遇招聘一流的研究学者（如日本以外的获诺贝尔奖级别的研究学者）；从2006年开始，新设的特别招聘教授职位施行年薪制，每3年，校长评价其业绩，结果与年薪挂钩；机动、灵活地聘用外部民间的人才，除理事之外，经营协议会的委员中聘用企业经营的专家或者地域经济界的首席；2005年，在得到现任大学教师92%同意的基础上，实施大学教师的雇用向任期制转移。目前新任教师的人事聘用，已经全部实施任期制。

四是产学研合作更加灵活。高校与企业共同研究和高校受企业委托研究的项目金额和项目数都有了大幅度增加。另外高校向技术转移机构的出资和高校教师在企业里的兼职、兼业都被承认。产学研合作（技术转移活动）更加活性化，大学从外部获取的资金不断增加。

五是预算执行、经费使用更加宽松。在遵循会计制度的前提下，计划决定了的外部资金在分配到位之前，实行在大学内先行支付垫付款制度；允许预算转入下一个年度使用；校长自主酌情使用的资金，可以根据校长的决策和领导力进行战略性的、有重点的资源分配。

另一方面，改革也带来一些问题。

一是进一步拉大了一流国立大学与地方国立大学之间的差距，也加剧了国立大学与私立大学[①]之间的竞争。目前的竞争性巨额研究经费集中在极少数的研究者或仅有的几所一流国立大学。这虽然有利于推动一流国立大学的建设，但是减少了分配给各地方国立大学的日常运营经费，从而进一步拉大了地方国立大学与一流国立大学之间的差距。2005年8月，日本政府首次公布了国立大学法人上一年度的决算。根据决算结果，在大学通过产学结合从企业获得的研究费等外部资金中，东京大学等七所旧帝国大学[②]取得了压倒性的优势。这七所大学所获得的外部资金总计815亿日元，占据了全部国立大学所获经费总额的54%。其中以东京大学数额最多，达269亿日元，而以文科为主的15所地方国立大学加起来不足1亿日元。[③] 另外，与法人化改革前的国立大学相比，国立大学法人有了更大的自由度，由此依靠学费作为主要收入来源的私立大学面临的竞争变得更加激烈。

二是评价原则有待改进，评价标准需要在事前进行明确。基于申请和评价来发放研究经费的方式，目的是通过竞争提高研究水平，不过由此也引发如下问题：（1）评价的标准。虽然经过了数次评价与选定，但是要制定评价世界最高水平的研究基地和最尖端的研究项目的标准，需要对基地的选定、中间检查、事后评价等进行全面综合考量，并在此基础上制定出更合适的评

---

① 日本的大学构成呈金字塔型结构。国立大学中，既有超过3万名学生的巨大规模学校，也有1000人都不到的小规模大学。有设在大城市的大学，也有设在地方小城市的大学。有以研究为中心的大学，也有以本科生教育为中心的大学。有以东京、京都两所大学为代表的一流国立综合性大学，也有将近半数只拥有一个学院的地方国立单科性大学（指"二战"后设立于各都道府县的国立工农商水畜等自然科学类大学、医科类大学、文科类大学等）。

② 这七所大学是东京大学、京都大学、大阪大学、名古屋大学、九州大学、东北大学和北海道大学。

③ 参见田慧生、[日]田中耕治《21世纪的日本教育改革》，教育科学出版社2009年版，第145期。

价标准。(2) 谁来进行评价。能对最尖端研究进行评价的必须是该领域内的顶尖研究者，但他们往往是申请者即当事人；即便不是，参加评价也势必导致他们自己的研究时间相对减少，从而使其研究工作受到影响。(3) 针对不同类型的大学，评价原则应不同。

三是新的管理体制下，大学的运营与管理需要长期磨合。法人化改革后，新的管理体制极大地强化了校长和理事会对财务、人事、运营的决定权。但是，这种自上而下型的管理组织体系，与以前的自下而上型的组织体系有较大的冲突，如何调整好新的管理体制与旧有传统惯性之间的关系，还需要不断摸索。

日本大学外部治理经历了长期的摇摆，是在各种经济、社会条件下为了维持自身的生存和成长，通过强制性或诱导性制度变迁的产物。经历了日本传统的东方模式、德国模式和美国模式之后，日本大学外部治理终于摸索出了自主创新之路，找到了大学外部治理中各相关因素的平衡点，形成了独特的日本大学外部治理模式。

第六节　各大学外部治理模式的比较分析

上述五种大学外部治理模式各具特色，它们在政府对大学的控制程度、中央和地方政府在大学治理中的权力分配等多方面都存在明显区别。

一　政府对大学的控制程度：国家监督 VS 国家控制

也许是文化渊源的关系，英美两国政府在对大学事务干预上都采取了国家监督模式。"国家监督模式是盎格鲁·萨克森国家的传统，它的典型特征是国家影响力依然较弱，国家只对高等教育进行远距离的监督，以确保学术质量与维持社会责任，而不会通过具体的规制和严格的控制渗入高等教育系统。"

传统意义上，英美两国政府遵循"大学自治"原则，只履行对大学拨款的职责，而不过问大学具体事务。但自从20世纪80年代以来，在财政紧缩和公众期望的社会压力下,英美两国都颁布了一系列法律法规对大学应承担的社会职能、国家宏观高等教育结构、大学授予学位之权力等做了宏观上的规定,形成了国家监督模式。

德国和法国则采取了国家控制模式。传统意义上,德法两国的大学都是政府的附属机构。大学经费由政府负担,大学各项事务的决定权也在政府手中。虽然自20世纪80年代以来迫于种种压力开始推行新的管理哲学,自由主义思潮开始在大学治理中得以贯彻,但与英美两国的高度市场化改革比较,德法两国更多只是把市场化改革作为应对压力和危机的手段,改革后的大学仍然在总体上受到国家控制。

日本则是摇摆不定。从国家主义思潮下强调大学应服从国家和天皇,到在美国主导下模仿美国的自由主义,再到大学法人化改革,日本总算找到了介于国家监督和国家控制之间的国家—大学关系模式。

二 中央和地方政府权力分配:中央集权 VS 地方分权

对大学外部治理由中央政府还是由地方政府主导?这涉及中央和地方的权力分配问题。这往往是与国家的政治架构、政治体制以及历史文化联系在一起的。法国和英国对大学外部治理由中央政府主导,表现为中央集权;美国和德国则由地方政府主导,表现为地方分权;日本情况较为复杂,总体上介于二者之间,属于混合型权力分配。

法国是典型的中央集权制国家。中央集权制下的高等教育几乎全由国家举办,高等教育活动的管理与决策权力在中央政府手中。中央政府通过计划、立法、拨款、监督等手段直接调控高等教育活动。长期以来,法国的教育部统管全国各级各类教育。就大学治理的宏观管理政策而言,教育部的主要职责是:制定有关高等教育的发展政策;审批建立新的公立高等学校,审批公立高等学校新的专业,或审批在综合大学内建立新的学院等;制定并监督执行高等教育的学位和文凭制度;保证高等教育发展的经费并监督执行等[①]。大学的部分专业教学大纲由教育部制定,但在大纲范围内,允许学校在教学上有

---

① 于富增:《国际高等教育发展与改革比较》,北京师范大学出版社1999年版。

一定的自主权，高等学校的教授、讲师等人事安排，由总统任命（例如教授），或由教育部任命。除了综合大学的科研经费外，公立高等学校的经费由教育部一次性下拨，具体使用权留给学校，但学校必须保证财务平衡。公立高等学校的基本建设经费由政府提供。[①] 法国高等教育的地方管理机构是学区，把学区作为一级行政管理机构是拿破仑时期的一个创造，也是法国教育行政管理的一个重要特色。法国的学区制是世界上最早的一种做法，学区作为上级教育主管部门的派出机构，直接在上级教育部门的领导下，管理所在学区的学校，与当地政府部门无直接关系，这体现了中央政府直接管理教育机构的意图。目前法国有28个学区，学区长由教育部长推荐，总统任命，作为教育部长的代表实施对教育的管理权。学区一级对高等教育的职责主要是监督高等学校对教育部有关政策的执行，同时协调高等学校之间的有关事务，负责地方大学与学校事务中心的工作等。因此，学区的自主权是十分有限的。高等教育的权力重心明显向中央政府倾斜，从而表现出中央集权制的形式。

英国是由英格兰、威尔士、苏格兰和北爱尔兰四个地区组成的国家。传统意义上，这些地区都有自己的议会。议会是负责本地区有关教育事务的法定机构，即地方教育当局。第二次世界大战以后40多年间，英国教育制度的立法基础是1944年颁布的《教育法》。该法的第7条规定了地方教育当局的法定责任是：在它们的职权范围内，保证进行有效的教育以满足本地区人民的需要，促进全体公民的精神、道德、智力和体力的发展。在20世纪80年代以前，虽然地方教育当局的体制曾进行过多次调整和改革，但总体说来都未动摇地方教育行政当局对大学外部治理的主导地位。1978年，英国教育和科学部在描绘英国的教育管理体制的时候仍称之为地方管理的国家教育制度。英国政府1993年颁布的题为"选择与多样化：一个新的框架"的白皮书也指出："在1980年教育法通过之前，在许多情形下，学校只是地方教育当局的行政单位。"[②] 但自从20世纪80年代起，英国颁布了一系列教育法，如1988

[①] 吴志宏：《两种教育行政体制及其改革》，《华东师范大学学报》1999年第3期。

[②] Kathleen Higgins. "The LEA, grant — maintained schools and the Funding Agency for schools", in Robert Morris（ed）*EDUCATION AND THE LAW*, Second edition, Longam, 1993, p. 128.

年的《教育改革法》、1992 年的《继续和高等教育法》、1992 年及 1993 年的《教育法》，逐步削减了地方教育当局的权力。尤其是 1992 年的《继续和高等教育法》，更是正式宣布成立 3 个高等教育基金会，建立统一的以地区而不以院校类别划分为依据的新的拨款机制，废除了实施 30 年之久的高等教育二元制，意味着英国建立起了一元制的高等教育制度。在中央政府与地方政府的权力博弈中，中央政府取得了最终的胜利，掌握了大学外部治理的主导权。

美国作为联邦制国家，州政府拥有较大的权力。美国宪法规定，管理教育的权力属于州政府。联邦政府设立的教育行政部门甚至几度裁撤。美国联邦教育部的前身为美国联邦教育局（Department of Education），成立于 1867 年，其职责仅限于在全国范围内收集和整理有关学校机构、管理、体制和教学方面的信息，然后将所得信息和成果提供给政府机构和公众，以便进一步推动国家教育事业的发展。1890 年，第二部《莫里尔法案》（Second Morrill Act）通过后，其职能有所扩大，负责管理新成立的赠地院校系统。然而，自联邦教育局成立以来，对其职能一直存在争议，为防止联邦教育局过多干预各州学校事务，因此对它的权力进行了很大的限制。1869 年之前，教育局是一个独立的政府机构，1869 年起教育局被降级为其他联邦政府部门之下的一个办公室。作为内阁成员的联邦教育部是 1980 年建立起来的。当时，国会认为美国有一些教育事务是地方政府和学区所不能单独完成的，需要全国范围的协调和统筹，如弱智人教育、残疾人教育、扫盲教育、教育贷款以及科技教育等，因而，有必要成立内阁一级的教育部。1981 年，里根当选总统。此时，联邦教育部存在还不到一年。里根认为在美国联邦政府中没有必要设教育部。因此，他向国会提议取消教育部这个机构，将教育部当时的 7700 雇员减少至 1000 人，终止一批教育项目并将一部分教育项目转交给其他部门承办。然而，里根的这一提议并没有被国会接受。这也是教育部至今还存在的原因。尽管如此，由于里根对教育部的态度，教育部的工作还是受到一定的影响：雇员削减了多达 1/3，项目和经费也相对减少。根据 1980 年成立教育部时美国国会通过的《教育部机构法》规定，美国联邦教育部的主要任务是：（1）保证联邦政府人人得到平等接受教育机会的承诺得以实现；（2）在各州、地方学校系统以及公私立非盈利教育机构、以社区为基础的组织、家长及学生办学或参与教育的努力的基础上，采取补充措施，使教育质量不断得到提高；（3）鼓励公众、家长和学生积极参与联邦政府实施的教育计划；(4)通过联邦政府支持的教育科研、评估和信息发布来促进教育质量和效益的提高；（5）加强对联邦教育项目的协调；（6）加强对联邦教育事务的管理；（7）对总统、国会及公众负责，不断提高联邦教育项目执行效果。另外，美国教育经费也主要由州政府拨款，而联邦政府提供的教育经费只占很小一部分，例如，2000—2001年，全国教育总经费为6500亿美元（约占美国GDP的7.3%），其中91%以上来自州、地方及私人捐赠，联邦政府拨款仅占9%，大约600亿美元。

同美国一样，德国也是联邦制国家，管理教育的权力主要属于州政府。但相对于美国，德国联邦政府享有的权力稍大些。1969年之前，德国教育由各州主管。1969年，德国修改了宪法，赋予联邦政府部分管理教育的权力，联邦政府据此成立了联邦教育部。该部于1994年11月又与科研部合并，组成"联邦教育、科学、研究和技术部"。联邦政府在教育领域的权力主要由联邦教科研技部行使。但整体的教育外交和师资待遇等则由联邦外交部和内政部分别负责。联邦政府在教育领域的主要职能有：（1）"竞争性"立法权，联邦在教育某领域不立法，各州可自行立法，若联邦已立法，各州立法应以此为依据。比如，若联邦已立法规定大学教师的薪金待遇，则各州立法应依据本法。（2）框架立法权，主要是确定高等教育的基本原则，如《高等教育总法》是各州高教立法的基础。（3）与各州共同承担的义务，比如高等学校以及大学附属医院的新建和扩建、参与具有跨地区意义的教育规划和科研促进事务。各州政府管理教育的权力来自宪法。宪法规定，只要法律没有另作规定，各州政府即可在教育领域内行使国家权力，履行国家义务。因此，教育立法和行政权主要归属各州，这在基础教育、高等教育和成人教育领域中更为明显。各州政府主管教育事业的部门是文化教育部或科学研究部。各部最高长官为部长，对州议会负责。为保持德国教育体系的统一性，各州之间在教育的重大问题上密切合作，为此成立了"联邦德国各州文教部长联席会议"，以协调各州的教育政策和措施，确保各州间教育事业的一致性和互通性。各州达成的一致意见形成具有法律效力的"国家协议"。换言之，德国教育领域的基本原则不是由全国统一的主管部门确定，而是由各州间相互约定。另外，联邦政府与各州政府在教育行政方面大力合作。在大学外部治理方面，主要的合作机构如下：（1）联邦和各州教育规划和科研促进委员会，该委员会于1970年根据联邦和各州的一项协议设立，是联邦政府和各州政府共同讨论教育和促进科研重要问题的论坛。该会拟订的建议通常是联邦政府和各州政府首脑商议教育问题并形成决议或国家协议的基础。（2）高等学校建设规划委员会，根据1969年颁布的《联邦高等学校建设促进法》，新建高校和扩建高校时，联邦和各州应共同给予经费支持。为此，设立了高等学校建设规划委员会，以确定高校建设的中期规划和任务。该会每四年制订一份高校建设促进大纲，列出具体的基建项目和经费分摊情况。大纲对联邦和各州具有法律约束力。联邦教科研技部部长和各州主管高等教育的部长是该委员会的成员。（3）科学评议会，该会是根据联邦与各州政府的一项行政协议于1957成立的，其主要任务是就高等教育与科研发展提出建议，供政府部门决策参考。其成员是学术界知名人士和联邦与各州政府代表。科学评议会是联邦和各州协调教育政策的重要机构，是德国教育行政的重要组成部分，是最具权威的学术评议组织。

  日本的大学分为国立大学、公立大学和私立大学。日本的教育法规定：国家、地方公共团体和学校法人，都可以设置学校。中央政府设置的学校称国立学校，如横滨国立大学；地方政府设置的学校称地方公立学校，如横滨市立大学。非政府所设置的学校叫私立大学，如早稻田大学。不论国立、公立还是私立的学校，都需经国家教育主管部门批准，都要接受国家主管教育部门的领导和监督。对国立大学的外部治理主导权掌握在中央政府手中，对公立大学的外部治理主导权掌握在地方政府手中。当然，由于日本大学形成了金字塔型结构，处于塔尖的是几所一流国立大学，对这几所大学的外部治理模式对其他大学具有示范作用，所以日本中央政府比地方政府的影响要大。但总体上，日本中央政府和地方政府在大学外部治理中都发挥了相应的作用，所以日本可称得上是一种混合型权力分配模式。

  虽然这五种模式各不相同，但差异的背后却存在共同的东西，那就是它们都注意平衡各利益相关者的角色和地位，在大学外部治理中政府、市场、社会力量共同参与，对大学进行共同治理。

大学共同治理的理论基础是利益相关者理论。利益相关者理论本来是关于公司治理的理论。该理论认为：对企业来说存在这样一些利益群体，如果没有他们的支持，企业就无法生存。随着社会经济的不断发展变革，利益相关者理论的外延在不断延伸。1984年，美国经济学家弗里曼（Freeman）给出了一个广义的利益相关者定义，他认为利益相关者是"那些能够影响企业目标实现，或者能够被企业实现目标的过程影响的任何个人和群体"[1]。"任何"一词就极大地扩展了利益相关者的外延。随着理论研究的深入，利益相关者理论也逐渐被用在包括教育的诸多领域。利益相关者理论强调利益相关者的有效参与，并且能为组织带来一定的利润，并且承担相关责任的组织。大学作为一种非营利性组织，没有严格意义上的股东，没有人能够获得大学的剩余利润，每一个人或每一类人都不能对大学行使独立控制权。[2] 大学只能由利益相关者共同协作，相互制衡。大学是一个典型的利益相关者组织，是多方的利益连接体。确切地说，大学的利益相关者是指与大学存在密切关系的群体或个人，包括：学生、行政人员、教师、校友、学生家长、捐赠者、政府、社会、企业界、媒体等。在大学外部治理中，大学外部的所有利益相关者均应参与大学重大事务决策的结构与过程。

美国大学外部治理中具有共同治理传统。美国大学较早确立了董事会制度，其成员主要是校外人士。这种外行参与治理的董事会制度是美国最具特色的制度，同时美国大学也较早强调了以校长为代表的行政力量、州政府均参与治理的共同治理模式。1966年，美国教授联合会（AAUP）、美国教育委员会（ACE）以及大学和学院治理委员会（AGB）共同发出《大学和学院共同治理的联合声明》（Statement on Government of College and University）。该声明确立了管理者和教师共同治理大学的原则，确立了教师参与大学治理的程序和标准，对教师、校长、管理者和董事会各自在决策中的位置和职权提出

---

[1] 洪彩真：《学生——高等教育之核心利益相关者》，《黑龙江高教研究》2006年第12期，第118—121页。

[2] 李福华：《利益相关者视野中大学的责任》，《高等教育研究》2007年第1期，第50—53页。

了建议。20世纪60年代提出的共同治理更多的是科层治理模式,更多地强调从学术治理转向行政力量、董事会、校长发挥作用的治理。这种治理是把大学治理视为封闭的内部治理,描绘的图景是在威权治理下,校长、董事会、教师、管理者把大学治理作为自身内部事务,采取封闭治理模式。而到了20世纪80年代之后,随着美国高等教育繁荣时代的结束,社会各界对于大学的批评不绝于耳,人们更多地相信介入大学内部治理事务才能使大学更好地代表公共利益而非私人事务,大学作为公共利益组织,应该接受社会的监督和利益相关者的建议,于是共同治理模式得以完善和发展。

英国大学具有自治传统,外部力量基本不过问大学事务。但是经费紧张和社会压力塑造了英国大学治理模式。英国大学的治理主体在教师之外增加了政府、企业和社会人士,形成了共同治理的形态。英国法律规定1992年后建立的大学要设立董事会和学术委员会双会制。如曼彻斯特大学设立了董事会和学校大会。董事会是学校的最高权力机构,共有25位董事,外部董事14人,占比高达56%。学校大会是大学与社会双向沟通的桥梁,向外界展示大学的成就,接受来自外界的反馈,就大学事务提议。大会成员200人左右,既有校内教师、管理人员和学生,也有外部各界人士,如工商业者、政府官员、地方教育机构人士、外界学者等。

法国大学的外部治理传统上由中央政府主导,但严峻的形势改变了这一传统。1968年法国颁布《高等教育法》,规定校外人士对于大学治理的参与。1984年的《萨瓦里法》,沿袭了大学治理的参与原则,规定了学校决策机构(行政委员会)的人员大约由30—60人组成,其中校外人员占20%—30%。2007年的《大学自由与责任法》赋予了行政委员会较大的权力,其成员数压缩到20—30人,其教师占8—14人,校外人员占7—8人,学生代表占2—3人,行政与服务人员占3—5人,增加了校外人士的比例。大学校长由行政委员会选举产生,改变了传统的由行政委员会、学术委员会和学生学习与生活委员会组成的选举大会选举产生的方式。校长不必具有法国国籍,也不限于本校人员,但必须是学术人员,任期由5年改为4年,可以连任。校长权力扩张,导致了大学治理权力的集中化。大学治理的核心团队由校长指定,主要是由校长、副校长、秘书长、校长办公室主任、财务主任、人力资源部主任等行政人员组成的"核心领导团",改变了大学学院式治理的传统,形成了教授、学院与校长、核心领导团共同治理的格局。法国大学治理既有学术治理的因素,也增加了科层治理的因素,并且后者开始发挥重要作用。2013年的《高等教育与研究法》赋予了大学更多的自主权,使大学治理更具效率,也更具学院式治理的特色。大学行政委员会由24—36人组成,总数比2007年的规定有所增加,增加了大学生与行政人员的比例,其中教师为8—16人,校外人士8人,学生为4—6人,行政与服务人员为4—6人。学术委员会为负责教学和研究的决策与咨询机构。

德国大学具有教授治校的传统,近年来的改革赋予了校长更大的管理权限,设立了大学理事会和大学评议会。大学理事会由校外和校内人士组成,具有选举和罢免校长、总务长的权力。但任免校长,需经大学评议会和州科学部认可,由州政府任命。大学评议会是大学的自主管理机构,主要负责学术事务,大学教授占多数。无论是评议会还是大学理事会,都注重让大学的各个群体共同参与。在大学决策机构中,当涉及学术事务时,教授群体占半数以上席位,他们是大学决策管理机构中最具影响力的群体,体现了教授治校的传统。同时,大学理事会的构成及校长权限的扩大也体现了分权制衡、共同治理的精神。

日本在大学法人改革之前,文部省对大学的管控较多,其他外部力量基本不参与大学外部治理。法人化改革之后,大学成为独立的法人,政府向学校下放了财务管理权与人事管理权,改革拨款制度,加大竞争性拨款份额,扩大学校经费使用自主权。文部省在下放管理权限的同时,重构了大学治理模式,形成了共同治理模式。法人化改革之后,日本国立大学建立了理事会、经营协议会和教育研究评议会等组织,形成校一级管理机构。理事会由校长和副校长等组成,是最高决策机构。经营协议会由来自校外的有识之士(原文部科学省的官员、企业或校友代表等)和校内的管理人员(校长和理事等)组成,主要负责处理与大学经营有关的事务。教育研究评议会则由校内教师等学术人员代表组成,专门审议与大学教育教学、研究有关的事务。国立大学遴选校长时,由经营协议会和教育研究评议会各选出相应的人数,组成校长选考委员会。校长选考委员会负责对校长的聘任和考核,由经营协议会中的校外委员从经营协议会选出的代表、教育研究评议会选出的委员组成,此外也可以加上校长或理事,但不得超过校长选考委员会总人数的三分之一。之后由大学通过一定的组织方式与程序,经各学部教授会投票(或通过全体教师的投票)提出三名校长候选人,然后校长选考委员会确定最终候选人,再报文部科学省审定与任命。至此,日本的大学治理由传统的欧洲式的教授治校转向了以校长为核心的共同治理模式。

第四章 大学外部治理结构运行系统要素及其联动机制分析

在现代大学制度建设和深化教育领域综合改革的视域下,大学治理已成为推动高等教育改革与发展的重要突破口,是现代大学制度建设的关键领域。大学治理结构可分为内部治理结构和外部治理结构,就我国而言,大学内部治理的组织机构与体制机制长期以来备受关注,并在不断的改革完善之中;而外部治理结构体系尚不健全,亟待重视和构建具有中国特色的大学外部治理结构,并形成学校、政府、社会等新型外部关系的联动机制。在现代大学制度背景下,如何实现大学外部治理结构的有效运行显得尤为重要。这就需要解剖现代大学外部治理结构运行的各个系统要素,从治理主体、治理程序、治理动力以及治理环境等层面构建大学外部治理的有机系统,形成大学外部治理结构运行的联动机制。

据此,剖析大学外部治理结构运行的各系统要素及其联动机制在当下显得尤为重要。一方面,高等教育系统与规范、和谐与科学的发展离不开大学外部治理结构有效运行的保障。剖析大学外部治理结构的运行机制,探讨其运行主体、运行程序、运行环境、运行模式及其机制的构建,一是有助于深化对现代大学制度理念内涵、价值诉求的认识;二是为我国现代大学制度建设和高校管理体制改革提供理论依据,为党的十八大强调的"办好人民满意的教育"这一办学宗旨提供制度层面的反思;三是有助于开拓高等教育学新的研究领域,引发大学治理的深度讨论,丰富高等教育学理论;另一方面,在建设具有中国特色的现代大学制度中,与大学内部治理结构相比,在中国,政府、社会等外部力量显得尤为重要。构建大学外部治理结构及其运行机制,一是有助于改变政府对大学的单一管理,为其他组织机构、社会团体等利益相关者共同参与大学的治理提供保障，使之形成与社会、经济发展相适应的良性运作系统；二是为中国特色现代大学制度建设困境的解决寻找有效突破口，通过高校董事会和大学章程等打破传统行政管理观念和封闭的办学体制，推动大学主动适应经济社会发展需要。

第一节　运行历程与导向：大学外部治理结构运行的基本形态与价值取向

厘清中国大学外部治理的变迁历程，剖析大学外部治理的价值取向，继而探寻大学外部治理的改革路径，是形成符合现代大学精神和运行逻辑的大学外部治理结构的关键条件，是彰显具有合力与执行力的大学外部治理的重要保障，更是形成中国大学外部治理新常态的本质要求。

一　大学外部治理结构运行的变迁历程

大学治理是历史时代的产物，顺应历史发展且具有阶段性与动态性特征，根据不同时期治理主体价值取向与利益诉求而彰显不同治理形态。大学外部治理的变迁核心在于大学与政府、社会之间权力关系的变迁，是大学各利益相关者之间权力制衡的动态过程。纵观新中国成立以来中国大学外部治理的变迁历程，先后经历了行政化管制、法制化管理和法治化治理等阶段。

1. 行政化管制阶段

新中国成立之后，国家发展主要坚持计划性、服从性与控制性相统一的基本理念，强调全能型政府和行政的绝对权威，教育领域无一例外。大学的管理与运行完全依靠政府强制力推行，集权化行政管制色彩较浓。1950年政务院通过《高等学校暂行规程》等文件做出了《关于高等学校领导关系的决定》，明确规定学校教育教学运行与管理均由教育部直接领导，行政集权思想得以充分彰显。1953年《关于修订高等学校领导关系的决定》的出台，进一步强调教育部对高校的统一领导，单向集权化的管制体系基本形成。1961年《教育部直属高等学校暂行工作条例（草案）》规定试行"高等学校党委领导下的以校长为首的校务委员会负责制"①，但又通过系列纲领、政策、文件等捍卫党在高校中的绝对权威，并于1965年将校（院）长负责制改为党委领导下的校长负责制，为当今中国的大学治理模式奠定了坚实基础。1958年中央颁布《关于高等学校和中等技术学校下放问题的意见》，掀起了全民办学潮，高校管辖权下放到地方政府，与此同时，高校教育教学与管理运行混乱等诸多弊端日益凸显。据此，1961年中央开始试行《教育部直属高等学校暂行工作条例（草案）》（即《高教六十条》），明确规定重新收回下放权力，学校与地方政府的权力极其有限，继而构建了具有中国特色的行政化管制模式。

2. 法制化管理阶段

"文化大革命"之后，尤其是党的十一届三中全会的召开正式启动我国教育体制改革，提出加强教育领域的法制建设，理顺学校内部与外部各利益相关者的关系，以实现法制化管理。自1980年我国出台第一部教育法律《中华人民共和国学位条例》以来，陆续出台由全国人大及其常委会通过的《义务教育法》《教师法》《教育法》《高等教育法》《国家通用语言文字法》《民办教育促进法》等8部法律。同时，国家和地方层面也相继出台了系列教育法规与规章，据统计目前国务院共发布16部教育行政法规，教育部共颁布79部政府规章，有立法权的地方人大还制定了大量地方性法规。② 基本覆盖了教育事业的各个领域，实现有法可依的先决条件，构建具有中国特色的教育法律法规及其规章体系。但是，教育法律与其他领域法律相比，往往被社会诟病为"软法"，其执行力与执行效果受到质疑。诸如在外部治理中仍未处理好学校与政府、社会之间的关系，政府过度干预致使高校"泛行政化"，"管办评"不分离所导致高校腐败滋生等现象。事实证明，随着教育事业日益走向社会的中心，各利益相关者参与办学的意识与能力不断增强，单靠一系列正式制度和服从命令式的一元化传统管理已无法满足教育事业发展的需要，静态的法制化管理需要改革创新。

---

① 李建奇：《我国大学治理结构变迁的路径选择》，《高等教育研究》2009年第5期。
② 孙宵兵：《新常态下依法治教的思考》，《国家教育行政学院学报》2015年第7期。

3. 法治化治理阶段

随着国际上共治理念的不断深化，传统法制化管理方式的弊端日益显现，中国教育事业发展日益迈进由"法制"到"法治"、"管理"到"治理"的新的历史时期。2010年中国出台《国家中长期教育改革和发展规划纲要（2010—2020年）》，明确提出完善中国特色社会主义教育法律体系，完善大学治理结构，修订《教育法》《高等教育法》等系列法律法规，为教育领域法治化治理坚定坚实基础。2013年党的十八届三中全会提出深化改革、推进国家治理体系和治理能力现代化建设，首次将"治理"与"国家治理"作为国家战略的基本理念和价值目标，对于增强"教育治理"及其"大学治理"的执行力具有重要历史意义。同年出台《中共中央关于全面深化改革若干重大问题的决定》，明确提出深化教育领域综合改革，深入推进管办评分离，为建构学校、政府和社会之间的新型关系奠定坚实基础。尤其是党的十八届四中全会做出《中共中央关于全面推进依法治国若干重大问题的决定》，推进综合执法和落实行政执法责任制，习近平总书记也多次强调法律的生命力在于实施，继而翻开了法治时代的新篇章，实现教育依法治理。为推进依法治教进程，中国出台《教育法律一揽子修正（草案）》，并于2015年12月第十二届全国人民代表大会常委会第十八次会议通过《教育法》和《高等教育法》，使大学外部治理具有了立法依据与执行保障，不断彰显"法治与共治"的新局面。

二　大学外部治理结构运行的内在逻辑

实现以"管办评分离"为焦点的教育领域综合改革，达成大学的法治与共治境界，其前提必须厘清高等教育领域"管""办""评"以及大学、政府与社会之间的逻辑关系，剖析现代大学外部治理的内在逻辑，探索其逻辑基点、逻辑向度和逻辑结构，才能使大学外部治理运行有根基，"管办评分离"机制的执行有保障。

1. 现代大学外部治理的逻辑基点

现代大学外部治理有效运行的前提是探究其内在逻辑基点，追溯"治理元"，挖掘大学、政府与社会各利益相关者之间的理性逻辑关系。20世纪80

年代以来公共行政理念给学校、政府与社会之间的关系带来革命性变化，尤其是20世纪90年代治理理论的兴起使大学外部组织更具复杂性和多元性。詹姆斯·罗西瑙曾言："指向社会自组织系统的治理是基于信任机制与互利原则的相关协调机制。"① 大学外部组织的治理逻辑源于各利益相关者主体间的权力配置与制衡，在于其组织制度与机制的内在关系安排。

在现代大学制度理念下，外部治理主要是通过系列制度安排协调大学各利益相关者之间的权、责、利关系，包括大学与政府、大学与社会、大学与市场等。随着中国由计划经济向市场经济的转型，依法治国和现代治理理念不断完善，高等教育发展也正经历着"管制""管理""治理"的路径变迁。但目前中国外部治理政府干预"泛行政化"与社会参与"表面化"的现象仍较突出，未能在"管""办""评"的治理机制上进行明确的立法与制度规约，致使中国现代大学外部治理运行不畅，执行无力。据此，为弥补大学治理的理性缺失，大学外部治理的运行逻辑需从各利益相关者角度探寻多元主体的利益诉求，厘清大学、政府与社会之间的权力关系。就此而言，"政府管理""学校办学"与"社会评价"之间的利益关系与运行机制正是大学外部治理的逻辑基点。

2. 现代大学外部治理的逻辑向度

现代大学外部治理的有机运行依赖于内在逻辑取向，秉持自身的逻辑向度，既坚持由"单向管理"转向"多元治理"，又坚持由"人治与管治"转向"法治与共治"。现代大学制度与传统大学制度的本质区别在于权力结构与利益结构的不同，在于大学、政府、社会各利益相关者间权力配置程度与权、责、利范畴的不同。随着高等教育的外部关系不断发生巨大变化，大学不断走向社会中心，各利益相关者参与办学的意识不断强化，大学外部治理的逻辑取向也在不断由传统向现代变迁，蕴含着具有现代大学制度特性的逻辑向度。

一是大学外部治理由"单向管理"转向"多元治理"。事实表明，单向

---

① ［美］詹姆斯·罗西瑙：《没有政府的治理》，张胜军、刘小林等译，江西人民出版社2001年版，第15页。

度的"一元"管理易导致权力过度集中而增大管理成本,存在管理危机,一旦过度放大政府、学校或社会任一方的权力,就会出现权力分配不均,甚至是严重失衡,导致大学外部治理结构的紊乱。因此,应坚持大学外部"多元共治"的逻辑取向,使政府行政管理权、大学自主权和社会权力相对分离与相互制约①,以实现大学外部治理主体的多元性与权力配置的制衡性;二是大学外部治理由"人治与管治"转向"法治与共治"。长期积淀的中国高等教育管理理念使我们大学的政治依附性极强,大学运行往往遵循行政逻辑而非自身规律,大学利益相关者更是难以参与办学,大学外部治理主体实质属于政府,法律依据和制度规约欠缺,大学的管理主要以人治和行政管治为主。随着共治理念和现代大学制度的兴起,尤其是在中国依法治教的背景下,强调多元主体间的权力合理配置和运行,通过规范有效的治理程序实现主体间权力的契合,继而形成相互制衡、运转协调和持续互动的运行框架,"法治与共治"已日益占据轴心地位,成为大学外部治理理应坚守的逻辑取向。

3. 现代大学外部治理的逻辑结构

现代大学外部治理规范运行的背后必有其自身的逻辑结构,形成治理主体、治理程序与治理环境等多维立体的治理体系。探索与现代大学制度相适切的逻辑结构是大学外部治理的内在要求,从系统论视角可将大学治理分为治理主体、治理程序、治理环境等基本要素,各系统要素有机排列组合形成现代大学治理固有的逻辑结构。

第一维度是治理主体,治理区别于管理的本质在于主体的多元性和权力利益体系的规约性。如何使众多治理主体形成有机互动的整体系统,建立合作制衡的多元治理机制,是事关大学外部治理能否有效执行的关键;第二维度是治理程序,任何事物的运行如果没有正常程序的保障,都会丧失运行的有序性和规范性,大学外部治理的运行亦然,其治理程序是确保治理按规则运行的动力源。注重治理程序的完善,是大学外部治理具有法律效力和执行力的基本保障。大学外部治理程序相对较为复杂,主要涉及政府、社会等大学各利益相关者组成的多元主体间的权力运行过程;第三维度是治理环境,

---

① 周湖勇:《大学有效治理的法理分析》,《中国高教研究》2014年第3期,第9页。

大学组织机构是社会组织机构的重要组成部分,其运行与社会组织的运转息息相关,离不开社会环境的大场域,不能生存在真空地带。大学外部治理需以环境塑造为依托,置身于社会环境之中,寻求与政府、社会之间共享互动的政策保障,建立激励监督的运行机制,形成共治文化。可见,治理主体、治理程序与治理环境各个维度在大学外部治理中都发挥着不可或缺的作用,而三者之间有机组合形成的多维立体结构才是现代大学外部治理真正的内在逻辑结构。

三　大学外部治理结构运行的基本模式

大学治理的核心在于平衡控制权与决策权,其治理运行过程中由于控制权与决策权的主体不同而呈现出不同的治理模式。现代大学外部治理是学校、政府与社会等利益相关主体之间权力角逐的过程,从治理主体权力配置、治理程序运行和治理环境的差异等维度,可将大学外部治理分为主导型治理模式和合作型治理模式。

1. 主导型治理模式

主导型治理模式是大学外部治理各利益相关主体某一方占主导地位的治理方式,其实质是大学权力、行政权力与社会权力的较量与博弈。纵观国内外大学外部治理形态,可分为学校主导型、政府主导型和社会主导型三种模式,呈现出特质各异的大学权力、行政权力与社会权力运行机制。

其一,学校主导型治理模式充分彰显着学校自主权与学校自治理念,政府与社会服务于大学发展,满足大学自治的需求。在西方大学治理的变迁历程中,学校主导型占据优势地位,源于大学自治理念的共识与法制化,认为大学作为法人机构应当独立决定自身的发展,并负责付诸实施,不受政府和社会的干预。[①] 诸如英国自1819年以来就通过特许状或饬令以确立大学自治与大学办学自主权,西方国家多数大学与政府、社会拥有平等的地位,政府无法以行政命令形式干预大学学术权力,大学自治与大学自主权的充分保障是西方大学的基本价值导向与精神诉求;其二,政府主导型的大学外部治理

---

① 别敦荣:《中美大学学术管理》,华中理工大学出版社2000年版,第60页。

具有鲜明的行政干预特征，20世纪中后期被西方国家广泛运用，其理念源于凯恩斯的"教育公共化"，赋予了高等教育的政治目的，强调政府对高校的行政管理。据此，政府在大学治理中充分树立主体权威，形成严密的领导与被领导体制。诸如德国几乎所有大学都是政府主导型治理模式，学校创立、经费来源、发展规划等都以政府的决策权为主，并由政府主导平衡和协调大学外部治理各主体间的权、责、利。该模式在大学治理过程中集"管、办、评"于一身，随着大学逐渐走向社会中心，其权力失衡与效力式微等弊端日益凸显；其三，社会主导型治理是除学校与政府之外的社会组织作为大学治理的主导性主体，按照市场化运行逻辑实现大学治理。20世纪末期随着公民社会理论和第三部门理论的兴起，认为政府不应直接提供教育服务，应将此权力让渡给非政府机构。政府可通过市场化方式向第三方中介等社会组织购买优质的教育服务，通过竞争机制引导各社会组织为公民提供高等教育。托克维尔也主张社会权力制约行政权力，从外部对权力加以制衡，加速了大学外部治理权力的分化，使社会拥有了大学监督权力，促进了"管、办、评"的适度分离。

2. 合作型治理模式

合作型治理模式的基本价值理念在于多元主体共治，体现在大学外部治理结构中各利益相关者的共同治理，主体间权、责、利的明确划分，规范"管、办、评"主体与程序，是对多元主体权力相互制衡与监督的有效模式，是在现代大学制度与共治理论下生长的新型治理模式。

首先，就治理主体而言，多元合作与权力制衡相结合是合作型治理模式在大学外部治理中的显著特征。大学、政府与社会在共治理念下建立新型的伙伴关系，强调各主体间的协调合作，明确共同的合作目标，形成良好的互动双赢态势。同时，各利益相关主体间权力范围明确，且有立法依据与法律效力，因而具有执行力。诸如，美国通过法律明确董事会在大学治理中的地位和权责，并以董事会为中心协调大学、政府和社会的关系，有效解决了"谁管学、谁办学、谁评学"的权力归属问题；其次，就治理程序而言，法制化与程序化的运行机制是合作型治理模式的核心要件。在现代治理体系中，大学与政府、社会等主体间治理程序的平衡主要体现在利益平衡、权力平衡与价值平衡等方面,就大学的性质而言其治理程序核心集中彰显为权力平衡。据此,合作型治理模式对多元权力运行进行立法规定和法律制度规约,实现大学外部治理运行的规范化;最后,就治理环境而言,合作共赢的显性制度环境与隐性文化环境是合作型外部治理的精髓所在。场域理论中组织与环境之间存在着极其微妙的关系,组织主体与组织运行同时又受制于场域环境。合作型治理模式重视各利益相关者间合作目标与战略规划等理念的共识与共赢,既通过制度环境与监督环境实现各主体间的权力规约,又通过文化环境关注合作方发展氛围,实现主体间和谐共生的价值诉求。

四 大学外部治理结构运行的价值取向

治理理念的核心要义在于主体多元性、权力均衡性、协同合作性和程序法治性,现代大学外部治理正是遵循这一价值理念,由"法制"转向"法治",由"单向管理"转向"共同治理",实现纵横交错的立体治理体系,凸显现代大学外部治理"法治与共治"的基本价值取向。

大学外部治理坚持"法治与共治"的基本价值取向,是实现法治与共治的有机融合,是对传统大学制度与运行机制的有效突破,实现大学外部权力主体间关系的重组与优化。一方面,大学外部治理要求依法治教,以法治手段重塑大学与政府、社会之间的权力关系,推进大学的法人化进程,实现大学外部治理由"法制"向"法治"的转变。有学者认为,由"制"到"治"的变迁是代表执政理念与执政方式的转变,是由传统管理向现代治理的有效途径,权力主体由"一元"变为"多元",权力结构由"命令—服从"的纵向权力关系转向"协调—平衡"的横向权力关系,治理方式由"控制"转向"协调",由"法制"转向"法治"[①]。法治不但需要正式制度,还需要系列非正式制度、法制实施与法治观念的形成。据此,大学外部治理的权力主体和权力运行程序不仅需要有立法依据,还应重视法律制度的执行力与执行效果,让依法治理成为现代大学外部治理的新常态。

另一方面,随着共治理念的兴起,大学逐渐由"象牙塔"走向社会的中

[①] 劳凯声:《"依法治教"是推动教育改革与发展的重要力量》,《人民教育》2014年第21期。

心，社会各利益相关者参与大学办学的愿望日益强烈，构建"共治"为核心的现代大学制度以达成共识。现代大学外部治理打破了政府对高校的单一管制与管理的格局，形成大学、政府与社会之间的新型多边关系，继而减少权力不均衡、责任不对等和关系不平等等问题，化解政府干预的"泛行政化"与社会参与"表层化"等困境，形成大学外部治理主体间多元参与、协同合作、平等沟通的新型关系。同时，大学、政府与社会之间实现权力合理配置和运行规范有序，坚持程序正当原则，通过规范有效的治理程序实现主体间权力的有机契合，建立大学外部治理各利益相关者间的契约关系，继而形成相互制衡、运行协调和互联互动的治理框架。

"法治"与"共治"作为大学外部治理的基本价值取向，二者缺一不可，只有二者的和谐共生才能满足现代大学制度对大学外部治理的要求，规约大学外部治理权力，优化大学外部治理媒介，强化大学外部治理监督，实现大学外部治理新常态。

第二节　运行主体：形成各利益相关者的多元共治局面

高等教育的外部关系正发生巨大变化，大学不断走向社会中心，各利益相关者参与办学的意识不断强化，其外部运行机制由单向管理转向多元治理，要求大学外部治理主体具有多样性。如何使众多治理主体形成有机互动的整体系统，建立合作制衡的多元治理机制，是事关大学外部治理能否有效执行的关键。

一　国内外大学外部治理结构运行主体的比较分析

国外大学外部治理主体极其复杂，多为多元的社会组织机构及其利益相关者，也不乏富豪和校友等自然人，形成了组织结构和自然人相结合的治理主体结构。同时，在国外大学纵横交错的外部治理关系中，为了确保各治理主体运行的有序性与有效性，多以校董事会为治理轴心，围绕校董事会构成丰富而多元的外部治理体系。因为校董事会是联系学校与社会的媒介与桥梁，与政府、社会保持着灵动关系,并赋予其带动大学服务社会的职责,在大学外部治理中起着中流砥柱的作用。以校董事会为轴心的治理路径是对"三螺旋模式"①原理的有效阐释,源于校董事会打破了大学、政府、社会原有相对封闭的组织边界,并在各边界上架起了新的桥梁,使大学与政府、社会建立了互动合作的关系,又使各自保持相对独立的功能使命。这正成为各国高校创新战略的重要组成部分,成为推动高校创新体系建立和创新体制改革的重要力量。

中国围绕完善大学治理结构而建立现代大学制度已成为全面深化教育领域综合改革的重大主题,这关乎我国大学自身生命力的生成和社会影响力的形成。但是长期积淀的中国高等教育管理理念使我们大学的政治依附性极强,大学运行往往遵循行政逻辑而非自身规律,大学利益相关者更是难以参与办学,大学外部治理主体实质属于政府,其外部治理结构尚未健全。而西方外部治理一般采取大学自治模式,学校拥有相对独立的办学自主权,学校董事会具有决策权。但基于历史传统与国情现实的差异,我国大学外部治理不能简单模仿国外治理模式,需针对大学办学实际逐步建立政府与大学的新型关系,推进大学利益相关者参与办学,确保外部治理保障机制的完善。就如何处理政府与高校之间关系的历史性难题,政府应借深化综合改革的契机,重新定位自身的角色,主动扮演经费投入者、关系协调者和治理监督者的角色②。同时在依法治教的场域下依靠立法推动外部治理进程,依法明确政府、学校、社会之间的权、责、利关系,确保大学各利益相关者参与办学的利益诉求的实现,为大学逐渐走向社会的中心奠定坚实基础,为高校创新创业教育开展寻求多元平台。

二 主体媒介:董事会平台的搭建与各利益相关者的合力生成

在大学外部治理结构中存在着一种起纽带、中介和缓冲器作用的重要介质,这便是推进大学治理得以有效运行的治理媒介。在中国特色的管理体制

---

① [美]亨利·埃兹科维兹:《三螺旋》,周春彦译,东方出版社2005年版,第19页。
② 李福华:《大学治理的理论基础与组织架构》,教育科学出版社2008年版,第211—214页。

中，政府对大学的过度管控与大学自治权力难以彰显等困境一直使二者之间的关系错综复杂，治理中介对调节大学与政府之间的关系而言是不错的路径选择。正如美国著名教育学者伯顿·克拉克分析大学治理媒介所言："它了解大学，同情它们的需要，并为它们向政府讲话，它了解政府，并努力使大学体谅政府，实质充当了二者之间的桥梁。"① 诸如高校董事会等在协调外部治理关系上效果显著，这一特殊媒介既能充分发挥第三方客观公正的协调作用，又能分散政府过度集中的权力，保障大学学术自主权和自治权力，继而促进大学与政府，乃至与市场、社会之间有机合力的形成。

其一，从国际视野看大学外部治理媒介多为各利益相关者以及多元社会组织机构的广泛参与和介入。尤其是在美国，大学外部治理结构中广泛存在着诸如知名校友、富豪商人等利益相关者个体，也有联邦政府、州政府、基金会和董事会等组织机构，他们通过对大学的直接资助或监督评价高效有力地规约着大学与政府的行为，② 形成了个体与组织相结合的治理媒介，共同构成多元主体、多样形式参与的丰富而又全面的外部治理结构。其中美国高校董事会是大学外部治理的核心介质，其治理媒介作用尤为突出。其董事会是大学的最高权力机构，有着强劲的法律效力，通过建立健全的董事会制度，不仅确保社会、行业和企业参与并支持学校办学，及时向学校反映社会发展需求，为优化大学外部治理结构提供现实路径，而且与政府、社会保持着灵活的沟通，可以有效协调政府与学校之间难以厘清的复杂关系，防止外部社会对学校办学的非正常干预，确保大学自治与社会共治的和谐共生。总之，各种治理媒介通过激励与规约、协调与选择等运行机制，确保大学外部治理的持续力与效力。

其二，从国内形势看大学治理依然存在较深的行政性烙印，与现代大学制度建设契合度欠缺，与依法治校理念存在差距，亟待建立具有中国特色的大学外部治理媒介生成机理。受我国传统政治的影响，中国高校的发展仍然以单向度的行政管理模式为主，而自上而下的行政调控难以激发高校的内在

---

① [美] 伯顿·克拉克：《高等教育新论》，王承绪等编译，浙江教育出版社1987年版，第70页。
② 程北南：《美国大学治理结构的经济学分析》，中国财政经济出版社2010年版，第257—286页。

活力,难以落实其自主权。继而忽视了高等教育发展需求的多样性,忽视了高校作为社会系统重要组成部分的基本属性,使庞大的社会资源难以融入高校办学活动中。诸如中国的大学董事会目前难以实质性地参与大学办学,主要以合作形式发挥筹措资金和衔接产学研合作的功能,难以参与学校核心层运行的审议、决策与监督,其性质定位、运行结构有别于欧美校董会,继而使大学董事会形同虚设。随着高等教育的大众化和现代大学制度的体系化,大学已渐趋成为经济社会发展的重要组成部分,高校各利益相关者对参与学校办学的意识日益增强,对高校的支持与问责的力度日益增加,各利益相关者均希望通过参与学校办学发挥自己的作用,或获取相应利益,或推进其教育价值观,以期实现合作共赢。

如何解决大学各利益相关者"想参与"与"难以参与""表层参与"与"深层参与"的困境,关系着中国高等教育的生存力与影响力,亟待搭建大学各利益相关者参与学校办学的媒介平台,并形成媒介生成机制。明确高等教育的公共事业属性,在管理主体上不仅包括公共机构及其行为者,还包括非公共机构及其行为者,在行为方式上不仅包括政府的权威与权力,还包括其他利益相关者的协商与参与,从单一走向多元,从"管理"走向"治理"。[①]据此,在大学治理理念下我们应将大学视为各利益相关者缔结的契约网,搭建开放合作、多元互动的外部治理媒介平台。一方面,应加大高校与社会组织的合作力度,完善产学研合作的有效机制,确保各利益相关者参与大学治理的自主性与独立性,确保其治理的多样性和有效性。高校与社会的合作是办学功能的基本要求,是大学发展寻求资源依赖的必然选择,而实践证明产学研合作模式是链接高校与社会的有机媒介平台。随着高等教育知识生产模式的日益革新,尤其是在三螺旋理论对大学与社会组织动态关系与发展模式的有力阐释下,推进了大学与社会合作的使命感与时代紧迫感。因此,可通过联合培养人才、科研成果优化转换、协同创新等促进产学研合作的深度发展;通过网络信息资源的充分利用,建立产学研合作媒介信息平台,提高合

---

① 瞿振元:《建设中国特色高等教育治理体系 推进治理能力现代化》,《中国高教研究》2014年第1期。

作效率；通过制定产学研合作相关的制度规约、法律法规，规范学校与社会合作的各种利益关系，确保社会参与大学办学的自主性与独立性；另一方面，应提升高校董事会的参与能力，为大学与社会的链接搭建桥梁，形成大学外部治理的重要媒介。在大学走向社会中心的当下，高校董事会制度的优越性日益凸显。中国诸多高校已尝试成立董事会，但多以筹措资金为目标，并未能充分发挥董事会在加强大学、政府、社会之间沟通合作的功能。据此，深化中国大学治理综合改革的有效路径应重视高校董事会制度的建设，明确高校董事会的法律地位和法律效力，确保高校董事会在充当大学联系政府、市场、行业企业等外部社会的中介与平台功能，提升高校董事会的参与办学能力，形成大学外部治理的优质媒介。

三 主体关系：学校、政府与社会之间的新型关系

治理的精髓体现在主体的多元性与互动性，有别于管理的单向性与被动性，因而治理日益成为现代组织机构运行的主要模式，并成功地运用于高等教育之中。大学外部治理结构的主体较为复杂，不仅包括学校与政府的传统关系，还包括建立学校与市场、社会等外部利益主体的新型关系。随着大学不断走向社会的中心，"大众创新 万众创业"推动高校创新创业教育的发展，产学研合作机制的不断完善，大学与政府、社会之间的关系也日益复杂多变，这就需要厘清大学外部治理主体间的各种关系，确保大学各利益相关者间既权力制衡又协同互通，共同推进大学外部治理结构的优化，实现高等教育治理体系与治理能力的现代化。

就学校与政府关系而言，中国高校的运行模式主要以行政管理为主，行政命令与行政干预使高校对政府的依赖性较强，继而高校的自主权难以彰显，这也是现在大学制度建设在破解高校决策权结构严重失调的难点之一。西方国家在处理治理关系时，由于受大学自治的传统文化影响，其外部治理多采取大学自治模式，学校与政府的权、责、利关系十分明确。而中国受传统管理体制机制的影响，大学尤其是公立大学直接采取自治模式是难以实行的，但是在治理理念和现代大学制度建设的当下，改变政府过度行政干预学校治理势在必行，建立学校与政府的新型关系是时代发展所需。据此，政府应从

直接干预转向间接干预,通过政策管控、质量监控、经费划拨、法律规约以及利用第三方中介组织等模式,形成对高校的宏观治理路径。在依法治国成为我国治国基本方略的背景下,依法治教必须紧跟步伐,加强学校与政府之间法律关系的建立与规范,依靠立法推动外部治理结构的优化。通过建立具有委托代理性质、能与行政管控机制相呼应的契约关系①,明确政府与学校的权利与义务,减少政府对高校的过度行政干预,建立畅通平等的沟通机制,使大学在法律规定范围内更有效地彰显其办学自主权,形成大学与政府间的新型关系。

就学校与社会关系而言,由于受大学与政府间传统关系的影响,社会各主体难以参与办学,难以融入大学外部治理之中。而随着大学不断在社会系统中扮演着重要角色,大学共治理念的深化,社会各利益相关者期望参与办学,同时大学也期望与社会建立可持续关系,因而建立学校与社会之间的新型关系是历史发展的必然。当前中国高校的经费来源日益多元化,有的高校总体办学经费中政府拨款额已不足1/5。② 加上大学生社会实践课程的不断丰富多样,与市场社会合作从广度和深度上不断增强,大学的外部环境已发生重大变化。大学在争取获得良好外部发展条件和氛围的同时,社会也谋划自身利益在大学办学允许范围内获得最大限度的实现。既坚持高等教育的办学规律和本质属性,又建立与社会之间的紧密合作关系,是当下高校处理自身与社会关系的重要原则。因为大学外部治理结构的实质是政府行政结构和社会利益结构在大学组织结构中的博弈,因而其结构及其功能的形成是否科学合理,大学单方没有最终决策权,还得受制于国家政治和市场社会之间权力制衡与互动互通关系。据此,仍需对政府角色重新定位,充分重视社会力量参与大学治理的作用,鼓励社会各利益相关者参与办学,为建立大学与社会合作发展的新型关系提供政策引领和条件保障。政府把部分权力让渡给社会,提高了社会参与大学治理的积极性,进而引入市场机制,提倡办学主体多元

---

① 龚怡祖:《大学治理结构:建立大学变化中的力量平衡——从理论思考到政策行动》,《高等教育研究》2010年第12期。

② 瞿振元:《建设中国特色高等教育治理体系 推进治理能力现代化》,《中国高教研究》2014年第1期。

化，从而构建一个大学、政府与社会多元共治、权力制衡、协同互通的立体关系图。

第三节 运行程序：实现权力运行的多元规约与制衡形态

任何事物的运行如果没有正常程序的保障，都会丧失运行的有序性和规范性。大学外部治理的运行亦然，其治理程序是确保其治理按规则运行的动力源。注重治理程序是使大学外部治理具有法律效力和执行力的基本保障。大学外部治理程序相对较为复杂，主要涉及政府、行业、企业等大学各利益相关者组成的多元主体间的权利运行。在共治理念下，多元主体间的权力如何合理配置和运行，如何通过规范有效的治理程序实现主体间权力的契合，形成相互制衡、运转协调和持续互动的运行框架，是当下外部治理结构改革的关键。

一 程序执行原则：合理配置与制度规约的有机结合

大学治理是现代大学制度的核心，是规约大学各管理主体权利保障与权力分配方式的有效改革，是高校各利益相关者权力与利益的协调过程。从利益相关者关系层面可以分为大学内部治理结构和大学外部治理结构，大学外部治理结构是在共治理念下大学为处理与政府、社会等各利益相关者之间权、责、利关系，而形成的相互制衡、运转协调、持续互动的关系框架。可以说，大学外部治理结构的核心是"权力"的合理配置与运行，是通过系列制度安排和规范运作实现彼此权力的分权制衡，以达到协调、互助、公正及契合的最佳状态。其治理权力路径的选择依赖于大学外部治理权力的合理配置和大学外部治理权力立法的有效推进，才能科学建构大学外部治理结构以不断扩大大学的发展空间，实现大学外部的治理主体在公平正义、科学有效的制度规范与框架下良性多维互动。

一方面，大学外部治理结构的有机运行依赖于其治理权力的合理配置。而实现大学外部治理权力平衡的关键在于平衡大学与政府、社会之间的利益关系，进而是平衡三者间的权力关系，实现大学外部治理权力的科学配置与运行。在多元化社会中，建构力量平衡的重要社会机制主要包括权力平衡、利益平衡与价值平衡，其中治理的核心便是权力平衡，在大学外部治理结构中应把权力平衡理念放在至关重要的地位。据此，一是应改革大学由政府单一管控的格局，让政府、社会等各利益相关者的合理价值诉求与多元有效资源融入大学发展之中，形成多元共治局面。在大学精神、大学理念与大学核心价值允许的范围内，让政府、社会等相关主体的利益实现最大化，让大学外部发展环境实现最大限度的优化。从而既使大学与政府、社会保持常态化的紧密关系，又不削弱大学自身的本质属性，更契合现代大学制度的价值理念，充分体现了大学外部治理多元主体间权力相互制衡的关系，彰显了大学外部治理结构在权力均衡配置下的有效运行；二是应推进大学从"象牙塔"向"社会中心"日益迈进，构建大学、政府、社会多元利益主体间的共治权力模式。20世纪90年代以来，世界各国高等教育外部环境发生巨大变化，社会各利益相关者多渠道参与高校办学，大学的外部治理结构变化显著。因而，如何确保大学、政府、市场之间的权力平衡，如何发挥市场、社会等外部多元利益主体在大学外部治理中的作用，已成为完善大学外部治理结构的核心要件。加拿大北英属哥伦比亚大学前校长 Charles J. Jago 博士在一场大学治理研讨会上谈道："如果大学治理要被内部力量或政府主导，大学的本质将会丧失。"[1] 大学外部治理在现代高等教育发展中显得尤为重要，不仅要形成大学、政府、社会三者之间的权利平衡机制，而且要完善大学、政府、社会、市场等各利益相关者间的多元参与和权力共享的治理模式，继而建构适切现代大学制度的外部治理结构。

另一方面，大学外部治理权力关系的确立在于大学各利益相关者之间的制度规约，在于法制程序的有效规范。影响现代大学生存和发展最为重要的最具代表性的两大利益相关者组织便是政府和社会，它们与大学之间存在着纵向制衡与横向制衡的复杂关系。因而，如何厘清政府、社会等大学利益相

---

[1] Charles J. Jago. An Ex-President's Perspective On University Governance, Address at a UNBC Board and Senate Workshop on University Governance, January 24, 2009, pp. 1–8.

关者之间的权力关系和责任义务是大学外部治理结构能否科学运行的关键，明确各利益相关者之间的权力与利益的规制体系以及运行程序更是大学外部治理结构的本质彰显。科学的制度规约和有效的法制程序是大学外部治理结构运行的动力要素，否则无法保障大学外部治理的合理性与合法性，无法保障其治理运行的法律效力和执行力。以美国为代表的西方国家大学外部治理一般采取大学自治模式，其大学自治有健全的政府、社会、市场以及大学内部的问责制和校长的双重身份制等，并大力提倡大学内外各利益相关者共同参与大学重大决策的"共治"理念，已形成了大学、政府、社会等各利益相关者间较清晰的权力关系及其规约制度。而中国大学受传统中央集权制的影响，虽然已从"管制""管理"逐渐发展到现代"治理"的雏形阶段，但当下公立大学外部治理采取自治模式还不成熟，推进大学外部治理权力及其运行程序实现的可行路径应依靠立法推进，通过建立具有"委托代理性质、能够与行政约束机制相补充的契约约束关系"[①]，间接地把大学与政府、社会的权利、责任义务的关系理清楚，并建立完善的制度规约和规范有效的运行程序，形成大学、政府、社会之间权责明晰、相互制衡、运行有序、协调共赢的结构框架。

二 程序执行动力：主体间治理权力运行的多元制衡

一方面，各主体间权力运行程序公正是保障大学外部治理依法有效运行的第一要义，是首当其冲的要件，我们应建立公平、公正、公开的程序体系。可见，大学外部治理权力合理配置的关键在于程序公正，继而实现大学与政府、社会之间利益关系的平衡，推进大学外部治理主体间权力的科学运行。在现代治理体系中，大学与政府、社会等主体间的力量平衡主要体现在利益平衡、权力平衡与价值平衡等方面，就大学的性质而言其治理核心集中彰显为权力平衡，权力平衡理念应成为大学外部治理的核心。据此，在大学外部治理中各主体间的权力运行应遵循正义程序，保证权、责、利的合法化与合理化。一是优化学校与政府间的治理程序。在中国特色体制下，长期以来泛

---

① 龚怡祖：《大学治理结构：建立大学变化中的力量平衡》，《高等教育研究》2010年第12期。

行政化管理禁锢着高校发展，随着管理到治理理念的转换，使政府对学校单向度的作用力逐渐式微，大学外部治理的关系已不再是政府与学校之间的封闭环，政府的部分权力应适度让渡给社会各利益相关者，依法明确政府对学校的相关权利与义务，建立政府治理学校的适切程序，构建政府与学校间的治理新常态；二是厘清大学、政府与社会各利益相关者间的治理程序。20世纪末期以来世界各国高等教育的外部治理环境发生巨大变革，社会各利益相关者纷至沓来，参与高校办学，大学外部治理发生结构性变化，继而使大学从"象牙塔"日益迈进"社会中心"，构建起大学、政府、社会的共治模式。由于治理主体的复杂性与多样性，厘清治理程序显得尤为重要。其关键在于多元主体间利益关系的平衡，实现外部治理权力的科学配置，厘清大学、政府与社会之间权、责、利，并通过立法保障大学各主体间的多元治理，同时进行程序立法，建立科学、规范的大学外部治理程序机制，充分彰显大学外部治理程序的正义原则、规范办学原则和依法行政原则。

另一方面，大学外部治理过程中多主体间权力的多元制衡是大学外部治理结构得以有效运转的关键，其主体间的多元制衡又以法律的明确规定和法律效力的生效为前提。在美国、加拿大等国都将大学内外部治理主体的运行关系与运行程序纳入具有法律地位的体制化管理中，尤其是依法确保了具有治理媒介作用的高校董事会的权力，并对内外部各主体参与办学的运行程序进行立法规定，使无论政府还是社会在参与大学办学过程中都必须依法按程序行事，有效确保了各利益相关者参与办学的权力，厘清了多元主体间错综复杂的关系，其核心价值是确保大学外部治理的优化运行，充分凸显大学共治的理念和依法自主办学的大学精神。而我国高校受长期自上而下的行政行为的影响，学校办学自主权难以落实，大学外部活力尚未充分激发，使大学外部各利益相关者参与办学的运行程序较紊乱，继而社会资源难以转化成办学资源。就我国高校董事会的运行程序而言，目前虽各校都激励组建校董事会，但是其核心目的在于筹措办学资金和推进产学研合作，而难以实质性地参与大学审议、决策和监督等治理过程，难以发挥校董事会的治理权力，继而使有些校董事会形同虚设。这与高校董事会运行程序未纳入法律范畴有重要关系，未从立法程序上确保高校董事会参与大学治理的运行过程以及运行权力。据此，中国依法治校的力度仍需加强，借助深化教育领域综合改革的契机，推进大学外部治理的法治化，且对治理程序进行立法规约，才能使大学外部治理依法依规有序运行，实现大学外部治理新常态。

三 程序执行方式：运行过程的程序正义与立法保障相结合

"机制"通常被认为是一个社会系统结构中各要素内部之间以及外部之间相互联动的活动方式和运行规则。① 大学外部治理结构运行机制就是指大学外部运行系统各要素之间相互联系与作用的产物，实质上是大学、政府、社会权力结构和互动机制的新型契约。如何规范大学外部治理过程，采取什么样的治理程序得以在大学、政府和社会之间实现资源合理配置、决策科学有效显得尤为重要。治理程序决定着治理效果，只有优化治理程序，坚持程序正义原则，建立规章制度，明确大学各利益相关者间的权、责、利关系，才能使大学外部治理有的放矢。

其一，中国大学外部治理结构运行需建立程序正义原则。由于传统管理制度和高等教育发展模式的影响，中国大学外部治理存在着责、权、利不对等、信息不对称、契约不健全等问题，制约着大学外部治理的有效运行。而其核心症结在于大学外部治理结构运行中程序正义缺失，没有程序正义，实体正义难以形成，大学外部治理结构运行机制如空中楼阁，因此程序正义在大学外部治理中的作用与地位不容忽视。在大学外部治理中，各利益相关者间的权利保障和权力主体的有效规约是关系大学外部治理运行是否有效的关键，其中权利保障与权力主体规约的程序正当就是一种有效手段与路径。只有在大学外部治理的规章制度建设和运行过程中保障各利益相关者的参与权、表达权等程序性权利的实现，才能真正反映各利益相关者的根本利益，才能增强大学外部治理的执行力。总之，程序正义是大学外部治理应坚持的基本原则，也是大学外部治理结构优化运行的根本保障。

其二，大学外部治理结构运行需要有章程规约和立法保障。大学外部各利益相关者权力的运行应通过立法程序使其大学治理具备法律属性和法律效

---

① 母国光、翁史烈：《高等教育原理》，北京师范大学出版社1995年版，第198页。

力。立法程序是确保运行程序执行有效的根本保证,通过立法程序赋予大学外部治理的合法化,为社会各利益相关者参与办学提供法律依据,同时也依法提升大学办学自主权的运行路径。大学章程是大学依法自主办学、履行公共职能、实施学校管理和运行的基本准则,是学校各项规章制度的"宪法""母法"。大学章程能有效规约学校内部治理和外部治理,有效完善学校依法办学、民主管理和监督机制,加快高校现代大学制度建设。其中大学外部治理结构的调节与规范是大学章程极其重要的职责,规定着大学与政府、社会之间的新型关系,明确大学与政府、社会之间的权、责、利关系,为外部治理关系的处理奠定了制度保障基础。尤其是目前大学与社会的关系还相当脆弱,大学不能及时反映社会需求,社会也难以参与和监督大学办学,需要有制度明确其权力关系和责任范畴,大学外部治理的有效运行离不开大学章程的关键作用。同时,需要通过立法保障大学外部治理,这也是大学依法治教的必然要求。虽然大学章程被视为学校的"宪法",但大学章程的法律效力不强,执行力不够,从而使一些大学章程形同摆设。加之我国大学自上而下的行政化管理模式,使大学治理结构的调整以政策文件等形式下达,社会各利益相关者难以介入其中,大学也难以彰显其独立的法人地位。据此,应加强高等教育法律法规的完善,完善大学外部治理的相关法律条款,通过立法明确学校、政府与社会之间的权、责、利关系,以法律制度确保外部治理结构的有效运行。

其三,大学外部治理结构运行需要建立良好的监视制度与监控机制。长期以来,政府对学校的过度行政干预使政府管理的权限往往越界,而在具体运行中的政府监督又缺位,继而在大学出现不同程度的腐败与权力寻租现象。在当前"互联网+"的大环境下,高校已无法再通过一墙之隔生活在象牙塔之中,信息化社会让高校必须加强与社会的沟通与连接,也必须接受社会的监督。一方面,应通过法律法规明确政府对高校的监督范围,扩大大学办学自主权,并把部门监督权力让渡给社会各利益相关者;另一方面,应加强社会监督高校的立法规约,明确社会、市场等利益相关者对大学的民主参与和监督,明确社会监督的权力与利益,完善民主监督机制。尤其是在当下的互联网时代,微信、微博等组成的多元自媒体倒逼高校必须加强信息公开制度建设，高校理应主动建立信息公开平台，让政府对高校的管理更加公开化、透明化，从而减少政府对大学的过度干预和权力滥用。同时，更多社会利益相关者能知晓高校治理过程，继而增强社会力量的监督，促进高校与社会的有机联动，健全大学外部治理监督的体制机制。

第四节 运行环境：达成显性制度环境与隐性文化环境的和谐共生

大学外部治理结构的运行环境即运行的保障体系，其建立和完善是推动大学外部治理结构有序运行的重要因素和重要环节，不仅需要显性的制度环境，更需要隐性的文化环境，二者缺一不可。治理（governance）有别于管理（government），源自20世纪90年代，是随着共治理念的兴盛而不断兴起的。治理的核心在于主体的多元性和互动性，不单只是政府的组织与领导，还可以有非政府组织的参与，是政府与非政府组织的有机结合，管理集中于政府的行政性，治理则侧重于整个社会系统的互动性。大学治理其核心是为了实现大学在人才培养、科学研究、社会服务和文化传承创新等基本功能而设计的一套各利益相关者参与办学与监督管理的制度保障体系。[1] 其中，大学外部治理是整个治理结构体系中不可分割的重要组成部分，不仅从显性的制度层面实现了大学从政府控制走向多元治理的良好局面，而且也让治理文化在高等教育领域得以孕育和生长。因而必须丰富大学治理的制度环境和文化环境，建立大学、政府和社会共同参与的共治体系，通过共同承担及契约合作等形式，有效提高大学外部治理的运行效力。

一 政策环境：以政策环境塑造为依托，彰显治理制度与政策文化

政策环境是大学外部治理有效运行的基本保障。治理理论表明各主体间的合作伙伴关系是有效治理的核心，具体到大学治理，除政府之外的社会其

---

[1] 俞可平：《中国治理变迁30年（1978—2008）》，《吉林大学社会科学学报》2008年第3期。

他利益相关者也是重要组成部分。事实上，中国社会各利益相关者参与大学治理的积极性还不高，效果还不显著，还属于边缘群体，无法营造共享互动的治理氛围。借鉴韩国大学外部治理模式可见，社会各利益相关者参与办学的价值取向已发生变迁，以前主要是以合作研究、合作培养人才、共享设施设备为主，目前其范围不断扩大，治理主体不断多元化和多样化，治理内容延伸到技术转让、企业咨询、创新创业等。大学外部治理逐渐向多重主体间共享、互动、互助的平等契约理念层面发展，其背后最大的推动力在于政府政策环境的保障与支持。

从场域理论的视角分析，组织与环境之间存在着极其微妙的关系。组织主体与组织运行都在一定的场域之中，受制于场域环境。同时，环境的变迁也影响组织结构的变化。大学组织机构是社会组织系统机构的重要组成部分，其运行与社会组织的运转气息相关，离不开社会环境的大场域，大学组织的运行不能生存在真空地带。据此，大学外部治理作为大学组织运行的重要环节，需以制度环境塑造为依托，置身于社会环境之中，寻求与政府、社会之间共享互动的政策保障，建立激励治理相关制度与政策的制定与运行机制，形成治理制度与政策文化，营造大学外部治理的新常态。

二 监督环境：独立监事制度与多元制衡机制的交互融合

孟德斯鸠曾言："一切有权力的人都容易滥用权力，直到有界限的地方为止，所以为了捍卫自由必须对权力进行限制。"[1] 权力的固有特性决定必然有权力限制，若没有权力制衡与权、责、利的匹配就势必会导致权力滥用、权利越位。长期以来，中国高校主要以政府监督为主，其监控机制相对单一，且现有的法律法规并未对政府监督的方式进行明确规定，致使政府对大学的治理监督失衡与越位，泛行政化管理凸显。但随着现代大学制度共治理念的深化，逐渐形成了各利益相关主体共同参与办学的治理模式，继而形成了监督主体的多元化。

---

[1] ［古希腊］亚里士多德：《政治学》，颜一、秦典华译，中国人民大学出版社2003年版，第145—146页。

一方面，大学各利益相关者参与办学，亟待明确大学与社会、企业、市场的治理权力范畴，需要建立独立监事制度。随着大学与社会的联系日益紧密，在人才培养、科学研究等合作办学中也暴露出大学外部治理的缺陷与漏洞，诸如贪污腐败、权力寻租等案件时有发生。事实表明，现代大学治理与依法治校都需要除行政权力之外的社会权力的参与，应形成大学各利益相关者共同参与的多元监督机制。大学不仅需要各利益相关者参与办学，而且需要各利益相关者参与监督；目前，中国高校对外部各利益相关者的重视度还较欠缺，外部利益相关者参与办学还较缺失，大学与社会、企业、市场的联系较脆弱，不能及时接受外部各利益相关者的诉求、建议与监督；进而反映出外部各利益相关者在大学治理中缺乏应有的治理权力，尤其是监督权力。据此，现代大学治理应建立健全独立的监事制度，并纳入大学章程中，确保大学与外部各利益相关者关系的有序规约，明确外部各利益相关者参与大学治理的方式，明确大学与社会、企业、市场等在办学中的权、责、利范畴，确保外部各利益相关者监督大学办学的法律效力，形成具有活力和效力的多元外部治理模式，建立适切高校的独立监事制度。

另一方面，现代大学既体现内部治理的调节与规范，又彰显着外部治理的制衡与规约，需要形成纵向制衡与横向制衡的共治体系与监督机制。在现代大学制度运行的多中心治理时空背景下，大学权力的监督来源于大学内部治理与外部治理的耦合，进而在大学内外部治理结果之间搭建关联平台，构建二者有效互动的平衡点。国内外大学办学的经验证明，大学内外部各利益相关者纵向制约与横向制约机制的建立，不仅有助于外部治理参与学校办学，有助于社会支持办学，及时掌握社会需求，优化大学外部治理结构，而且可以提供决策建议，监督学校发展，制衡学校权力的运行，确保现代大学的共同治理，完善学校外部治理的监督机制，同时，学校应健全多元治理与社会监督机制，实现学校外部各利益相关主体参与办学监督的长效机制。现代大学制度决定了现代大学治理是各利益相关主体的共同治理，每个利益相关者都有参与办学和参与监督的权力。学校应鼓励社会积极参与学校治理，与社会各界保持良好沟通渠道，确保学校领导权力得到社会广泛监督，让除政府部门之外的社会团体、行业企业、学术机构、校友会等社会组织有权参与其中，确保其权力的运行，形成外部各利益相关主体共同参与学校权力运行的监督机制。继而使大学外部治理在共治理念下，接受最广泛的社会监督，为大学外部治理寻找适切路径，使中国特色现代大学制度永葆青春。

三 文化环境：彰显大学外部治理执行力的精神灵魂

伯恩鲍姆（Robert Birnbaum）曾言："大学既要重视硬治理，也要注重软治理。"[1] 组织的高效管理及其运行机制的有效执行，离不开对组织的传统和文化进行挖掘并吸收。大学外部治理是一项体系工程，依赖于各个要素之间的有机互动，其中治理文化是重要的要素之一，起着引领性、先导性作用，规定着大学外部治理的基本理念、价值导向和大学精神，是确保大学外部治理执行力的"灵魂"。

中国在深化教育领域综合改革中着重强调要依法治教、依法治校，完善现代大学制度，健全内外部治理相关法律法规及其制度文件。但是我们倾向于大学治理的制度建设，加强大学治理的建章立制，而忽略了制度背后的文化因子与文化环境，继而导致许多学校大学治理相关制度如出一辙，雷同度较高，特色彰显不明显，缺乏独有的大学精神和大学文化。因此，其制度的执行效果不佳、执行力度不够便不难理解。因此，只有重视治理文化和制度文化环境，才能凸显出代表学校治理的独有特色和气质，才能制定出切合学校自身发展需要的治理章程。大学治理应重视制度建设，更应重视作为治理之根的文化的涵养，大学外部治理应兼顾制度维度和文化维度。同时，大学外部治理的文化认同也是确保治理有效执行的基本保障，治理归根结底是人的行为活动，没有文化认同，大学外部治理则难以彰显其执行力。据此，大学外部治理主体间应建立沟通协调机制，使治理过程与路径达成共识，建立具有高度认可度的规章制度及其运行机制，达到"以文化治"的良好境界，优化大学外部治理的执行路径。

---

[1] [美] 罗伯特·伯恩鲍姆：《高等教育的管理时尚》，毛亚庆译，北京师范大学出版社 2008 年版。

第五节　运行机制：构建大学外部治理结构新型联动机制

随着高等教育管理体制改革的不断深入，在高校管理自主、办学多元和投入多样的趋势下，中国高校正在不断探索适应内部和外部环境发展变化的新型治理结构。《国家中长期教育改革和发展规划纲要（2010—2020年）》提出"探索建立高等学校理事会或董事会，健全社会支持和监督学校发展的长效机制"。目前，中国已有200多所公立大学建立了高校董事会。但是，不同类型高校董事会在角色功能、组织设置、运行机制和作用发挥等方面尚需进一步探索和完善。本书以重庆邮电大学为例，重点剖析重庆邮电大学外部治理结构的各要素及其联动机制。重庆邮电大学作为一所行业特色高校，近年来，立足行业，服务地方，坚持开放办学，发挥特色优势，积极探索现代大学制度建设，以董事会的组建和运行促进学校与信息产业和通信行业紧密结合，推动学校主动适应国家及地方经济社会的发展。在董事会的角色定位、治理结构、职责任务、激励机制等方面进行了积极尝试，努力发挥学校董事会在优化治理结构、密切产学研合作、推进教育体制改革中的重要作用。

一　完善治理结构，建立学校、政府、社会平等合作与共同参与机制

现代大学治理结构作为现代大学制度的核心部分，是对大学内部和外部各利益主体的正式与非正式关系的制度安排。其治理结构与运行模式既体现大学和政府、社会、市场之间的外部交互关系，又体现大学党委与校长、行政权力与学术权力、校与院（系）、学校与师生之间内部关系的调节和规范。大学内部治理结构与外部治理结构之间力求实现各利益主体在责任、权力和利益上的相互制衡与协调，从而推动大学终极理念与目标的实现。据此，科学而适切地厘清大学内部与外部治理结构的关系至关重要。

在美、英和澳等国协调大学内部与外部治理结构关系主要是通过高校董事会，从而实现大学内部权力制衡与外部协商参与的有机结合，形成各具特色的治理结构和运行模式。诸如在大学外部治理结构中坚持"参与""谈判"

和"协商"等治理方式，学校定位、课程设置、人才培养等重要议程由政府、学校和社会共同决定，形成一种合作与相互依赖的伙伴关系；在大学内部治理结构中形成领导机构、执行机构和监督机构的相互制约机制，以协调横向和纵向的各种关系。虽然中国的教育体制与国外相比差异性显著，不可能照搬国外的做法，但是世界各国高等教育发展也有其共性，国外大学治理的一些经验和做法也值得我们参考和借鉴。建立以董事会为中心的大学治理结构是中国完善现代大学制度和改革教育管理体制的有效途径，以董事会为桥梁链接看似相对独立的大学内部治理结构与外部治理结构，形成学校、政府、社会等利益相关者通过董事会参与大学治理的共同治理模式，使大学内部与外部治理结构之间形成相互耦合的良性态势。因此，中国高校董事会，尤其是行业特色高校董事会应建立政府、社会等利益相关者共同参与大学治理的机制体制，主动承担为行业发展服务的重任。现代大学治理是利益相关者的共同治理，每个利益相关者都有参与大学治理的权力。除了政府参与外，社会组织包括行业企业、大学所在地区的工业园区、校友、社团、学术科研机构等社会力量都有权参与其中，进而推动高校共同治理的有效实施，寻求一种利益相关者参与共同决策的机制。

重庆邮电大学在董事会平台的构建中，坚持面向行业，深化与行业企业的合作，积极促进产业联盟的形成，建立学校、政府、社会平等合作与共同参与的机制。通过整合信息通信行业的优质资源，邀请并争取国内外信息通信行业的龙头企业，如中国电信、中国移动、中国联通、中国邮政等邮电运营企业，华为、中兴、大唐、联想、普天、宇龙等电信制造企业，微软、惠普、思科、IBM、甲骨文等大型跨国公司加入学校董事会，以同时也邀请地方知名企业，如长安集团、四联集团、机电控股、力帆、富士康（重庆）加入学校董事会，以促进学校人才培养，科学研究紧跟行业发展，瞄准前沿需求，推动学校创新能力和服务水平快速提升，为信息通信行业发展提供有力的人才保障和智力支撑。同时，重庆邮电大学强化"创新"理念和"协同"思路，着力整合多方资源，广泛争取社会参与，促进政府、企事业单位、学术科研机构与学校之间交流互动、优势互补，优化办学资源。在紧紧依托和面向信息通信行业的同时，还主动邀请政府主管部门、地方政府及高新科技产业园区；邀请中国科学院、中国社会科学院、中国电子科技集团、工信部电信科学研究院等科研院所；邀请中国通信学会、中国无线电学会、中国仪器仪表学会、中国通信企业协会和中国产学研促进协会等学术行业组织；邀请中国建设银行、中国农业银行等金融机构加入学校董事会，形成政府引导、企业支持、各方参与的"政、产、学、研、金、用"多元一体的合作平台。

重庆邮电大学董事会秉承共同治理的现代大学理念，通过学校与政府、社会的平等合作和共同参与来构建适切的治理主体，从而形成与内部治理结构平行运行的外部治理结构。按照学校董事会"促进发展，合作共赢"的原则，积极探索产学研合作和协同创新的运行机制，努力形成"校企联盟""校所合作""校地联合""走进园区""银校合作"等外部治理机制；并通过学校董事会平台，构建适合学校、政府、社会等共赢发展的新型外部治理结构，建立既支持学校建设，又服务行业企业发展、多方合作共赢的长效机制，使董事会成为学校与社会各方协同创新的互动纽带，学校和行业企业共同发展的支撑平台。

二 明确定位，发挥董事会在大学外部治理结构中的作用和功能

"董事会"（board of directors）是来源于经济领域的概念，之后广泛应用于企业、团体和学校等领导管理体系之中。董事会是发达国家高校的基本治理结构，在许多国家尤其是欧美国家教育体制中占有重要地位，已形成一种基本办学模式，如美国大学董事会、法国大学校务委员会、英国大学理事会（Council）或校董会（Board of Governors）分别为大学的决策、审议机构。董事会制度有助于社会、行业和企业参与和支持办学，及时反映社会需求，避免内部利益群体对大学事务的控制；同时它也是一个缓冲器，可以滤掉外部社会及政府对学校事务的非正常干扰，有助于保障学校自治和促进整个教育体系的多样化。伴随中国市场经济发展和高等教育办学体制、投资体制和管理体制改革不断深入，许多高校对董事会设立和参与办学实践开展了积极探索。目前，中国高校董事会类型也较为多样，其中，民办高校以投资决策型为主，公办高校以合作支持型为主。高校董事会的角色定位决定其功能的发挥，尤其在公立高校，董事会在大学治理结构中处于何种地位，如何认识和

处理与党委领导下校长负责制的关系等都是需要在理论和实践中突破的重大课题。长期以来，中国相关教育法规都未对公立高校董事会的法律地位做出明确界定，使得高校董事会的发展面临着角色定位的困境，许多高校董事会的作用未能有效发挥，甚至形同虚设。因此，明确董事会在大学治理结构中的地位是推进教育体制改革、探索董事会或理事会运行机制的基础和关键。

探索建立高等学校董事会制度对于促进高等学校主动适应经济社会发展需要，加强教育与经济、科技紧密结合，深化学校与行业、企业产学合作具有重要意义；对于鼓励行业企业等社会力量参与公办学校办学，扩大办学资源，增强办学活力，提高办学效益具有重要意义；对于推进协同创新，深化人才培养模式改革，增强服务能力，提升办学水平具有重要意义。大力推进协同创新，其本质属性可理解为一种管理创新或体制创新，必将涉及高校现有体制机制改革和治理模式创新，必然产生产业联盟与合作平台等组织形式，而高校董事会的设立，是沟通学校与社会的联系，主动走向社会、适应社会和服务社会建立的有效途径、桥梁，是加强校企联合，推动产学研合作的载体和平台，同时也是推动协同创新，提升服务能力的体制机制保障。因此，积极探索中国特色的高校董事会制度既是深化教育体制改革的迫切要求，也是高校构建现代大学制度的重要任务。

根据《教育规划纲要》精神，有序推进现代高等教育体制机制改革实践作为国家战略的顶层设计，是高校与社会多方协同互动的系统工程，同时也是高校科学发展、内涵发展的必要途径。在高等教育改革发展中，建设中国特色现代大学制度是基础性和关键性课题。按照《教育规划纲要》对现代大学制度构建提出的"依法办学、自主管理、民主监督、社会参与"要求，完善高校治理结构是建立现代大学制度的核心内容和实现形式。高校治理结构在"依法办学"和"民主监督"的条件下，可分为"自主管理"的内部治理结构和"社会参与"的外部治理结构两大系统。建立和完善现代大学制度既需要加强内部治理结构的调整和优化，又需要推动外部治理结构的健全和完善。

重庆邮电大学在构建现代大学制度的探索中，在优化内部治理结构方面，坚持和完善党委领导下的校长负责制，发挥学术权力的重要作用，探索教授治学的有效途径和民主管理的有效方式，不断健全校院两级管理体制和运行机制；同时，在外部治理结构方面，进一步明确高校与政府、与行业企业、与社会和市场之间的关系，积极搭建董事会平台，紧密围绕产学研深度合作，促进协同创新，实现学校与行业企业的密切合作，探索"社会参与"的有效途径，形成"自主管理"与"社会参与"相结合，"内生"与"外发"互动的有效机制，积极开展构建现代大学制度的有益尝试和创新实践。董事会平台的建设，不仅有效促进了适应国家战略性新兴产业发展的创新联盟形成，推进协同创新工作的扎实开展，而且形成了学校与社会资源互通的管道和机制，为社会参与和支持学校改革发展提供了制度保障。

大学的治理结构根据各利益相关者的权利、义务和责任分为内部治理结构和外部治理结构。内部治理结构主要依托党委及其常委会、校长办公会议、学术与学位委员会、教职工代表大会等相关组织，形成教师、行政管理人员、学生等内部利益相关者的决策权力配置模式；外部治理结构主要依托政府、中介组织或社会团体，形成学校与外部利益相关者的决策权配置模式。在美国、英国等国家，董事会是大学唯一最高权力机构，是学校的决策机构，享有学校宏观和重大事项的决策权。在中国，大学内部治理的作用机制是党委领导下的校长负责制，其内部治理结构相对较稳定，董事会属于派生产物，在坚持党政领导权前提下，对相应事务行使校务决策权。实践证明，由于我国高校权力运行的特殊性，高校董事会不能在大学内部治理结构中承担相应角色任务，并未能充分发挥内部治理的功能和作用。然而，大学董事会在协调政府、社会与高校之间的关系和保障高校办学自主权上有着天然的优势，是完善大学外部治理结构的关键。尤其是行业特色高校，与普通公立大学相比更强调大学与行业及社会间的双向互动，在对大学外部治理结构改革中更具有先导性。行业特色大学董事会由行业特色大学与政府部门、行业企业及行业专家共同组成，在学校健康发展中起咨询、支持和桥梁作用，并为行业及地方经济发展提供专业人才、特色技术等多方位服务的组合体与合作共赢体。

重庆邮电大学是一所以信息科学技术为特色和优势的高校，长期以来，与信息通信行业形成了紧密的合作关系，行业特色鲜明。学校坚持走特色办学之路，确立了以"发展国家通信事业为己任，振兴民族信息产业为使命"的办学宗旨和"立足行业、服务地方"的办学定位，主动适应和服务战略性新兴产业的快速发展和高等教育改革发展要求。在工业和信息化部的支持下，经重庆市人民政府同意，组建了第一届重庆邮电大学董事会。重庆邮电大学董事会定位为："支持教育事业发展，促进教育、科技与经济社会发展紧密结合的重要载体；加强产学研合作，支撑学校与董事单位建立长期稳定、全面合作关系的开放平台；对学校发展战略规划、学科专业建设、人才培养模式、办学质量保障、对外合作交流等重大事项进行指导和咨询的议事机构。"重庆邮电大学董事会的定位进一步明确高校与政府、行业企业、社会和市场之间的关系，发挥董事会在学校外部治理结构中的优势作用，是对学校外部治理结构改革的有益尝试和有效创新。学校通过积极搭建董事会平台，紧密围绕产学研深度合作，促进协同创新，实现学校与行业企业的密切合作，不仅有效促进了适应国家战略性新兴产业发展的创新联盟形成，而且形成了学校与社会资源互通的管道和机制，为社会参与和支持学校改革发展提供了制度保障。同时，董事会平台的建设，是在外部治理结构改革中探索"社会参与"的有效途径，形成"自主管理"与"社会参与"相结合，"内生"与"外发"互动的有效机制，积极探索适应学校发展的新型外部治理结构，促进现代大学制度构建的创新实践。

以董事会推动大学外部治理结构改革的尝试正在各高校蓬勃展开，尝试在保持相对稳定的内部治理结构基础上，探寻优化高校与政府、社会三者关系的外部治理结构。董事会作为调节学校与政府关系的缓冲器，搭建学校与社会合作共赢的有效平台，已突破产学研合作的角色定位，逐渐形成完善大学外部治理结构的重要途径。

三 厘清职责功能，构建人才培养、科技创新和社会服务相协调的新型外部治理模式

长期以来，如何发挥行业特色，如何体现高校董事会的本体功能和增强高校办学活力，如何实现大学、政府、社会三者共同的高等教育价值取向等问题一直困扰着董事会功能的充分发挥，禁锢着大学外部治理结构的革新。

诸如，目前我国高校董事会在实际运行中仍存在责、权、利关系的模糊，董事参与积极性不高，董事会内部协调机制缺乏，董事会对沟通学校与社会的桥梁与纽带功能发挥不畅等困境，严重抑制了董事会本体功能与价值的发挥。因此，在董事会职责功能的厘定上，依据大学、政府、市场三者之间的博弈关系，既要通过董事会会议反映董事成员的意见要求以及各主体之间的具体职责，更要通过董事会使学校与外界社会保持合理的关系。特别是行业特色高校董事会，担当着在各方面积极维持与行业的天然联系的职责，担当着拓展对外联系空间、密切产学研合作、服务地方经济和行业发展的职责，形成人才培养、科技创新与社会服务等职责功能相协调发展的态势。

因而，厘清行业特色高校董事会各利益相关主体的职责功能是关键。依据大学、政府、社会三者间的博弈关系，要对大学长远发展负责，推进大学治理结构的改革，不能仅仅把行业特色高校董事会看成是产学研合作的平台和筹集办学资金的主要渠道，而应本着促进发展、合作共赢的原则，作为促进教育、科技与经济社会发展紧密结合的重要载体，不断提高学校人才培养、科技创新、服务社会的能力和水平。同时，规范董事会在人才培养、科技创新、服务社会等方面职责功能的运作机制，建立高效、稳定、有序的董事会管理体制。制定董事会相关法律法规，完善高校董事会章程，健全高校董事会制度保障体系。在美国，形成于300多年前的大学董事会管理体制之所以至今仍发挥重要作用，一个基本的原因是其产生的法律基础至今仍在发生效力。美国大学董事会都是根据特许状或州相关法律的有关规定成立的，其组成以董事会章程或类似条例为依据。中国应充分借鉴国外高校董事会制度建设的先进经验，科学规定高校董事会的职责功能，构建人才培养、科技创新和社会服务相协调的新型管理体制与外部治理模式。重庆邮电大学在此方面做了积极探索与实践，主要表现在三个方面：

一是适应需求、加强合作，通过建设学院、实训基地（实验室）和助学平台等方式积极构建创新人才培养体系。首先，重庆邮电大学在董事单位的支持、指导和直接参与下，建立与行业发展需求相适应的学院和学科专业。学校与全球最大笔记本电脑生产商惠普公司共建"重庆邮电大学惠普软件学院"。为加快培养半导体与集成电路专门人才，为重庆电子信息产业发展服务，学校成立了"重庆国际半导体学院"，由美国高通、日本尔必达、中国台湾茂德等50余家国内外知名企业组成理事会，为学校提供实习实训基地，共建微电子学国家级特色专业。其次，各董事单位积极支持学校培养创新人才，积极搭建企业实习实训基地和共建人才培养实验室。学校与渝德科技（重庆）有限公司、中国惠普有限公司、中国四联仪器仪表集团有限公司、中国移动通信集团重庆有限公司和中兴通讯股份有限公司联合打造5个工程实践教育中心。与华为、中兴、大唐、普天、联想等著名企业合作，建立了"中兴通讯西部培训基地"和"大唐电信—重邮""华为—重邮""上海贝尔—重邮"等近200个人才培养实习实训基地与实验室；最后，建立董事助学平台，激励人才培养创新。各董事单位与学校共同举办各类学生科技创新活动，如思科中国研发有限公司的"思科杯"物联网应用创新设计大赛、中国电信的"天翼视讯"达人集结号活动、华为技术有限公司的"华为杯"模拟招聘大赛等。每年提供华为奖学金、动感地带奖学金、联通奖学金、中天科技奖学金、南都奖学金、中国四联重庆川仪奖学金、宇龙酷派精英学子奖学金等各类奖助学金。

二是组建联盟、合作攻关，通过共建研究中心、实验基地和产业联盟等途径不断完善科技创新体系。重庆邮电大学董事会主动瞄准国家、地方发展战略需求和产业发展需求，积极加强与高等院校、科研院所、大型企业等的合作，建立产学研战略合作联盟和组建协同创新体。一方面，学校通过产业联盟建立了"3G军民两用终端设备动员中心""信息无障碍工程研发中心"和"无线通信技术协同创新中心"；另一方面，依托学校与行业企业紧密结合的传统，学校与中国电信、中国移动、中国联通开展全方位的深入合作，与中国移动在重庆建设物联网研发基地；与惠普、IBM、思科、甲骨文等国际IT龙头企业合作，共建"思科公司绿色科技联合研发中心""甲骨文数据库技术联合实验室""迈普联合实验室"，并创建联合研发中心或培训中心。学校还依托董事资源，发起和加入"中国汽车电子基础软件自主研发与产业化联盟""重庆集成电路产业联盟""重庆市医疗器械产业技术创新战略联盟"等战略新兴产业联盟。同时，学校现已成为"国家高新技术产业化示范工程基地""重庆市科技成果转化示范中心""全国信息科技创新先进集体"，连续五年获得 7 项国家科技奖励。

  三是主动推进、服务地方，不断提升社会服务能力和构建社会服务体系。重庆邮电大学以董事会为平台，不断提升社会服务能力，主动服务行业企业，走进各地县，深入重点产业园区，服务城乡统筹；积极为重庆市教委、经信委、两江新区管委会等董事成员单位提供政策建议，直接参与相关政策制定。同时，为更好地支持地方园区建设，将学校重邮信科、重邮东电等公司迁入两江新区，并设立研究生创新教育基地，与园区内的四联、中智联、禾兴江源等企业联合组建研发中心；主动走进西永微电子工业园，发挥重庆邮电大学微电子专业优势和软件人才培养的优势，与茂德集团开展人才培养合作，与惠普共建学院，为重庆市集成电路及半导体产业的发展提供人才支持，提升产业支撑能力；与中国科学院沈阳自动化所、四联集团联合建立了"中科院—重庆工业通信技术成果转化中心"，促进科研成果转化和产业化；与重庆市南岸区政府、中国移动重庆公司签订三方共建"物联网研究中心"的合作协议，共同打造"国家物联网产业示范基地"。另外，学校在南岸茶园工业园区与国虹数码、东矽多模等企业合作，开展移动通信终端产品的研发，配合重庆市引进工信部电信研究院在茶园工业园区设立西部分院和通信产品检测中心，打造千亿级的移动通信产业基地；不断深化与綦江县和璧山县的校地合作，参与制订了《重庆市璧山县微电子产业发展规划》，与綦江等县签订培养 1900 余名干部和技术人员的协议；与垫江县签订战略合作框架协议，结成战略合作伙伴，在成人教育和制定《垫江县电子政务信息建设方案》等方面开展合作；与涪陵区签订战略合作协议，推进涪陵区工业化与信息化进程；与南岸区签订了战略合作协议，积极打造数字南岸。

四　健全激励监管机制，形成外部治理相对独立与权责相对统一的保障机制

  健全行业特色高校董事会激励机制与监管机制，保障董事会在外部治理结构中的相对独立性和权责的相对统一性，是学校、政府、社会等外部关系得以优化运行的关键。目前，中国行业特色高校董事会在权力分配方面普遍较模糊和虚化。在内部治理结构中，因党委领导下的校长负责制，董事会没

有任命校长、决定教授去留、学科专业设置和确定学校发展规划等内部治理的决策权,因而无法在大学内部实行权力分配和运行权利;在外部治理结构中,董事会因组织结构的相对松散,大学与政府等董事单位存在一定隶属关系,同时大学过多要求行业企业等董事单位筹措资金等导致董事会各利益主体间的权责不对等。因此,保障董事会在外部治理结构中的相对独立性,形成党委领导下的校长负责制为核心的内部治理结构与董事会平台下的外部治理结构平行运行的治理模式,确保董事会权责的相对统一,才能真正发挥行业特色高校董事会的本体功能,确保学校运行不偏离办学方向。

大学董事会应坚持不参与学校内部治理的原则,保持外部治理的相对独立性,确保与党委领导下校长负责制平行发展。学校董事会聘请党政领导、国内外知名专家担任名誉主席,由董事大会选举主席和副主席,均由校外人员承担。董事会主要负责:一是对学校办学目标、战略选择、发展规划和人才培养、科学研究、学科专业建设、合作交流等重大事项进行咨询和指导;二是促进学校与合作单位在科技创新与技术服务、项目研发与成果转化、人才培养与培训交流、科研基地与平台建设等方面的合作不断深化并取得实效;三是协助学校对外筹集资金并接受捐赠,对相关受捐款项及物资的使用进行监督等。学校董事会着重在外部治理结构中充分发挥权力,不负责处理学校党委与校长、行政权力与学术权力、校与院(系)两级管理、学校与师生等内部关系,对明确学校董事会的权力分配和权力落实有着重要意义,也是对我国行业特色高校外部治理结构改革的有效尝试。

同时,应通过拟定《大学董事会章程》(以下简称《章程》),明确学校董事会的权利和义务,实现董事会权责的相对统一。其一,学校通过章程规定董事会权利与义务的主体、内容和实施形式,建立起权利保障机制和责任约束机制,提高了董事会持续回应学校发展与社会需求的能力和动力;其二,章程规定对董事单位及董事坚持物质激励与精神激励相结合,既建立互利合作的多边共赢模式,提高人才培养、选拔以及科研合作等方面的优先权,又增加满足其地位和受人尊重及自我实现的需求;其三,学校董事会成员实行选举制和推荐制,并在董事会内部引入竞争机制,并对成员准入与退出、职位设置与获取、职权分配与使用等方面都进行制度化规定,其权利的行使与义务的履行都必须通过董事大会讨论，以章程的形式加以规范。

总之，在构建现代大学治理结构的过程中，与大学内部关系相比，政府、社会等外部力量显得尤为重要，而且随着中国现代大学制度的不断完善，对外部治理结构的改革和创新日趋迫切。尤其是行业特色高校，应充分发挥行业特色优势和行业发展平台，尝试建构适应行业特色高校的外部治理结构是学校改革发展的关键。因此，行业特色高校应通过董事会平台，从角色定位、治理结构、职责功能、激励和监管机制等层面保障外部治理各利益主体的多边共赢，形成外部治理结构与内部治理结构的平行运行模式，确保大学外部治理结构的相对独立性，才能真正实现大学的多元治理与自主发展。

第五章　大学外部治理的运行机制与路径选择

"国家治理体系现代化是指逐步摆脱单一的政府一元管理模式，转而赋予社会更多的自治空间与自治权力，进而实现以法治为保障、以共治为路径、最终实现善的治理（善治）。"[1] 大学治理可以分为内部治理和外部治理，大学外部治理是社会治理体系中的重要组成部分和关键环节。在国家治理现代化背景中的大学外部治理具有重要的战略意义和丰富的内涵意蕴。大学外部治理承载着社会多元共治的价值诉求，其中，法治诉求是保障、民主诉求是基础，正义诉求是目标。为此，基于社会治理的复杂性特征和大学"善治"的愿景，要实现和谐共生的大学外部治理结构和正义高效的治理机制，中国教育治理的路径和目标是：以转变政府职能为突破口，以构建政府、学校、社会新型关系为核心内容，旨在形成政府宏观管理、学校自主办学、社会广泛参与的格局，更好地调动中央政府和地方政府的积极性，更好地激发每个学校的活力，更好地发挥全社会的作用。[2] 重点把握"依法治教""社会协同"和"内生外促"等实践机制，以促进大学治理体系和治理能力的现代化。

---

[1] 徐亚文：《共治理念与国家治理体系现代化》，《湖北日报》2014年3月1日第1版。
[2] 袁贵仁：《深化教育领域综合改革，加快推进教育治理体系和治理能力现代化——在2014年全国教育工作会议上的讲话》，2014年1月15日，中华人民共和国教育部，www.moe.gov.cn/jyb-xwfblmoe_176/201402/t20140212_163736.html. 2014年2月12日第15版。

第一节　大学外部治理结构运行机制的框架搭建

党的十八届三中全会提出全面深化改革的总目标是"完善和发展中国特色社会主义制度，推进国家治理体系和治理能力现代化"，"创新社会治理"，"坚持系统治理"。这既是对新中国成立以来治理国家经验的历史总结，又是对当前治国理政实践的理论升华，也是对马克思主义国家理论的创新。大学治理体系是国家治理体系的重要组成部分，大学治理现代化是国家治理体系和治理能力现代化的重要内容。大学外部治理行为需要大学外部多元主体彼此支持、共同参与、协同治理。优化大学外部治理结构，健全和完善大学外部治理机制，回应大学利益相关主体多元价值诉求，是促进大学外部治理的关键，也是深化高等教育领域综合改革的重点。

一　大学外部治理的精神要义和善治愿景

随着社会转型发展，现代大学治理这个复杂而又精巧系统的设计、构建、运行及功能实现，需要解决越来越复杂的系统性问题。大学治理的空间范围、治理的时间尺度、治理的效果评估均需要科学思考、顶层设计和制度分析，逐渐明确合理的大学外部治理方案和目标。系列的改革任务均需要积极回应当前大学治理各方的价值诉求，促进大学外部治理从管制到善治的转变，实现我国高等教育大国迈向高等教育强国的战略目标。

对于大学而言，"治理的最终目标是实现善治，是中国推进高等教育体系和治理能力现代化的理想追求"。大学治理是内部治理和外部治理的相互促进和彼此适应。近年来，教育内部治理的组织机构与体制机制已备受关注，并不断改革完善，而外部治理体系尚不健全，研究还不充分，以政府单一行政管理为特征的大学外部治理模式已不能适应高等教育治理体系和治理能力现代化的发展要求，亟待重视和构建具有中国特色的教育外部治理体系和结构，形成大学、政府、评估机构、社会组织等新型外部关系和协同创新机制。

治理核心在于主体的多元性和互动性。从理论逻辑上讲，大学有效治理应有能力吸纳各种利益相关者资源,如果说管理集中于政府的单向性和行政性,治理则侧重于整个社会系统的多元性和互动性。它是政府与多种形式社会组织有机配合而形成的治理合力。大学治理结构研究不仅包括内部治理结构的研究,还应该指向外部治理结构的研究。近年来,我国许多高校进行了以大学章程、高校董事会、理事会等为主要内容的治理改革,尤其是教育部和各省级行政部门分批组织编制和审批"大学章程",梳理以章程为核心的现代大学制度,完善大学治理,这种改革举措的实质是明确和落实大学主体责任,合理划分大学内部权力关系,形成"党委领导、校长负责、教授治学、民主监督"的内部治理结构和内部管理体制,以期实现大学依法治校、科学发展。在高校内部赋权增能,可以完善内部治理体系和能力,积极发挥高校办学改革和质量优化的主动性。马克思主义认为,事物发展是内因和外因共同作用的结果,其中,内因是事物变化发展的根本原因。大学内部改革,是现代大学治理的重要组成部分,也是教育体制改革中最核心、最具内生动力的改革。

　　大学是知识型公共组织,其外部"善治"目标主要体现在两个方面:一方面是追求办学正义,体现大学师生参与大学管理和获得学术发展的民主和公平;另一方面是大学以大学人才培养、科学研究、社会服务、文化传承等功能发挥的效率达成[①]。前者是体现大学外部治理的道义性诉求,后者是体现大学治理的智慧诉求,因而,大学外部治理是正义与效率的统一,也是道义与智慧的统一。大学外部治理的重点和关键是明确和调整大学与政治国家、公民社会之间的主体关系。"善治"理念下的大学外部治理措施是变政府直接管理为间接督导,引导大学建立内外部质量保证体系,鼓励政府简政放权,监督到位,鼓励社会组织、行业企业多方民主参与、多元监督的手段参与大学外部治理。基于"善治"目标的大学外部治理应当具有"合法性、透明性、责任性、公正性、法治性、回应性与包容性"等特征[②]。纵观西方大学演进的

[①] 吴叶林、尹建锋:《善治语境下大学治理的价值诉求与实践路径探讨》,《教育文化论坛》2015年第2期。

[②] 石国亮:《从善政走向善治:政府何为》,《国家行政学院学报》2012年第2期。

历史，大致经历了古典自治行会、科层模式以及法人模式、董事会、理事会模式等。尽管不同模式在治理过程中的侧重不同，有的强调质量与效率优先，有的则将公平自由作为第一要务，有的强调自主自治，也有的强调密切与社会互动，适应经济社会发展。还有的则在自治、适应、超越等价值钟摆中游离取舍。近十余年，我国正由高等教育大国向高等教育强国迈进，高等教育不断做大做强，取得了显著成绩，教育现代化程度也不断提升，但与之适应的大学管理制度和大学治理能力尚存在一些问题与不足，并日益引起社会各界的关注。在推进国家治理体系和治理能力现代化的宏观背景下，推动大学治理现代化已成为当前高等教育的重大任务。

以"善治"为价值目标的大学外部治理结构的本质特征是"共同治理、依法治理、民主治理"，以共同治理代替传统单一主体管理，以治理立法及制度化和章程建设推进高等教育领域的全面依法治教，以教师、学生和职工共同民主参与代替行政取向集权管理。追求大学外部治理的"善治"愿景，必然要克服传统治理方式中倚重行政化、简单化和庸俗化的思维模式，"刺激—反应"式和"问题导向"式产生的必然是一个个碎片化的制度，带来的是"头痛医头，脚痛医脚"的短板效应。大学外部治理改革必然需要体现教育警示的作用，体现大学治理各方深层的使命动机和责任担当，从治理体系和治理能力的角度进行综合考虑、系统设计，既体现国家法治精神，又彰显大学自治诉求，在国家治理现代化背景下，在复杂性社会治理系统中，推进大学外部治理的法治化与促进大学自主自治能力提升建设的交叉呼应以引导大学走向良序善治。

二 大学外部治理的复杂机制与理论基础

"治理"一词在中西方长期存在。对于人类社会而言，无论处在历史发展的哪一个阶段，都要选择合适的治理理念和方式。西方的"治理"（governance）最早源于古典拉丁文和古希腊语中的"掌舵"一词，原意是控制、引导和操纵的行动或方式。[①] 这一含义基本等同于"统治"。当代大学治理已经

[①] 吴志成：《西方治理理论述评》，《教学与研究》2004年第6期，第60页。

进入到一个复杂的社会治理系统。"治理"从最初描述政府行政过程与方式，即"政府通过配置和运用公共权力对社会进行统治、协调和控制"，逐渐演变为指向公私部门互动或表达对某种权威主义不信任，治理代表着多种可选择的策略。治理是新的治国理政理念和方式，就高等学校的组织特性而言，治理与传统管理的区别在于以下几点。第一，传统管理的权力结构是以统一领导为基础的纵向型结构，更强调科层之间的命令与服从；而治理的权力结构则是以平等协商为基础的横向型结构，更强调不同意见的多元并存。第二，传统管理的管理主体是一元化的，政令畅通，一体遵行；而治理主体则是多元化的，主体间责任界限相对模糊，通过商谈机制和公共决策机制达到一致。第三，传统管理以支配为目的，更具确定性；而治理则以协调为目的，更具包容性、依存性和互动性。第四，传统管理强调通过正式的制度作为管理依据；而治理除了正式的制度外，更强调非正式的制度和主体间的持续的相互作用。高等学校组织的功能特殊性表明，由于价值取向的不同，传统的行政管理体制不利于高等学校应有功能的发挥，而治理就其要义而言显然更易与学校组织相契合。为此，高等学校的改革发展应当通过治理改革，建立以治理为基本理念和基本运行方式的新型组织运行机制。

1. 大学外部治理的复杂结构与机制可能

治理理论的价值取向发展为一种"统治方式的变革"，用以解读政府、社会组织和公民关系及国际关系原则。复杂性的社会治理具有复杂的网络结构，一方面要建立自组织的人际网络；另一方面是要经谈判达成的组织间协调等活动形成的合作网络。复杂性社会思维很难以单一价值诉求实现治理理想。纵观人类发展史，治理结构的运行不是静止不变的制度安排，而是随着时代和环境的改变处于动态的变迁之中，治理不是固化的结构，而是共同追求的动态过程。西方资产阶级在推翻封建统治的过程中，提出了自由与平等、民主与法制的进步理念，产生了以自由主义为核心的主流意识形态，探索了适合资本主义国家发展的道路，形成了以美国为首的发达资本主义国家治理模式。随着时代的发展，为了解决现实中新产生的问题，西方学者在现代化的背景下，在政治、经济、社会发展等领域广泛研究治理理论，他们从各自学科的角度出发研究"治理"并赋予"治理"新兴含义。概括而言，西方"治理"理论核心要义体现"强调政府放权和向社会授权,实现多主体、多中心治理等主张,并且主张社会自我治理以及社会组织与政府的平等共治"。西方治理模式具有一定的进步意义和借鉴价值,各个国家在选择治理体系与该国治理传统。习近平总书记在在省部级主要领导干部学习贯彻十八届三中全会精神全面深化改革专题研讨班上的讲话时强调"一个国家选择什么样的治理体系,是由这个国家的历史传承、文化传统、经济社会发展水平决定的,是由这个国家的人民决定的。我国今天的国家治理体系,是在我国历史传承、文化传统、经济社会发展的基础上长期发展、渐进改进、内生性演化的结果。"[1] 治理理念及善治目标的提出与大学治理能力现代化的要求具有天然的一致性,大学善治的提出缘起于社会善治和国家善治。

大学治理按照治理对象和范围可以大致分为大学内部治理和外部治理。大学内部治理主要以党委领导下校长负责制为前提,制订大学章程为核心,推进校内职能部门、学术单位等各主体责权利的划分,包括大学体系内部校、院、系三级管理的设计,也包括校内政治、行政、学术、民主权力的关系和相关职能的优化和发挥。大学外部治理则主要体现大学外部以政府、社会及代表社会的相关组织等相关利益代表的共同治理,关键是理顺政府、大学和社会三者的关系,包括维持大学与外部环境的关系及大学组织自身有效运转的一系列治理关系及彼此主体责任、权力利益表达及其实现形式。大学内部治理与外部治理相辅相成,其中,外部治理是内部治理的保障和支撑,关键和核心是厘清政府、大学和社会三者的关系。为实现大学的价值目标和理想,大学外部治理通过优化各个外部相关利益者群体的相互关系,配置各方主体权力和责任,优化互动运行机制来达到各个相互关系的平衡和发展,加强顶层设计和底层保障,推进大学外部治理能力现代化,规范和约束大学外部治理各方行为,从而保障大学组织的有效运行。在共同的大学愿景中构建出大学各利益相关者的关系框架和权力结构,使各主体的基本价值诉求与大学总体目标相容。

学者已着力加强对大学治理结构的研究,主要表现为两个方向:其一,

---

[1] 习近平:《习近平谈治国理政》(第一卷),外文出版社2018年版,第105页。

一些学者希望通过对发达国家大学治理结构实践的描述与分析,以对中国大学治理结构的调整与改革起到借鉴作用[①]。但是,正如英国学者阿什比(Eric Ashby)所说,"任何类型的大学都是遗传和环境的产物",大学治理结构的形成总是与特定的历史环境相关联,他国大学的治理结构是否适合中国现有制度环境下的大学实际值得进一步的研究。其二,一些学者基于中国大学治理结构构建与调整的实践,对如何平衡大学与政府和社会的关系、如何平衡大学内部各种权力的关系等提出了合理优化的建议[②]。但是,这些研究多停留在对大学治理实践层面的探讨上,对其背后的实质问题尚需更为深入的梳理。

大学治理的实质是"大学内外利益相关者参与大学重大事务决策的结构和过程"[③],是各种决策权力在各个主体(利益相关者)之间的配置与行使,包括权力分配结构和权力行使过程两个互相匹配的方面。而大学治理结构形式上体现为一种对大学进行管理和控制的体系,其实质是大学决策权力的制度安排问题,既表现为大学内部权力的分配、协调与行使的制度,也表现为大学与外部环境,如政府和社会等其他利益相关群体相互作用的规则。大学治理结构的具体形式和作用机制取决于大学各种事务的决策权力在不同主体间的配置情况,但这种权力的来源绝不是独立存在于大学内部,绝不是大学的自我赋予,而是来源于各个大学所在国家不同历史时期高等教育制度的整体环境,包括各种正式化制度(如法律法规、大学章程、资金分配体系等)和非正式化制度(如高等教育教育传统和大学文化等)。

现代大学治理不仅仅是学校以学术自由为唯一目标、完全自主自由的自我管理,也不是政府单向度的、以行政化为唯一取向的官本位管理,更不是一味强调适应社会,成为经济的附庸。大学外部治理体系和治理结构的发展必然是一种历时性的发展模式,必然是政府、市场与社会在一定的历史文化背景下的相互协调。在坚持大学办学方针的基础上,我国大学外部治理应当

---

① 焦笑南:《美国、英国、澳大利亚的大学治理及对我们的启示》,《西安电子科技大学学报》(社会科学版)2006 年第 7 期,第 51—53 页。
② 席酉民等:《我国大学治理面临的问题及改善思路》,《西安交通大学学报》(社会科学版)2005 年第 3 期,第 78—83 页。
③ Gayle, Dennis John, *Tewarie, Bhecndradatt. Governance in the Twenty - First - Century University: Approaches to Effective Leadership and Strategic Management*. ERIC Digest. ED4825601.

坚持社会主义核心价值为导向，充分发挥政府机构和社会组织各自所长，优势互补，采用"综合""系统"的方式推进大学外部治理。

2. 大学外部治理结构运行机制的理论基础与政策依据

（1）理论基础

大学外部治理的理论基础既可以按照不同目的进行划分，也可以按照利益格局权力分配方式进行划分，目前学界主要包括：一是利益相关者理论。弗里曼（1984）在《战略管理：利益相关者管理的分析方法》中明确提出利益相关者理论。大学是一种利益相关者组织，对"互联网+"背景下大学的组织治理来讲，主要涉及政府、大学教师、学生、大学管理者、互联网公司等，而学生是"互联网+"背景下大学组织治理的根本目标所在。因此，要把握不同群体的利益诉求存在差异，明确"互联网+"背景下大学组织治理的核心所在，形成协调各个利益相关者的组织治理体系。二是委托代理理论。委托代理理论于20世纪30年代由美国经济学家伯利和米恩斯提出，倡导所有权和经营权分离，企业所有者保留剩余索取权，而将经营权让渡。此理论认为世界——不管是经济领域还是社会领域——都普遍存在委托代理关系，而且把一切社会生活和政治生活理解为一系列委托人和代理人之间的契约关系。三是场域理论。场域理论是分析大学组织治理中权力要素及其关系的又一重要理论。"场域理论"（field Theory）是法国社会学家皮埃尔·布迪厄（Pierre Bourdieu）社会理论构架中的核心概念。布迪厄看来，社会科学研究中的概念，其真正含义来自于各种关系。关系是场域理论的基本假设。"互联网+"背景下大学组织治理涉及众多的相关利益主体，充斥多元利益关系，这为将场域理论引入大学治理问题的研究提供了可行性。基于布迪厄的分析框架，"互联网+"背景下大学组织治理场域涉及的资本类型可分为互联网文化资本、经济资本、社会资本和象征性资本，它们基于各自的行为逻辑，即知识、金钱、权力与影响力的关系，构成多元化的互联网关系网络，围绕着自治、控制、效率、公平、协调、共享等关系形成既相互作用又相互斗争的竞技场域。值得借鉴的是，管理领域的"公司外部治理"通过公司外部的因素和手段，如利用竞争、并购、资本市场、利益相关者等对公司进行控制，解决公司的治理问题。高校治理的说法是从公司治理领域移植或延伸而来的，因此，我们把高校外部治理概括为高校外部利益相关者参与高校重大事务决策的结构和过程，也即高校各外部治理实体关于权力配置和行使的制度安排。在政府主导型治理模式中，我国现行的外部治理主体主要由政府、学生家长、校友、银行以及其他企事业单位构成。

从理论逻辑看，大学外部治理应沿袭改革的逻辑："治理结构——权力分配——利益估值——权力来源——制度安排。"历经30年教育体制改革的高等学校，近两年开始出现某种变化，这些变化虽然还未完全确定，但已涉及改革的价值取向、动力机制、改革手段和改革路径等方面，从而给改革提出了问题。了解高等学校改革的实际变化及其影响，把握高等学校改革的未来发展方向是有意义的，因为当前高等学校所面临的许多问题，都可以从中找到原因。

(2) 政策依据

近几年，高等教育政策演进中出现的若干值得关注的新动向，表明高等学校改革正在发生某种变化，改革有可能步入一个新的发展阶段。一是2014年国家教育体制改革领导小组办公室正式批准了《清华大学综合改革方案》和《北京大学综合改革方案》，这意味着在中国已经持续了30年之久的高等学校体制改革在动力机制方面可能会出现新趋势。这次由最高决策层批准的两所大学的综合改革与以往的改革有着极大的不同，改革方案最初由学校自己设计和提出，经过决策层批准后由两所大学自己组织实施，因此与先前的自上而下的改革不同，这是一种自下而上的改革。二是2014年最高决策层提出了治理改革的社会发展新思路。按照全球治理委员会1995年对治理所作的界定，治理是或公或私的个人和机构经营管理相同事务的诸多方式的总和，它是使相互冲突或不同的利益得以调和并且采取联合行动的持续的过程。[1] 高等学校的治理可以理解为学校内外不同利益相关者参与学校重大事务决策的结构和过程，是决策权力在利益相关者之间的配置与行使。治理的重要性在于它不是一般意义上的管理，因此推进治理改革的进程有可能冲击当前高等学校的管理理念、管理体制、管理方式及管理能力等。三是2014年教育部出

---

[1] 俞可平：《治理与善治》，社会科学文献出版社2000年版，第270—271页。

台的《高等学校学术委员会规程》(以下简称《规程》),依据2010年《教育规划纲要》提出的"尊重学术自由,营造宽松的学术环境"的要求,明确规定了高等学校的学术自由,这表明学术自由开始获得法律的认可和保障。尊重学术自由就是尊重高等学校的使命和价值,因为没有学术自由,高等学校就不能实现其功能,也很难为推动社会发展作出应有的贡献。就此而言,以法律的形式确立高等学校的学术自由是一种进步,值得期待。但学术自由不应仅限于教育教学领域,不应止于所谓的行为规范,学术自由应成为贯穿高等学校各个方面的一种精神。高等学校应是知识创新的场所,是社会进步的基石,如无学术自由作为大学文化的基石,就会窒息其对知识的探求,甚至给人类发展带来深远的负面影响。四是《规程》以法律的形式把学术权力作为高等学校的自主办学权力确定下来,规定了这项权力的行使主体、内容、行使的程序等,这意味着在高等学校,除了法律所规定的党委、校长以及具有参与、监督权利的教代会、学代会等权力主体之外,又确立了一项新的权力即学术权力及其行使主体学术委员会,其意义在于为高等学校的学术权力提供明确的法律依据。高等学校在改革过程中虽已获得了一定的办学权力,但主要是学校的经营管理权,而高等学校自主办学中的一项重要权力——学术权力由于缺乏明确的法律依据,则还存有相当多的问题。因此,《规程》的施行会在高等学校学术自主和自治方面出现某种新迹象。五是根据《教育规划纲要》的部署,从2012年开始,教育部启动了高等学校的章程制定工作。高等学校章程是高等学校制定的有关学校内部管理的总括性文件,是高等学校行使"准行政立法权"的产物。现代大学管理之所以需要章程,是由学校组织的特殊性所决定的。高等学校管理是高等学校办学自主权的重要组成部分,涉及政府与学校、管理者与被管理者、组织与个体的关系,涵盖组织的地位与职责、个体的权利与义务、纠纷的调处与解决等方面。而高等学校章程作为国家高等教育立法体系以外的、与高等学校内部管理密切相关的制度规则,涉及高等学校权力配置、发展目标、师生权利义务实现、社会资助与回馈等一系列高等学校办学的重大问题。因此高等学校章程之于现代高等学校管理而言,其价值不言而喻。

三 大学外部治理结构的基本价值诉求

高等学校外部治理应当实现两个基本目标，一是使高等学校真正成为独立自主的办学实体，二是坚守高等学校为不特定的多数人服务的公益性质。坚持这两个改革的目标，在改革设计上既不应使高等学校倒退回国家垄断的老路，也不应改变高等学校办学的公益性质。公立学校因其活动目的和服务对象的特殊性而应成为一类非政府、非企业的社会组织，并以此为依据对公立学校的权利和义务做出必要的规定，使公立学校能有效地避免行政化倾向，同时又能体现这类组织机构所特有的公共性质。

在国家治理体系和治理能力现代化建设进程中，大学治理，尤其是大学外部治理有着应然的价值取向和价值诉求，在实践进程中体现国家治理现代化的总体要求。大学"善治"目标的提出就是为了更好地提高大学办学效率，依法保障办学发展，推进民主治理，实现教育公平正义，大学外部治理的价值诉求既体现大学对国家和社会利益责任担当的正义性诉求，又有依法治教、依章办事保障大学自治、学术自由的法治性诉求，还有对当前大学治理多元参与的民主性诉求。

1. 法治诉求：大学外部治理的根本保障

推进国家治理体系和能力现代化必须要建设法治中国。"法治是善治的基本要求和保障，没有建立在法之上的社会程序，就没有善治。"[①] 大学治理以法律为基准，需要健全的法制体系，需要治理主体对法律充分尊重和尽力维护。

大学外部治理的法治诉求的实质是以法治代替人治，将现代"契约"精神视为现代大学治理的核心理念。具体表现在大学外部治理的方方面面，需要依法管理、依法办学、依法监督、依法评估、依法保障，将一系列大学外部治理活动纳入法制框架和体系之中。直接目标是"规范大学利益相关者的行为，有效管理大学事务，保证大学办学秩序"，从根本来看，是保障大学外部治理过程中利益相关者的合法权益，保障大学自由、平等，实现各相关主

---

① 刘奕君：《基于"良法善治"视野下的公民网络参政研究》，《法学教育》2011 年第 11 期。

体参与大学治理的合法地位。以德国洪堡大学精神为例，"为科学而生活，强调大学自治"一度成为德国大学主导性的价值追求。坚持法治框架下的治理，就是要反对不当的行政干预，引入社会监督。当然，大学自治也有其必然的限度，那就是在法治框架下的自治，在禁区之外，充分保障和尊重学术自由和学术自治。"制度的规约和法治的推进"是保护更大主体范围、更多更真实的自由的保障。从大学外部治理角度看办学自由，需要政府、大学和社会形成共同的治理规范和治理程序，而规范和程序的确立，必然需要立法、依法和执法的共同保障。

政府需要在大学治理中依法行政，划定权力边界，逐步推进权力清单制度；有资质的专业社会组织也可在法治基础上依法对大学进行质量监督和社会问责；大学自身也要基于法治角度，定期公布本校质量报告和相应情况。2015年12月26日，全国人大通过《高等教育法》修订案，将其中第44条修订为"高等学校应当建立本校办学水平、教育质量的评价制度，及时公开相关信息，接受社会监督"，这里明确规定了高等学校在外部治理中的法律责任和法律义务。同时，该条款还规定"教育行政部门负责组织专家或委托第三方专业机构对高校办学水平、效益和教育质量进行评估。评估结果应当向社会公开"。将政府和社会组织的合法监督权也体现出来。无论是政府、高校，还是社会，任何一方均有着对"大学质量"负责的法律义务。

大学外部治理的多方主体的法治诉求是建立和完善大学外部治理结构的根本保障，在合法性基础上的自治和自由已经成为所有法治国家的共同追求。在合法性制度框架下，重视制度和章程建设、对法制的敬畏、对治理程序和过程透明公开，促进阳光治理。保障大学办学中合理处置自由与责任，权利与义务二者的平衡，在追求理性自主、学术自由的同时，积极承担责任和履行义务。

2. 民主诉求：大学外部治理的应然基础

借鉴教育民主的概念，一般的民主价值包含三个方面的诉求，一是机会均等，体现公平；二是关系民主，互相尊重；三是选择多样，模式多元。在大学外部治理中的民主诉求可以一一对应的表现在以下各方面：机会均等主要表现在资源投入和分配上的均等，体现公平主要表现在资源配置上更加倾向于欠发达或待振兴的高校。关系民主表现在大学治理非唯一行政治理,应当是政府、社会组织、行业企业之间在平等的地位上协商,在理顺大学外部治理关系基础上,围绕大学建设发展目标互相尊重。大学外部治理并非唯一模式,可以有更多的治理模式和实践路径提供选择。"善治只有在民主政治的条件下才能真正实现,没有民主,善治便不可能存在。"多元参与,共同治理是大学外部治理的民主内涵在大学治理上的具体运用。

大学外部治理的民主诉求既体现在制度设计上,也体现在多方主体民主协商参与治理的具体方式方法上,还体现在民主管理的细节上。有学者指出,讨论教育管理民主化,不可局限于政治学视角,应重视公共管理视角,学校与政府关系的合理划定是讨论教育民主管理不容忽视的现实问题。同时民主的大学治理也是治理效果和治理合法性的基础,只有达成共识与共同承认的治理模式,大学治理的行为才具有合法性可能,否则,共同治理的观念只能是一种空想。治理合法性越高,接受程度越高,大学善治的可能性越大,实现程度越高。

大学外部治理的民主诉求还包括对多种诉求的包容。政治权力、行政权力和学术权力彼此之间在大学治理中都发挥着不可缺少的作用和重要意义。政治权力的诉求是方向上的保障,行政权力的诉求是效率上的保障,学术权力的诉求则是体现大学精神上的保障。但是,从现阶段来看,由于行政权力的强势,大学外部治理应当更多关心学术权力的彰显。"学术管理是先发性的,行政管理是后发性的,行政管理应当是为学术管理服务的。"大学治理的民主诉求,一是要在依法行政的基础上,树立"管理就是服务"的理念,降低管理重心、扩大基层学术组织的自主性。二是要尊重和提升师生民主参与,依法治理的权力,切实保障师生在大学治理中的主体地位,畅通民主治理渠道,保护和发挥师生参与学校治理的积极性。三是要发挥社会相关组织和利益群体的监督职能,从行政问责转向社会问责,培育专业评估机构从外部监督、履职考察的角度使大学的外部治理更趋合理。

3. 正义诉求:大学外部治理的目标旨归

古希腊的思想家把正义视为美德,亚里士多德把"守法"作为普遍的正义,正义与守法、民主彼此有着逻辑上的联系,正义既是法治的基础,又是民主的内涵，正义诉求在大学外部治理中有着根本的方向性意义。

在西方，"得其应得"的分配正义是政治改革中正义的最初含义，着眼于社会资源的分配，"各得其所应得"。中国高等教育在大学资源投入上一直也比较强调"分配正义"，目的是使大学之间均能平等地享有财政资源和其他社会资源。中国高等教育资源配置方式一直实行"分层分类"管理，高等教育的投入一方面是按照人才培养规模进行生均拨款性质投入，以体现公平。另一方面是按照项目进行奖励性投入，以体现效率，如"985""211""西部振兴计划"等投入，以及特色优势学科，适应地方经济社会发展的重点专业，人才支撑计划、人才培养计划，创新性实验计划等项目。政府在分配正义的视角下，必然要考量政府投入机制、资金的绩效评估等因素，确保国家和地方财政投入的公平、合理、有效，体现分配正义。与分配正义不同，承认正义指向人与人的社会—心理关系，使人与人在社会—心理关系中得到平等尊重。大学外部治理的正义诉求还包括大学在整个社会体系中的位置和地位。尊重学术、尊重大学、去行政化，为大学提供更好的社会舆论环境，也是大学治理的应有之义。格维尔茨（Gewirtz）指出，"社会的公平、正义应该是关心每个人在社会中应该如何被我们以认为是好的方式来对待，要解决这个问题，就需要从分配的角度和关系的角度结合起来去理解"[1]。说到底，理顺政府与大学的关系，就是要杜绝大学成为行政化"附庸"和"随从"的可能；理顺大学与社会的关系，就是要杜绝大学成为市场化的奴隶和功利化的载体。

大学外部治理的价值诉求对大学自身发展具有较强的导向作用，引导大学适应或引领社会发展，大学在适应人才培养规律的同时，也要符合社会发展规律，服务经济社会发展，积极承担和履行社会责任。大学外部治理的正义诉求一方面要保护大学理性，彰显大学精神。"必须按大学发展的规律办学，按人才培养的规律教学，按科学管理的规律治校"[2]，"大学本质上是一个理性组织，因此按规律办学是大学应有的逻辑"。另一方面，大学外部治理

---

[1] Gewirtz, S. *Rethinking Social Justice: A Conceptual Analysis*. New York: Palgrave. In Sociology of Education Today edited by J. Demaine, 2001, pp. 49–64.

[2] 眭依凡:《理性捍卫大学》，北京大学出版社2013年版，第301页。

正义诉求理应发挥大学功能，实现大学社会效益。大学作为社会组织中重要的组成部分，大学在围绕教学和人才培养中心任务方面，有着追求社会公平，维护社会正义，传承先进文化的任务和责任。

大学外部治理的正义诉求还必须考量治理的正当性。在哈贝马斯看来，正当性基于合法性，是某种要求作为正确的和公正的存在物而被认可的根据。治理（统治）秩序的稳定性依赖于自身，至少是在事实上的被承认[1]。美国有调查显示，建立于1520年前，至今仍保持以同样的名字、同样的方式做着同样事情的85种社会组织中有70个是大学，大学职能相比其他机构稳定性、持久性明显高于同类组织。大学这一社会组织的稳定性促使其自身成为最具生命力和影响力的社会组织。

追求正义的大学外部治理指向还应强调程序合法，当下，世界各国政府根据本国实际，通过绩效与问责，提升大学办学效果和质量，增强大学的综合竞争力，在人才、科研和文化的产出上代表社会公平和正义的结果。也正因为大学善治，使得更多大学能够坚持和秉承"相对中立，钟情正义、保持良知、追求真理"，在文明选择、传承、融合与创新过程中，保持着人类文明灯塔与知识殿堂的禀性，引领着人类文明进步的方向。[2] 如此，大学外部治理才能真正实现善治愿景。

第二节　大学外部治理结构运行的主体关系与责任

大学治理背后的深层次问题是责任担当、权力关系和利益表达、利益协调等问题。大学外部治理体系归根结底是主体关系之间的权、责、利明晰。

一　理顺外部治理主体关系和明确主体责任是大学治理的逻辑实质

高校内部动力需要外部环境的保障和支撑，排斥任何一类利益相关者都

---

[1] ［德］哈贝马斯：《交往与社会进化》，张博树译，重庆出版社1989年版，第184页。
[2] 刘尧：《大学文化散论》，《大学：学术版》2013年第10期，第88—93页。

不是明智的选择，大学要实现其目标必须有与之相适应的大学外部治理结构来约束大学的行为，从而构建出大学外部各利益相关者的关系框架，使之与大学的总体目标相容。西方大学通常被认为是相对独立的学术组织，甚至有些被称为"有组织的无政府"，这里的无政府实际就是强调其独立性和自主性。在大学里，学术自由"是一项特权，它使得传授真理成为一种义不容辞的职责，它使得大学可以横眉冷对大学内外一切试图剥夺这项自由的人"。

当我们借鉴欧美大学章程、董事会、理事会等大学治理机制时，不能忽视我国大学需要培养社会主义建设者和接班人，政府需要也应当对大学人才培养的方向和质量把关，对大学的办学投入和办学绩效负责，社会各界对大学的服务优劣也有评估问责的较多诉求。因此，脱离历史背景和现实环境盲目照搬西方治理模式，很可能效果甚微，甚至适得其反。全面考察现代大学治理结构，需要历时地考量大学所处的特定环境和主要目标任务，将大学放置到一定的主体关系和氛围中加以分析。

从本质上看，大学外部治理结构是维持大学与外部环境关系良好运转的总体机制，能够通过外部力量促进包括大学在内的各个利益相关群体为实现自身的利益和价值，通过博弈达成某种一致或相对一致的目标和愿景，并因此与大学组织本身形成一种长期稳定的合作伙伴和博弈关系。当前，我国大学治理改革的关键既是鼓励大学内部以完善大学章程为核心的内生动力改革，依法明确和保障各级各类学校办学自主权，健全面向社会的开放办学机制和提升治理能力，更关键的是理顺外部关系，塑造有效的大学办学环境，促进大学"外部治理"改革。通过"内生外促"的模式进行大学教育综合改革。治理的要义在于政府、社会、高校的共同参与。教育治理的重心在于政府管理和学校内部管理两个层面上的社会广泛参与、"赋予社会更多的治理权限，以制度化的方式征询民意和集中民智"。多元主体参与既体现了民主精神，因它以制度化的方式征询了"民意"，也体现了科学和理性精神，因它以制度化的方式集中了"民智"。因此，教育治理中的多元主体参与是教育管理民主化与科学化的前提和内容。

大学治理是高等教育系统与机构中用来组织和管理的过程，以及其中权力的分配与执行，还有它与政府之间的关系。大学治理由内部治理和外部治理组成。前者关注大学内部权力的配置和决策过程；后者侧重大学与政府、产业、社会等外部利益主体之间的关系。20世纪60年代以降，随着大学内外部环境的变化，西方国家都把大学治理作为高等教育发展的重要议题，而大学治理始于对大学内部事务的关注。1966年，美国大学治理董事会联盟、美国教育理事会及美国大学教授联合会联合发布的《大学治理宣言》提出：教师和行政部门基于双方权力与决策责任而分工。大学校务董事成员、行政管理部门、全体教职员、学生和大学其他人员，在彼此信任下共同致力参与大学治理。不同利益相关者以各自资源贡献给大学，同时意味着他们换取了参与发展过程、享有控制其组织剩余的相关权利。这种治理逻辑眼光是向内的，呼吁教师在大学中获取合法地位，强调大学内部行政权力和学术权力此消彼长式的治理方式。随着高等教育之于国家战略和综合国力重要作用的彰显，政府日益关注高等教育系统的治理形式和成效，随之进行的各种改革自然波及各公立大学，大学治理范围也就逐步由内而外地延展至大学外部及整个社会体系。

　　大学作为社会系统的重要构成部分，无法深居在象牙塔中，其生存发展需要政府、社会等外部力量的支持与促进，排斥任何一方参与都非明智之选。因此，实现知识创新与人才培养的目标，大学必须吸纳外部力量的共同参与、协同互动，获得它们的广泛支持。但需要明确的是，不同外部主体的价值和利益诉求存在差别，需要相应制度的制衡与规约，而不同文化传统下的大学治理制度是各具特点的。因为大学治理体系总是嵌套于一个国家的治理框架中，与民族国家的文化血脉相连，体现出文化与制度之间的一种天然联系。在诺斯看来，制度是一系列被制定出来的规则、守法程序和行为的道德伦理规范，它旨在约束追求主体福利或效用最大化利益的个人行为。当制度体现为规则时，它必然反映出文化的价值、精神与理念，而文化必须依靠制度规则才能受人认同。从这个意义上说，大学外部治理制度离不开它置身其中的更大的文化环境，通过文化的价值引领、方向指引来不断改进大学治理形态，以显在或潜在的方式推动着大学发展。

　　面对不断变化的世界局势与社会转型的挑战，世界各国逐渐认识到，对大学的过多控制或松散安排，都不利于知识创新与人才培养，大学治理模式必须及时应对、合理调整。而不论是分权制国家的权力回收,还是集权制国家的权力让渡,其总体趋势是:弱化政府对大学的管控,增强大学办学自主权,引入市场竞争力量,促进大学和社会的深度合作。如德国为增强高等教育国际竞争力,于1995—2005年进行高等教育管理体制的实质性变革,重新考量政府、大学和市场之间的关系,在集权与分权之间寻求平衡点。其成效体现在:一是大学的自主性增强,形成决策权力从政府向大学转移的趋势;二是州政府和大学互动,在目标设定上走向共同商议,经费划拨以办学绩效表现为基准;三是来自外部利益者的压力逐渐增加,如工商界、地方政治权力和社会环境;四是私人认可机构走上高等教育舞台。可见,大学外部治理的重点不在于强化政府权力,而是在于制度设计的宏观性和全局性,这样可为各大学治理主体的广泛参与和活力释放提供坚实基础。

既然不同文化境脉中大学治理模式多样且在不断调整中,那么重建我国大学外部治理结构,既要参照当前经济社会的全球化背景,又不能忽视国内经济发展、社会建设的特殊环境与现实需求;既要借鉴欧美大学治理的成功经验,又要把大学放在我国的政治语境和文化脉络中加以审视,从而构建起一种能够满足大学外部治理多主体的需求并制衡其利益诉求的制度,以规范大学办学行为。改革开放以来,我国适应社会主义市场经济体制要求,加大政府职能转变力度,一定程度上促进了大学内部治理结构改革,但外部治理仍未摆脱"政事一体"的困境。随着经济发展及社会转型的加速,重建大学治理结构再次提上议程。党的十八大明确指出,把推动政府简政放权、转变政府职能作为深化改革的一项重要举措。而加大政府简政放权力度,规范和厘清学校管理者、举办者与办学者的角色与职责,逐步取消实际存在的行政级别和行政化管理模式,推进政校分开、管办评分离,大力培育第三方评估机构,扩大学校办学自主权,这是党和政府积极转变大学外部治理逻辑的信号释放。

目前,中国大学外部治理体系尚不健全,理论研究和改革实践还不充分。政府包办独揽、权力集中的高等教育管理局面并未得到实质性改变,"管理"的主体单一性、手段强制性的弊端暴露无遗,已不适应高等教育发展要求,亟待诉诸"治理"来弥补"管理"的先天不足。管理逻辑注重"自上而下"

的一元控制，强调政府行政的单向性和权威性；治理逻辑注重"自上而下"和"自下而上"的双向沟通，强调整个社会系统的参与性和互动性，即政府、社会等利益主体共同参与形成的治理合力。应该说，治理并不排斥管理，它更为强调引入市场机制以及社会力量的参与，由政府管控转向政府、大学、社会多主体的共治。而实现共治目标，前提是优化治理结构。这既能维护包括大学在内的各利益主体的权益，又能通过博弈达成某种一致或相对一致的目标，形成一种长期稳定的合作伙伴及博弈关系。

二 大学外部治理主体是利益相关者关系

大学是一个多层次、多主体的组织系统，系/研究所、学部/学院、学校构成了大学的内部层次，而大学、地方政府（州政府）、中央政府则构成了大学的外部层次。每一个层次之中又有不同的主体，如系/研究所层面有系主任、资深教授、其他教师等主体，学部/学院层面有院长及学院行政机构、院教授会或评议会等主体，学校层面有校董会、校长及学校行政机构、校教授会或评议会等主体。对于同一种大学权力类型的权力主体应该是一元化还是多元化一直是学者们争论的焦点。在我国学术界，一些学者认为学术事务和学术问题只能交给学者处理，学术事务上的管理权力只能是学者们的权力。从理论上讲，学术权力不同于学术管理，学术权力的确是学者拥有的权力，但学术管理是在学术权力的制约下对于学术工作给予的具体管理，其执行者既可是学者，也可是其他人员。在大学不断走向社会中心的过程中，大学的规模和职能在不断地扩大，对学术事务的管理也越来越复杂，欧洲中世纪时期单纯由学者管理学术事务的模式已难以适应时代发展的需要，学术管理权力的行使主体逐渐由教授学者一元化走向多元化，高等教育系统各层次的不同主体都可能成为学术管理权力的行使者。当然，由于各国高等教育管理体制和制度安排的不同，在各国的大学中，哪些权力主体在学术事务的管理中享有的更大权力，其表现是不一样的。

大学治理的主体关系主要是利益关系。教育是一个利益场域，教育不仅涉及学生、家庭、国家的当前利益，也涉及学生、家庭、国家针对当前我国教育管理中社会参与不足、理性化程度不高、政府宏观统筹不力、学校办学自主权不够等现实问题，基于利益相关者、社会组织、学校、政府等四类主体在教育治理中的地位与作用。利益相关者参与到教育治理中来，反映出教育治理所具有的弹性和韧性，以及大学建设发展的需要。大学治理的前提或必须回答的问题是：利益相关者能否成为教育治理的主体？教育治理是一种重要的以利益表达、协商和保障为重点的利益调整机制，它改变了传统封闭单向维度的利益表达机制，致力于建设多方利益主体或组织共同参与的利益表达平台和决策参与渠道。现实中，一些政府机构及其工作人员不了解实际，只凭为民服务的善意而一厢情愿地"为民做主"，导致好心办错事，此种情况屡有发生。对此，利益相关者参与是解决这类官僚主义问题的良方。大学治理的主体关系涉及政府与社会的关系、学校与社会的关系、政府与学校的关系等。此处的"社会"主要指政府和学校之外的主体，包括教育领域的各种利益相关者（含企事业单位、社会团体、社会组织）。

学生家长承担的教育成本是高校教育经费的重要来源，因此学生家长理应也是高校重要的外部治理主体。学生家长把培养子女的意愿和责任托付给高校，间接地接受高等教育这一产品。高校与学生家长的关系类似于一般产品市场中供给者与消费者的关系。作为高等教育消费者的学生家长在理论上可以通过"以脚投票"的方式对高校包括收费标准、资金使用在内的各种事项参与决策，但鉴于高等教育的供不应求以及一定的垄断特性，学生家长难以参与到对高校的治理中来。

校友和企事业单位应是高校经费有力的资助者，也在高校外部治理主体之列。目前我国高校捐赠还不是很普遍，大家注重得更多的仍是其具有的无偿性，即使有外部主体对高校进行捐赠，也忽视了对于被捐赠高校的有效监督。企事业单位中的银行作为高校最主要的债权人本身应具有对高校的债权治理功能，但在政府机构主导的模式下，债权人的约束被软化，难以对高校治理有效地发挥作用。

大学治理利益相关者参与不够或者没有参与，是当前大学外部治理一个突出问题。教育治理的本质是民主管理，利益诉求的充分表达与有效整合是民主管理的精髓。利益相关者有强烈的利益诉求和参与热情，他们的充分参与有利于解决信息不对称问题，有利于形成"激励相容"的共识性决策，有利于决策的理性化和科学化。"了解公众的需求最有效的方式就是让其参与决策和管理过程。公众很清楚自己需要什么，他们参与了的决策才更有针对性，才能更好地解决问题。政府只有采取更多的渠道与公众进行更多地互动，政务公开，广泛听取民意，各种决策才会更加合理。这就要求公众参与政策过程的方式、方法的多元化同时兼具便捷性、公正性和公开性，这样才有可能真正做到公共政策制定时的各种利益的协调。"[1]

三 大学外部治理转型中多主体独立但不分离的协同关系

大学外部治理的协同互动可分为整体协同与多元协同。整体协同是指教育主管部门，教育部及省级教育行政部门加强整体的顶层设计，加强教育领域内部资源整合力度，通过政策引领、资源投入、联合攻关等方式，发挥行业企业、社区街道、社会组织等力量，共同打造优质教育。多元协同一般是指在加强自身建设的同时，以"需求导向""问题导向"为运行模式，加强政府和社会力量共同解决治理问题，如教育不均衡、内涵质量较低、专业结构不合理、缺乏特色、发展趋同等。大学外部治理的协同更多偏重于多元协同，发挥管、办、评、督以及社会组织等各主体之间的合力优势，促进教育发展。

随着大学从边缘逐渐走向社会中心，"大众创新 万众创业"在推动高校创新创业教育的发展的同时，大学这一象牙塔将主动投身到社会和市场环境之中，在适应个人发展需要的同时，也适应国家和社会的需要，产学研合作机制不断完善。大学与政府、社会之间的关系日益紧密，同时也日益复杂多变，需要进一步厘清大学外部治理主体间的各种关系，确保教育各利益相关者间既权力制衡、责任共担又协同互通，合力推进大学外部治理结构的优化，实现高等教育治理体系与治理能力的现代化。大学外部治理的关键在于政府、社会和大学等多元主体实现以育人为根本、质量为中心的权责关系治理，从而达成公共意义层面各种利益关系的重新厘定和各种权责关系的重新组合，

---

[1] 施雪华、张琴：《国外治理理论对中国国家治理体系和治理能力现代化的启示》，《学术研究》2014年第6期。

从情、法、理等层面厘清各主体在大学外部治理上所享有的权力与权利并明晰各自的责任与义务，使各自"在其位"以更好地"谋其事"并"尽其责"。

1. 大学与政府关系

"大学的发展史，既是以'自由和控制'为中心主题的矛盾关系的历史，也是一部内部逻辑与外部压力不断对抗、相互制约继而在新的地点上建立新的平衡的历史。""任何类型的大学都是遗传和环境的产物"，要改革大学治理结构，必须改革高等教育的整个制度体系。各级政府，尤其是中央政府必须承担起在完善高校治理结构中的责任与使命，因为政府是公立大学的举办者和管理者，掌控着基本的办学经费与办学资源，政府的管理模式直接影响着高校的体制与管理。因此，完善高校治理结构，首要的是完善政府与大学的关系，当然这种"完善"并不是简单地放权，而是形成高校与政府之间的新型关系，其次才是高校内部治理结构的改革与完善问题，如果第一点做不到，那么完善高校内部治理结构就很可能是一句空话，现代大学制度的建立也只能是遥遥无期。根据中国政府参与大学治理的体制机制特征，政府对高等教育的管理在系统内实行部省纵向统筹的权力分配，在教育改革过程中也逐渐打破"条块分割"体制，形成了"分级管理""以块为主"的高等教育体制，在高校管理方面由"中央集权"向"地方分权"发展，即大多数原隶属于中央各部委（教育部除外）的高校改由地方政府教育行政部门管理。目前，公立高等学校的格局大致分为教育部直属院校、其他中央部委所属院校和地方政府所属院校等。

新中国成立后，中国建立了与计划经济体制相适应的政府主导、高度集中的高等教育管理制度，大学处于被控制、被支配地位，不具有办学自主权。这种政府承担无限责任的大学治理模式，给高等教育发展造成诸多障碍。改革开放后，伴随体制改革的步伐，加大办学自主权先后在《中共中央关于教育体制改革的决定》《中华人民共和国高等教育法》《国家中长期教育改革和发展规划纲要（2010—2020年）》等重大制度文件中得到强调，体现出办学自主权对于促进我国高等教育发展的重要性，但也从侧面反映出扩大办学自主权的艰难。现实中，由于政府在教育资源尤其是财政性教育经费投入上仍旧拥有强势决定权，加上长期形成的制度惯性左右着政府处理大学与政府关系时的行事思维和行为，大学仍旧呈现出挥之不去的政府依赖情结，因为"世界范围内共同盛行的治理和财政指导原则是：'谁有黄金，谁统治。'"

树立善治理念下的现代大学制度，实现从管理走向治理的逻辑转变，必须让大学从政府的权力束缚中解放出来，亦即人们通常所讲的"去行政化"。20世纪90年代早期，美国很多州政府开始对公立大学治理去中央化，把决策权力从高层下放到低层。这种权力下放趋势持续了25年之久，并以不同方式运用到大学管理上。因此，政府不应对大学拥有绝对控制权，而要为大学运行提供保障和监督，突出作为调停者、中介者、监督者、评估者的社会服务型政府的职能。当然，强调服务职能并不意味着政府与大学治理无关，而是拟定大学治理的政府权力清单，明确政府和大学的权力边界，以作为大学的最主要支持者和指导者；权力下放也并不意味着赋予大学无限权力，大学在落实高校办学主体地位、获得权力的同时也承担与权力对等的责任体系，通过问责促使大学形成一种自我约束机制，实现大学的自我管理、自我约束与自我发展。

由于政府需要对高校人才培养的方向和质量把关负责，因此需要对教育投入绩效、均衡发展、教育公平等关键措施监督负责。我国高校的运行模式主要以行政管理为主，行政命令与行政干预使得高校对政府的依赖性较强，大学内部治理效能有限，造成大学创新空间不够，发展特色不足，主动意识不强、专业结构待优化等。从"管理"走向"治理"不但是治国方略的重大转型，也是高等教育政策的根本转变，管理逻辑强调政府"自上而下"的一元控制；治理逻辑强调政府与其他利益相关者通过互动建立平等伙伴关系，共同应对公共事务，这是一个"自上而下"和"自下而上"相结合的过程。从"管理"走向"治理"，将为中国高等教育变革提供巨大的制度创新空间。大学章程是大学自治的一种表现形式，是国家立法体系以外的、与高等学校内部管理密切相关的制度规则。需不需要大学章程，需要怎样的大学章程，以及应当由谁来制定大学章程，这都取决于高等学校的自治程度，取决于高等学校与政府之间的关系。

大学章程是高等学校自治体制定的有关大学内部管理的总括性文件，因此有人把大学章程的作用形容为"上承国家法律、法规，下启学校规章制度",是大学管理的"宪法""最高法",是大学制定其他校纪校规的依据。按照法律的要求,在申请成立一所高等学校时,章程是必须具备的要件之一。但是在中国,由于历史的原因,大多数高等学校一直都没有自己的章程。经过20多年的简政放权改革,国家与教育、政府与学校的关系已经发生了深刻变化,高等学校开始具有了一种非政府和非企业的组织特征,在这种情况下,如何维护并推进教育改革取得的高等学校自主办学的改革成果,如何体现大学历史文化的积淀,向世人展示浸润于自身发展脉络中的自治精神就是当前教育改革与发展中的一个重要问题,通过大学章程的管理就是解决以上问题的有效途径。从实践的角度看,大学章程既有可能成为保障大学自治的手段,也有可能成为一种摆设,甚至成为行政干预的工具。为使大学章程真正成为名副其实的大学自治的保障,大学章程应切实采取有力措施推进简政放权步伐,通过向高等学校放权,规范政府行为,促进高等学校的内部治理结构建设。为此,大学章程应坚持以下几点:第一,对高等学校的举办者、办学者和管理者进行明确的权力分配,政府应由直接的行政管理转变为多种手段并存的宏观调控,而把办学的具体功能下放给高等学校。第二,高等学校的办学权力应予以明确的规定并有必要的保障措施,以避免出现权力回收或者行政干预的问题。高等学校应能以自己的名义独立行使办学权力,承担相应法律责任,真正成为具有独立管理机构的组织体,而不是行政机关的内部单位和内设机构,也不是行政机关委托的组织。第三,学术自由作为大学的核心理念,是大学赖以立足的最为宝贵的根基。高等学校改革应能增进学术自由,以利学术发展。同时,享有学术自由的人在行使这一自由权利的同时应秉持严格的学术态度,恪守学术规范。第四,学术权力是高等学校为实现自身功能,保证高等学校中的教育、学习和研究活动的创造性而设置的一项特殊权力,不同于高等学校的其他办学权力。应通过学术权力的制度化、学术机构的实权化等路径,落实和保障学术权力。第五,高等学校的行政管理应围绕学术管理来进行,应以学术自由为导向提升学术管理的地位,通过学术共同体的自我学术管理,形成一个由学术自由产生学术秩序,由学术秩序规范学术成果,由学术成果肯定学术自由的良性自律机制。第六,高等学校的自我管理不仅要实现正义,而且要使正义以"看得见的方式"实现。因此,大学章程应把实体法治与程序法治有机结合起来，确保大学管理和谐、有序发展。

在治理语境和叙事逻辑上，政府不再对大学发展，尤其是学术发展拥有绝对控制权，而是作为调停者、中介者、监督者、评估者的角色来帮助公民表达并满足和实现社会教育需求。政府成为社会服务型政府，为大学治理提供保障和监督。社会服务型的大学治理模式实际上并没有排除政府对大学治理的参与，而是逐渐划定政府参与治理的权力清单，科学界定政府在大学治理中的活动范围。政府直接或委托第三方开展高校的评估和监督，以更加科学高效的方式参与大学外部治理，既保障大学自主发展，又在某种程度上实现国家组织体制和政治功能的传导和延伸，落实办人民满意教育的宗旨，保证大学在人才培养、科学研究、社会服务和文化传承等功能的完成，实现国家利益或公共利益。

树立现代教育制度背景中的协同共治理念，既是时代所需，又是改革要求。通过改变政府单一管理和评价模式，推进和实施管办评分离，变直接干预为过程督导和项目评估，提高治理能效，从政策引领到制度推进，切实建立和优化政府与教育之间的新型关系。据此，政府应发挥其政策资源和杠杆优势，通过政策管控、质量监控、经费划拨、法律规约以及利用第三方评估机构等模式，变管控为激励，建立具有委托代理性质，与现代大学制度相呼应的契约关系，明确政府与大学的权利与义务，建立畅通平等的沟通机制，减少政府对大学过度行政干预，加强大学与政府之间法律关系的建立与规范，依靠立法推动外部治理结构的优化，形成对高校的宏观治理路径。除作为利益相关者参与共同治理外，就当前中国而言，学校在治理变革中最需要做的变革就是"从他治到自治，从依附到自主"。自治是相对于过去单一主体的政府"他治"而言的。长期以来，由于受计划体制的影响，学校长期依附于政府，缺乏办学自主权，办学活力不足。在管理内容上，政府在管理不该管的事，管了一些"管不好"的事，还有一些该管而"没管好"的事。尽管经过多次改革，政府职能依然未能实现根本性的转变，仍有不少难点和重点需要突破。在管理方式上，政府对学校的管理过于直接和微观。其结果是，抑制了学校的办学活力，滋长了学校对政府的过度依赖。

政府作为高校唯一的投资者虽然在高校的内部治理中起着重要作用，但其作用更多地表现为外部治理。政府代表国家把管理高校的权力委托给校长和党委，校党委直接领导校长，校长获得高校的办学自主权。政府在授权委托之后不再插手高校内部事务，其行政领导方式主要是通过制定相关政策进行宏观指导，从外部对高校进行治理。这种治理模式极易导致两个极端：一是相关政府管理部门相互推脱责任，导致所有者缺位，资金支持力量薄弱，内部人员控制严重；二是政府对高校管理过度干预，内部人对高校经营不须承担最终责任，致使内部人权力滥用。

政府在多元治理的角色任务主要表现在[①]：（1）协调和整合多元主体的利益分歧，维护公共利益，保证教育领域公共利益的最大化；（2）确定教育发展的方向、目标、标准，解决多元主体的目标分化问题，产出公共政策和制度，为多方主体参与管理提供共同的行动目标和行为准则；（3）进行宏观规划、统筹和调控，解决教育改革分散化的问题，以及治理活动的碎片化和不可持续等问题；（4）对教育治理的效果进行问责，通过实体性和程序性规则，对于各相关治理主体进行问责，也对自身进行问责。

2. 政府与社会的关系

社会参与教育治理，政府向社会组织购买服务或赋权，既为社会组织的发展提供了舞台和空间，又为政府把握治理重点、实施高效管理提供保障。一方面，政府要加强引导，积极培育社会组织发挥大学外部治理的重要评估和监督作用。另一方面，社会监督和参与教育治理应当避免"官退民进"导致"民不负重"的现象发生，教育外部治理结构的实质是政府行政结构和社会利益结构在教育组织结构中的博弈，因而其结构及其功能的形成是否科学合理，社会组织单方没有最终决策权，总体受制于国家政治和市场社会之间权力制衡与互动互通关系。我国计划经济体制下形成的政府高度集权的高等教育管理体制，大学与政府之间是一种单向关系，集中表现为政府对大学办学与教育过程的直接参与。事实上，大学作为社会中的一个组织，社会对大学的影响自不待言，而大学对社会也负有责任，所以社会理应是大学治理的

[①] 褚宏启、贾继娥：《教育治理中的多元主体及其作用互补》，《教育发展研究》2014年第19期。

主体，这就为社会组织参与大学治理提供了必要基础和发展空间。由于各国文化传统和语言习惯的差异，"社会组织"在不同的国家和地区有多重不同的称谓，但社会组织都具有非营利性、非政府性、独立性、志愿性、公益性等基本特征。社会组织有效参与大学治理，前提是缩小政府职能范围、加强大学治理制度建设。因为社会组织的专业化建设、日常管理及有效运作，需要稳定的政策环境和高昂的运行成本。如若只是缩小政府职能范围，而不加大制度保障与监督能力，就会陷入以往体制改革中"一统就死，一放就乱"的怪圈；如若一味强调简政放权或职能转移，不仅给政府部门的懒政、渎职提供话语空间，也给委以重任但良莠不齐的社会组织提供腐败的温床，如"花钱买排名"等严重亵渎大学理性的现象。

厘清政府和社会的关系，既要贯彻"小政府、大社会、强制度"的治理理念，又要基于社会组织的现实情状，通过政策导向、制度建设和舆论支持等途径，引导社会组织健康发展。从这个意义上说，大学外部治理是政府和社会在大学场域的利益博弈，其结构与功能是否科学合理，社会组织单方并不具有终决权，而是受制于国家政治和市场社会的总体要求。应该看到，当前社会组织参与大学治理的制度建设明显滞后，社会组织并没有发挥出应有的成效。因此，建立完善政府委托管理体制，进一步健全政府购买公共服务的制度和标准，通过权力让渡给第三方管理，减少对大学的直接干预，应是今后政府工作的重点。

在缩减政府职能范围和加强政府制度能力在大学外部治理上，算一体两翼，相互依存。如果仅仅缩减政府职能范围，而不加强制度保障监督能力，就会出现传统教育体制改革中长期出现的"一统就死，一放就乱"的固有顽疾。当前政府缩减国家职能范围很重要，但是强化国家制度能力更为重要。社会组织的自治、社会成员的自我调节、自我组织与自我管理需要稳定的环境和高昂的成本，需要做好政策引导，以舆论支持和强化制度能力作为保障。这也需要贯彻"小政府、大社会、强制度、全网络"的理念，从大学建设发展实际和社会组织现状能力出发，在政策和制度上引导社会组织的健康发展。据此要"简政放权，放管结合"，建立以政府为主导，强化社会主体责任，明确政府、大学和社会组织等的角色定位，明晰各自责权利，充分重视社会力量参与教育治理的作用，鼓励社会各利益相关者参与办学，为建立教育与社会合作发展的新型关系提供政策引领、条件保障和过程监督。概括言之，政府在教育治理的多元主体中，发挥的是"元治理"的作用。"元治理"（meta-governance）不可混同于建立一个至高无上、一切治理安排都要服从的政府。相反，它承担的是"设计机构制度，提出远景设想，它们不仅促进各个领域的自组织，而且还能使各式各样自组织安排的不同目标、空间和时间尺度、行动以及后果等相对协调"[1]。

从大学治理结构的外部关系来看，中国大学尚没有完全的自主权，特别是在关键性的财政和资产方面的最终决策权仍然属于政府。与美国大学行政权力主导的权力结构模式不同，美国大学行政权力的强势是与其在市场竞争中获取资源的能力相对应的，而中国大学党政权力强势的原因则是政府资源调控模式的结果。同时，因为中国高等教育资源配置中社会资本参与大学资源配置机制的落后，大学资源的来源渠道还主要集中于政府，这点与德国大学的资源主要来自于政府有相似之处，不同的是，德国大学基层的教授可以直接从政府那里获得所需资源，而中国政府对大学的资源配置主要是通过行政系统委托配置进行的，这也就决定了大学的党政官员在资源争取中处于优势位置，造成了学术权力对行政权力在一定程度上的依附。从大学的资源获得渠道来看，中央和地方政府通过教育行政部门的资金层级拨付，各种审批制度仍然是高校资源配置的主要模式。这种模式作为通常的公立学校资源获得方式本身并没有问题，问题在于"以何种标准"以及"以何种方式"确定每个大学获取资源的多少。对资源配置的"标准"而言，目前这类标准往往并不是以高校教学科研的质量（静态评价）或进步（动态评价）为最重要的考量依据，表现为含有政策性、阶段性、区域性照顾、学科倾斜等十分多元的复杂内容，其结果必然是弱化学术竞争，强化行政权力，行政权与特权不制衡现象突出。对资源配置的"方式"而言，最大的问题在于还未形成规范的、可较长时间遵从的"规则"，表现为政策制定与执行的随意性和多变性，

---

[1] Jessop B. The Rise of Governance and the Risk of Failure: the Case of Economic Development. *International Social Science Journal*, 1998, p. 155, pp. 29–45.

这就为各种"寻租"行为提供了机会,使得高等教育系统各层次的不同主体具有强烈的"越轨"冲动,学术政治、学术腐败已成为社会关注的热点问题。

3. 大学与社会的关系

随着教育不断在社会系统中扮演着重要角色,教育共治理念的深化,社会各利益相关者期望参与办学,参与监督,期望教育信息公开,同时教育也期望与社会建立可持续发展的健康关系,从社会获取更多建设发展资源和管理智慧,接受社会及其舆论监督,因而建立大学与社会之间的新型关系是历史发展的必然。"无论是治理理念、治理主体、治理客体,还是治理主体与客体关系,都悄然发生了合目的性的变化。"从"办人民满意教育"的话语表达来看,现代大学的发展,逐渐由"政府问责"向"社会问责"转移,以大学办学经费来源为例,部分高校总体办学经费中政府拨款额已不足1/5,投融资渠道日益多元化。大学校本课程开发、社会实践课程和活动不断丰富多样,与市场、社会的结合越来越紧密,合作从广度到深度均不断增强,教育的外部环境已发生重大变化。教育在争取获得良好外部发展条件和氛围的同时,社会及相关代表也谋划自身利益在教育办学允许范围内获得最大限度的实现。在市场经济时代,大学对市场的需要决定了市场对大学的介入已经成为一种必然趋势。大学的外部治理可以借助于市场力量在不同大学之间形成"优胜劣汰"的竞争态势,促成大学走向特色化的发展道路,同时也促进大学逐渐从应付上级评估检查转型到学校自主诊断,及时监测自我发展状态,自觉接受政府和社会对学校的评价监测,形成良好的互动机制,关注人才培养规律和人的发展,推动学校提升办学质量和内涵建设。

在美国的大学体系中,私立大学和州立大学有着同样重要的地位。二者治理结构的差异主要体现在大学的外部关系上,私立大学无论在人事和财务上,还是在教学和研究事务上都拥有比较完全的自主权,而州立大学则在一定程度上受到州政府的控制。同时,私立大学强化与学校密切相关的企业和金融机构的重要作用。银行等金融机构应以债权投资者的身份在高校董事会中占有一席之地。据此,一是改变目前单纯由政府教育管理部门对高校办学质量和教学水平进行行政评价的传统做法,探索新的高校评价办法。充分调动和发挥其他主体的积极性。二是积极鼓励和引导社会力量投资办学、出资办学，推动民办高等教育的发展，同时借鉴西方发达国家的做法，加强鼓励捐资助学制度建设，建立完整的税收优惠政策体系。三是由政府出台相关法律规范，通过发行教育公债、教育彩票的方式向社会间接融集资金以支持我国高等教育事业的发展。四是学生家长作为高等教育的间接受益者，应该支付比以往更高比例的教育成本。在适度提高学费标准的同时落实以"奖学金、助学贷款、勤工助学、困难补贴、减免费用"为主要内容的高校家庭困难学生的资助政策与制度才是改善现状的根本。学生家长也是高校重要的外部治理主体之一，他们既然为间接受益支付了一定成本，也理应可以通过一定的权利组织机构如董事会参与高校治理决策。

伴随着高等教育管理体制的改革进程，社会利益方期望参与大学办学和办学质量监督；大学也期望与社会建立良好关系，从社会获取更多的发展资源和治理智慧，并接受社会的支持、监督和评估。其实，大学在争取良好外部条件和发展环境的同时，社会及其相关代表也在谋求自身利益在教育制度允许范围内获得最大限度的实现，因而建立大学与社会的新型关系是历史发展的必然。

从现代大学的发展与功能演变进程来看，大学始终没有脱离社会，大学总是服务于社会需求，但大学与社会的关系复杂多变。卡内基基金会在1982年一项关于大学治理的报告中指出：社会期待大学要回应其需求，而大学又要求在自由且没有过度干预下履行任务。理想上，这两个伙伴的义务——机构完整性和公共绩效——是可以保持平衡的。但实际上，两者处在拉锯状态。有时，过多的社会要求破坏了大学的完整性；有时，大学似乎对外界环境的反应过于迟缓。20世纪80年代以降，世界各国都很重视市场机制对大学运作的调节作用，在办学经费、招生就业、科技项目、成果转化等方面引入市场机制。在政府财政紧缩、全球化趋势、教育市场化的背景下，非政府与市场力量逐渐进入高等教育领域，引发了大学治理格局。以办学经费为例，"经济合作与发展组织"大力要求世界各国减少政府干预以及大学对国家的依赖，各国政府也纷纷采用成本分担机制通过多渠道筹措高等教育经费。如英国从1981年开始，政府决定在三年内削减高等教育总经费的17%。

中国政府也改变了以往诉诸行政手段而不是市场竞争的资源分配方式，

办学经费由政府主要承担逐渐走向以政府投入为主与多渠道筹集并重。大学作为一个资金消耗庞大、成本递增的机构，教学和科研运作需要持续及巨额的经费投入。由于政府财政性拨款总量不足，部分大学总体办学经费中财政拨款占比甚至不到20%，这必然促使大学加强与市场、社会合作的深广度，寻求办学投融资渠道的多样化。外部资金进入大学后，干涉校务政策被视为理所当然，在含有独立法人、面向市场的高等教育体制中，情况更是如此。美国政府和日本政府，都经常使用这些手段来影响政策。因此，扩大社会参与，吸纳行业、企业等社会力量参与大学治理，使大学既能充分利用各种社会资源促进自身发展，又能更好地承担公共责任、接受社会监督，维护外部利益相关者的权益。

四 第三方评估机构的培育是大学外部治理的重要力量

第三方评估机构代表社会参与大学外部治理，是社会参与的实体基础和表达途径。如果说利益相关者的参与集中体现了治理民主化的要求，那么，社会组织对教育治理的参与则集中体现了治理科学化或理性化的要求。治理的突出特征是多主体参与的民主化管理，核心是社会参与。针对当前我国教育管理中社会参与不足、理性化程度不高、政府宏观统筹不力、学校办学自主权不够等现实问题，这里重点讨论利益相关者、社会组织、学校、政府等四类主体在教育治理中的地位与作用。大学治理过程中涉及的委托—代理关系可以分为以下四个层次：第一层是社会公众与政府之间的委托—代理关系；第二层是政府与大学之间的委托—代理关系；第三层是高校内部的学校管理层与学院管理层之间的委托—代理关系；第四层是二级学院内部运作形成的委托—代理关系。由此可见，"互联网+"背景下大学组织治理过程中所涉及的委托—代理关系是多层的委托—代理，即自上而下多层、多元委托，自下而上多层、多元代理。利益相关者的多种利益表达、社会组织的专业化的智力支持、学校的自治、政府的主导作用与元治理，对于教育治理都有独特贡献，而且在功能上是互补的。这种功能互补恰恰是教育治理这一"共治"机制之优越性的体现，相对于单一主体的政府管理，多元主体参与的教育治理有其显著优势。

1. 第三方评估机构培育的发展现状

由于政府失灵和市场失灵的存在，第三部门作为一种中间调节机制，在一定程度上很好地弥补了政府和市场两方面的不足，充当了宏观国家和微观市场之间的一个中观协调角色，在利益表达、利益分配、社会纠偏等方面起了重要作用。实际上，共同治理的本质是第一、二、三部门对于公共事务的共同治理。

表5-1　　　　　　　　　　发达国家社会组织发展现状①②

发达国家	组织类型	名称	功能	备注
法国	教师工会组织	1. 教育工会 2. 全国中等教育工会	1. 维护组织成员的利益 2. 影响教育改革和教育政策的制定 3. 提供教师发展政策建议	归属于全国工会联盟
日本	教育咨询组织	教育审议会	1. 审议或咨询政策 2. 建议方案拟定	成员来自社会各界，且大都熟悉教育，能代表不同群体的教育利益
美国	协会组织	1. 六大区各自教育评估机构 2. 财政拨款绩效评估协会	1. 协调政府和市场关系 2. 互认互证结果	

大多数专业机构均以专业性、中立性和非营利性为自己的竞争发言权，同时通过社会组织第三方机构的介入，也是采用实证专业评估，平息多方争论达成共识的一种必要手段。办学水平和区域教育质量是高还是低，是成功还是失败？这个问题往往站在当事人角度，总会产生王婆卖瓜，自卖自夸之

---

① 褚宏启：《教育政策学》，北京师范大学出版社2011年版，第100页。
② 黄敏、杨凤英：《第三方治理：美国高等教育协会组织的管理职能》，《河北师范大学学报》（教育科学版）2014年第C3期。

嫌疑，而管理方可以做出评价，往往导致行政取向较重，业务全面难以深入评价，因而质量话题长期争论不休、莫衷一是无法取得共识。例如，在基础教育领域，自从中国部分城市参加了经济合作与发展组织（OECD）开展的"国际学生评估项目"后，一定程度回避了相关争论，因为中国在世界上经济发展水平较高的70个国家（地区）学生参加的中学数学、科学、阅读测试中，各项成绩均名列前茅，引起了国际上的强烈反响，美国、英国等发达国家都专门来中国学习取经，甚至参照中国的教学模式对其学校教育进行改革。在高教评估领域，中国已经加入国际工程认证协会，评估标准逐渐向国际工程标准靠齐，协会采用华盛顿协议标准和内容开展认证评估，也给高校评估带来了积极影响。

2. 中国第三方教育评估机构发展情况

从中国教育评估机构发展现状来看，目前各省（自治区、直辖市）发展还不平衡。第三方评估机构是通过接受业务委托，对学校的教育质量进行价值判断，并以评估结果影响委托人决策的一种介于政府、社会和学校之间，具有相对独立性的专门评价组织（杨晓江，1998）。教育评价机构具有独立的法人单位，以向委托者提供评价中介服务为己任，是一种专业性机构。

根据评价机构的人员构成和所联系对象不同，可以将评价中介机构分为三类：（1）政府组织形式，即联系政府和高校的高等教育评价中介机构，这种中介机构基本上是受政府资助的半官方机构；（2）学术组织形式，即联系社会和高校的高等教育评价中介机构，这类机构主要依托各种高校的"协会""联合会"等组织建立，是一种社会鉴证机构；（3）民间组织形式，即由非官方也非教育界的社会机构（如有关媒体）主持的高等教育评价中介机构，其目的是向社会提供可比较的信息，如大学排行榜等（陈玉琨，1998）。

从高等教育评价机构的主要职责来看：世界各国教育评价机构的主要职责包括以下几个方面：①制订评价政策和评价办法；②组织、协调全国性、地区性或专业性的质量评价活动；③指导或组织实施具体的评价项目；④传播教育质量保障的经验；⑤向政府和公众报告教育系统的运转和质量状况；⑥为政府决策提供咨询或政策建议。

从教育评价中介机构的特点来看：国外教育评价中介机构是教育评价方

面最具有学术权威的组织,并且是一个自成体系的系统,系统内部有自己特有的结构与功能,系统外部也有自己特定的环境。国外教育评价机构主要有如下几个共同特点:①教育评估中介机构是依法建立起来的独立实体组织;②教育评价中介机构多为国家级,即使在地方级教育评价中介机构居多的国家,也设有国家级的统筹协调机构;③机构成员具有比较广泛的代表性,学术专家占有较大比例;④机构的具体评价活动依靠专家,尤其是来自高校的同行专家;⑤机构以保障教育质量为主要任务,强调发挥学校及学校团体在质量保障活动中的主动性和积极性,鼓励学校自觉承担起维护和不断提高自身质量的责任;⑥教育评价中介机构都受到政府不同程度的干预。

从教育评价中介机构的公正性来看:评价中介机构主要依据业务委托来开展评价活动,它存在的前提是良好的社会声誉,而声誉又建立在公正的基础上。评价中介机构意识到,它是政府、高校与服务的中介服务者,它必须对评价结果的公正性负责。如果其开展的评价活动和评价结果有所偏颇,一旦"明显倾向于这一方或那一方",势必会受到社会大众的质疑和不信任,进而影响其存在和发展的基础。因此,公正性是教育评价中介组织的社会价值之所在,也是其生命力源泉之所在(欧金荣,2003)。受教育评价中介组织行政依附性的影响,目前我国教育评价中介组织的公正性偏差主要表现为:评价中介组织采信不全、评价中介组织的独立性缺失、评价专家道德自律性差、外部监督机制乏力等(王静琼,2009)。为确保教育评价中介机构的公正性,需从三个方面入手:①增强参与人员的广泛性。评价主体除了评价专业人员外,还应吸纳政府、高校、社会力量等人员,保证广泛的价值主体参与评价。②确保评价过程的客观性(漆玲玲,2011)。③加强评价机构的元评估。加强对评价机构的评价价值取向、评价主体、评价标准、评价方法、评价过程、评价结论、评价效果等方面的监督和检查(欧金荣,2003)。

从教育评价机构资质的合法性来看:目前,在中国的教育立法中,教育评价中介机构的法律角色仍处于缺位状态,法律上并没有将教育评价中介机构的性质、地位、功能等解释到位(漆玲玲,2011)。为确保教育评价中介机构的合法性和权威性,相关部门应加快《社会中介组织法》的立法工作,加强对这类机构资质合法性和行为合法性的认定,以保障社会评价中介机构的地位和相应的权利和义务，规范评价中介机构的行为，提高其权威性。此外，对评价从业人员实施资格认证。通过国家法律授权的专门认证机构和行业中的权威人士组成的行业协会来进行资格认证，是确保中介组织和从业人员基本资质的基本机制。对获得从业资格中介组织及其从业人员，也应实行中介组织和其从业人员的资格年检制度（欧金荣，2003）。

从设立评价机构的情况来看：相关资料表明，中国目前有8个省、自治区没有成立官方性质独立法人的教育评价机构，他们分别是河北省、湖南省、海南省、新疆维吾尔自治区、广西壮族自治区、吉林省、西藏自治区、宁夏回族自治区[①]。这些资料表明，在这些地区，政府是事实上的评价主体，主导着本地区的教育评价事务。而在已经设立专职教育评价机构的地区，政府仍然在管理教育评价项目的立项、结果发布、制定评价标准，全程参与教育评价过程。事实上，由于当前可以接受政府委托的教育评价专业组织还不多，尤其是社会组织尚未完全具备评价能力的情况下，政府的统筹主导具有不可替代性，即便是在招投标工作的组织上。

中国政府为社会力量参与教育评价释放空间，积极发展第三方评估，为大学外部治理提供组织和机构保障。随着教育领域综合改革的日益深化，一些省市正在建立教育权力下放清单，为社会力量参与教育评价释放权力空间。

四川省教育厅于2014年12月出台了《四川省教育厅职能转变方案》及《落实〈四川省教育厅职能转变方案〉任务分工》，明确提出委托直属事业单位或相关专业机构承接50项政府转移职能，精简规范评审项目由54项整合至24项。2015年5月，四川省体制改革领导小组印发了《关于推进教育管办评分离促进政府职能转变的指导意见》，明确提出要"加大简政放权力度，健全政府购买教育服务机制，建立健全多元评价机制，大力推进第三方评价，建立评价机构监管机制"。重庆市江津区人民政府作为全国教育管办评分离改革综合试点单位之一，2015年12月，中共重庆市江津区委办公室，重庆市江津区人民政府办公室印发了《重庆市江津区教育管办评分离改革试点工作实施方案》（江津委办发〔2015〕28号），提出要组建区教育质量检测中心，培

---

① 信息收集截止到2017年10月30日。

育第三方评价机构和建立督导和评价监测报告制度等。

3. 国外第三方教育评估机构发展情况

当前，在高等教育的评估上，主要集中对院校内部质量保障制度、院校办学质量以及国家（地方）高等教育总体发展状况等进行评价。

从美国高等教育的评价方式和程序分析：美国高等教育评价是在美国高等教育认证协会（CHEA）领导下由各个地区性高等教育认证机构进行的。各个地区性高等教育认证机构根据美国高等教育认证协会的总要求编写院校认证内容和认证标准，并编写《认证手册》供学校、评价人员和公共事务人员使用；院校认证的基本程序包括学校资源申请、提交自评报告、专家组实地考察、写出考察报告、地区高等院校协会审查及做出认证结论。同时，美国高等教育认证协会承认学校的多样性和复杂性，摒弃用一个标准要求所有学校的单一性做法，允许地区性高等教育认证机构对认证过程进行重新设计，但规定了所有认证必须采用的两个"核心要求"，即学校的能力和教育的效率，同时提出了需要遵循的确保新认证过程质量的基本原则。

从日本高等教育的评价方式和程序分析：日本高等教育评价分为学校内部评价和外部评价两类。内部评价是外部评价的基础，外部评价是内部评价的导向。学校内部评价主要属于自我评价。评价内容主要包括三大部分：教育、研究和教育科研环境。评价程序包括策划、实施、评估和公布评估结果，其具体方法包括学生评价教师授课情况；教师就教育研究情况进行自我评价和相互评价；将评估结果量化，向本校教师公布评估结果，并通过学校网站向社会公布。学校外部评价主要包括两类：一是社会评价，主要指考生、毕业生以及社会企业对高校进行评价；二是行政评价，主要指行政组织对高校活动进行的评价。外部评价主要在高校内部评价的基础上进行。外部评价的内容分为三类：一是教育活动、教育服务活动，即全面综合评价学校各方面情况；二是各专业的教育情况，即主要以系及研究学科为单位，评价学校各专业的教学情况；三是各领域的科研活动。

第三节　大学外部治理运行的路径选择

大学外部治理的优势是发挥社会力量、市场力量，推进形成"依法办学、自主管理、民主监督、社会参与的治理格局"。在当前国家治理体系现代化大框架之下，应保障大学外部治理的法治化、正义性和民主性价值诉求。

一　依法治教，增强大学治理利益主体的法治意识

依法治教、依法行政、依法办学，即全部教育活动都应当符合教育法律的有关规定。这决定了大学治理的约束条件首先是"法治"，这就要求治理各方充分维护法的原则和精神，严格确立大学章程在治理过程中的权威性和法律地位，建立以大学章程为核心，各种制度为实体，体现国家、社会和大学各层次要求，且互相支撑的制度和法律结构。在大学外部治理中追求法治的价值诉求，大学外部治理的相关利益主体，在法律关系上是平等的，在从事大学管、办、评、促、督等各类教育活动时都应当严格遵守教育法、高等教育法、教师法等教育法律的规定和精神。国家、社会和公民等治理主体法治意识和主体治理能力的共同发展是良好治理的重要前提。事实上，"有其人，必有其国""有什么样的公民，就有什么样的国家"[①]。同理，有什么样的大学精神，才有什么样的大学。法治意识的培育并不是一蹴而就的短期工程，如果执行和运用现代制度的人自身还没有从心理、思想、态度和行为上都经历一个向现代化的转变，失败和畸形发展的悲剧结局是不可避免的。[②] 因此在大学外部治理过程中，树立依法治教的法治意识是一个长期的过程，并不是某一主体单方努力就能实现的。

加强利益相关者间的权利保障。建立以"制度制权""权力制权"和

[①] [美] 威尔·杜尔特：《探索的思想》，朱安等译，文化艺术出版社1991年版，第28页。
[②] [美] 阿历克斯·英格尔斯：《人的现代化》，殷陆君译，四川人民出版社1985年版，第4页。

"权利制权"为核心的治理主体权责明晰与协调的推进机制，是助推高等教育质量治理权责新秩序建立的有效路径。长期以来，政府对学校的行政干预使政府管理的权限边界模糊，而在具体运行中政府监督存在缺位，教育内部，教育与社会之间出现学术腐败与权力寻租也难以防控。信息化社会让大学必须加强与社会的沟通与链接，也必须接受社会的评估和监督。一方面，应通过管办评分离的尝试，从政策层面对第三方评估机构给予扶持，加大政府购买第三方评估监督等社会服务的广度和宽度，积极开展监督治理和评估反馈；另一方面，应加强社会监督大学发展的立法规约，赋予相关社会组织运行的权力和职责，明确社会、市场等利益相关者对教育民主参与义务和监督权力，组织和动员社会各界共同参与教育改革进程，加强议事协商和互动沟通，促进教育与社会的有机联动，健全教育外部治理监督的公共服务体系和社会监督网络系统。政策法规是社会大众参与大学治理的重要保障。调动外部利益相关者主动参与治理是大学外部治理协同运行是否有效的关键，只有在大学外部治理的规章制度建设和运行过程中保障各利益相关者的参与权、表达权等程序性权利的实现，才能真正反映各利益相关者的根本利益，才能增强大学外部治理的执行力。目前，大学与社会的关系还相当脆弱，大学不能及时反映社会需求，社会也难以参与和监督教育办学，需要有制度明确其权力关系和责任范畴，同时，需要通过立法保障教育外部治理，这也是教育依法治教的必然要求。目前，中国教育自上而下的行政化管理模式，使教育治理结构的调整以政策文件等形式下达，社会各利益相关者难以介入其中，教育也难以彰显其独立的法人地位。据此，应加强高等教育法律法规的完善，完善教育外部治理的相关法律条款，通过立法明确大学、政府与社会之间的权、责、利关系，以法律制度确保外部治理结构的有效运行。

大学外部治理关系中最为重要的关系是政府与大学之间的行政关系、投资关系和监督关系。针对当前部分高校提出的外部行政干扰问题，一是明确依法行政的权利清单，从制度层面推进大学行政管理的法制化；二是保障大学法律地位，构建大学基层学术组织，保障大学自治权利；三是依托专业评估机构以评促建，以评促管。通过培育权威性、专业性的第三方评估机构，培育具有治理"智库"性质的第三方研究机构，为大学治理提供专业指导和督导监督,变直接管理为间接管理,变行政强制为治理服务,为大学自治提供空间,逐步采用具有"更少强制、更多协商、更高自由"的"软法"和"柔性评估"进行外部治理。同时,加强依法治教和依法行政,把握教育的尺度。

二 社会协同,健全多方参与共治的激励机制

社会治理是国家治理的重要内容之一,党的十八届三中全会提出"创新社会治理体制"。这里的社会治理应该是与政治、经济等领域相对应的社会领域的治理,是"以政府为主导的,同时包括其他社会组织和社会力量在内的一切行为主体,在法律、法规、政策的框架之内,以维护社会公平、公正,维持社会秩序,满足社会成员生存和发展的基本需求为目的,综合运用各种资源和手段,对社会领域的各个环节进行组织、协调、服务、监督和控制的过程"[1]。公民社会是善治的基础,具有多元、开放、公开与自治的典型特征,它以保护公民权利与政治参与等为存在依据,介于国家与大学的中间领域。实现社会治理现代化就必须创新社会治理体制,创新的路径选择之一就是社会协同、公众参与,而社会组织的参与和发展建设是社会协同的重要领域。在我国大学外部治理结构中,还存在利益相关者参与治理空间不足、责任缺失现象。大学与社会、企业、市场联系脆弱,教育部门与社会部门之间信息交流渠道不畅通,企业行业参与治理动力不足。大学对社会、企业、市场人才诉求回应不够,社会、企业和市场的建议和监督"发言权"有限。这就要求在大学外部治理设计中注重形成具有活力和效力的多元外部治理模式。一是充分发挥产学研合作机制,激励行业企业和相关协会支持大学人才培养与科学研究;二是积极营造社会关心大学建设发展的舆论氛围,切实密切大学与地方和国家经济社会发展的相互依存关系;三是扩大社会监督渠道,主动信息公开,引入社会问责和舆论监督机制。四是政府主导,发展大学利益代表模式,搭建社会多方有效参与、协商对话的平台。

---

[1] 柴振国、赵新潮:《社会治理视角下的社会组织法制建设》,《河北法学》2015年第4期,第31—36页。

无论是从法律制度规定还是资金的来源渠道看，美国私立大学与政府之间的依赖关系都极其微弱。美国宪法规定教育事务是典型的各州事务，不属于联邦职权范围，大学与联邦政府之间没有法定的直接依赖关系，因此，在美国大学的权力结构中，联邦政府权力并没有直接的体现。在州政府层面，虽然各州的法律规定不同，但基本上都规定私立大学是"私法人"（private corporations），私立大学的成立必须得到州政府的认可，但一经认可成立，私立大学就完全独立于政府，享有充分的自治权。同时，私立大学的资金主要来源于自主筹款，与政府也没有资源上的依赖关系。州立大学的举办人为州政府，其运行的资金也主要来源于州政府，与州政府之间有一定的依赖关系，公权力（包括州政府、议会、法院等）对大学的内部权力架构有一定的约束作用，这主要体现在州立大学董事会的组成形式和权力上。州立大学的董事会一般都由州政府建立，董事会成员主要由州政府任命或选举产生。这样，董事会的决策必然体现了州政府的政策意志。美国大学的治理结构和权力分配呈现以下特征：（1）从大学与政府的关系来看，权力相对集中于州政府层面，州政府在预算与财务权、房屋与设备资产权、招生权等行政性事务管理权力方面具有最终的决策权。（2）从大学内部纵向各层次的权力分配来看，权力相对集中于基层。从横向各主体的权力分布来看，学术人员在大学的权力系统中居于主导地位。以教授为主体的部务委员会在学术成员与晋升权、学科与课程设置权和研究决策权等方面享有充分的权力，讲座教授在这些方面享有一定的权力。德国的《高等学校总法》对大学的自治与国家管理、大学的机构与规划进行了详细的规定，但因为大学的经费绝大部分来源于州政府，大学的教授和其他领薪人员都是州的公务员，因此大学对于州政府的依赖程度远远高于对联邦政府的依赖程度。因大学对政府资源的完全依赖，州政府对于大学拥有很大的权力，常常采用直接委派官员管理大学的非学术性事务，包括经费的预决算、人员和一般性行政工作。同时，德国大学拥有学术自治的强大传统，基层的教授拥有强势的学术资本，可以越过学校直接从政府那里获得所需的资源，而对学校层面的依赖程度较低。因为德国大学教授具有获得资源的能力，因此，在德国大学的内部权力结构中，呈现出"底部沉重"的特征，即位于基层的大学教授拥有更多的权力，在校内各个决策层面都占据主导地位，而大学内部行政系统的权力则相对萎缩。这在德国大学的治理结构上有明显的体现，一般德国大学的最高领导机构为校务委员会，主要成员由教授、助教和科学助手组成。校务委员会也是大学的立法机构，其职能是：选举校长、副校长，讨论决定学校重大学术问题。教师招聘、教授资格评定等权利基本上归于各学部，各学部均成立有部务委员会，负责处理学部内的一切事项，学部主任由部务委员会选举产生。

三　文化治理，大学文化生态场域构建

西方大学治理的两大模式中，欧陆模式通过"政治权力的分权化"摆脱政府的严密控制，而盎格鲁—北美模式从"松散的安排"向"严密的正规体制"转移，尽管两种模式有较多共通之处，如均强化学校中心行政管理，学术参与决策的权力不断式微，"多元共治"成为共识，但社会或公司参与大学治理的积极性和外部治理参与形式各不相同。可见，地方政策环境和文化传统在大学治理变革中也发挥了重要作用，高等教育治理现代化受制于特定国家或者地区的文化传统和政治体制。新制度主义有两种解释：一种解释认为，组织行为、组织形式都是由制度塑造的，组织或个人本身没有自主选择性；另一种解释认为，制度具有一种激励功能，它可以借助对资源分配和利益形成的影响来鼓励组织采纳那些在社会上已得到广泛认可的形式和做法。

大学制度逻辑的意义并非局限于已然成型的规范和制度表层上，而是要在大学这个独特的场域内培育一种制度化的理念和精神。制度逻辑在大学治理中的首要作用，就是强化大学发展的价值观认同。中国要实现高等教育大国向高等教育强国转变必须重视大学文化生态建设，实现大学文化生态治理。文化不同于文明，它总是与生态相辅相成，大学文化生态既是历史的，也是现实的。大学文化生态的演变常常会带来大学治理的变化，是历史与传承、创新与内生的统一。随着信息时代到来，大学形成了独特的虚拟空间场域，这既给大学文化生态带来了冲击，也为重构提供现实可能和新的治理路径。大学的精神网络是大学文化生态发展之魂，纵观两千多年来大学发展变革的历史，大学精神都是大学的核心追求。在信息时代，大学文化生态治理逐步从抽象走向具体、从内隐趋于外显，依据场域理论，借助虚拟的"信息网

络",构建大学的"精神网络",形成"教学文化场域""学术文化场域"和"管理文化场域"的"三域两网"分析构型将是大学文化生态治理架构的路径选择。

大学所传承的文化环境和动力因素塑造的不只是大学的组织模式,也决定整个大学治理系统状态。需要依赖更广泛的制度背景,"在大的文化、组织环境中缺失'大学'这一概念,要创办一所大学就会举步维艰,大环境一旦存在建构'大学'的蓝图或者模式,大学的整个创建过程就会轻而易举"。不同发展阶段和时代背景下的大学治理模式总是扎根于一定的政治、经济、文化的基础……而反映出来的实际形态。

文化层面的隐性环境是确保教育外部治理结构有效运行的潜在动力源。文化是一个组织得以有效运行的内在精神与精髓,以隐性的动力推动组织的发展。教育外部治理结构的运行离不开治理文化,它在教育治理中起着引领性、导向性和凝聚性作用,彰显着教育精神和教育品质,事关教育外部治理执行是否有效的核心因素,通过价值引领,促进社会组织主动增强资源获取的途径和领域,开发和探索教育治理的相关市场竞争机制,培育社会组织志愿参与和激励参与相结合,探索教育公益模式和商业模式相互补充的治理文化。隐性文化环境是大学外部治理改进和完善的重要保障。新制度主义认为,"社会中的各类组织所处的外部环境不仅是一种技术环境,而且包含着一种制度环境,即一个组织所处的法律制度化期待、社会规范和观念制度等广为人们接受的社会事实。因为组织不仅是技术需要的产物,而且是制度环境的产物"。改革开放以来,特别是信息时代的到来,它打破和冲击着我们原有的管理模式,大学面临着前所未有的挑战。推动大学走向文化管理、实施文化管理是成为大学管理发展的必然。要使大学管理更富有人情味和文化意蕴,核心就是构建文化生态的精神场域。信息时代对大学文化造成了前所未有的冲击与影响,创生了革故鼎新、难能自主的环境,凸显了大学文化生态危机。信息时代在给大学文化治理带来挑战的同时,也给大学实现文化治理带来了前所未有的机遇,提供了破解信息时代教学文化、学术文化、管理文化困境,实现文化突围新的方式和手段。运用信息时代各种教育技术手段,可以创造和革新大学教学文化、学术文化、管理文化场域,从而形成适宜发展需要的文化生态。

大学治理的最佳境界是文化生态的治理，是精神场域的形成，需要大学文化内部关系要素的分而治之，即落实在大学教学文化、学术文化、管理文化的治理上。在信息时代的大学境遇下，大学文化生态治理逐步从抽象走向具体、从内隐趋于外显。为此，从场域理论的全新视角，立足借助虚拟的"信息网络"——时代背景和技术手段，构建大学的"精神网络"——探寻的目标和研究的指向（与信息网络合称"两网"），以大学文化生态的三大核心场域——"教学文化场域""学术文化场域"和"管理文化场域"（谓之"三域"，统整形成"大学文化生态场域"）为逻辑起点，从而着眼于当下我国大学文化生态的现实困顿，建构"三域两网"的治理分析构型。在这个治理分析构型中，"两网"是背景手段和目标指向，"三域"是探究的主线，重在通过"三域"实然、应然、必然的探析，提出"三域"治理策略，最终实现大学文化生态治理。

教学文化生态是大学文化生态的本。教学是大学存在的第一要义，教学的目标是人才培养，人才培养是大学的原始职能，也是大学的基本职能。教学文化是大学良心工程，其致力于照亮人性之美，使人成其为人。教学文化的长期效应是校友回馈母校、服务社会，短期效应就是通过本科教学促进更好的招生就业。以育人为目标的教学文化是大学文化之本，大学教育若舍弃本就不成其为大学，大学设置的学科和进行的学术活动就失去了它的主要服务方向。

学术文化生态是大学文化生态的根。学术是人类关于自然、社会和思维的知识体系的总括，作为大学的细胞和承载大学职能的基础平台，大学的学科是大学学术研究的分支，源于学术研究科学的分解。世界任何一所著名大学之所以著名皆源于学术水平和学术声誉的影响。从短期效应来看，学术就是大学的声誉；从长期效应来看，学术推动社会进步，具有探索未知和由科学而达致修养的双重价值，是人才培养的有效途径。教学与学术研究相统一，要以高水平的学术研究支撑高质量的教学，这是大学区别于纯粹的研究院所的重要标志，是大学以学术为根的重要内涵。大学是培养人才的地方，是创造知识的地方。培养人才要用学术思想、学术知识来培养；创造知识要靠学术研究；服务社会要靠学术研究创造的知识和培养的人才来实现。以科学研究为目标的学术是大学的根，大学若舍弃根就不能成为真正意义上的大学，大学的教学就不可能建立在高深学问和创造知识的基础之上。

　　管理文化生态是大学文化生态的魂。管理文化的形成与场域具有内在的契合性，表现为组织结构中诸多要素的协调运作与自主运作的过程①。大学以教学、学术为中心，管理是基础，是保障。大学运转的好坏，关键就在于管理是否有效得当。有学者认为，理想的大学管理是为天才留有足够的空间②。一个良好的管理文化生态的形成，能促进大学教学文化、学术文化的自主化再生产，从而通过人才培养、科研成果进一步提高影响，获得各界认可。因为认可，社会赋予大学的隐形权力便会无形增加。管理要有大爱，要营造出有利于学术、教学的环境。管理文化场域是撬动教学、学术文化场域嬗变的有力杠杆，从而统整形成良性的大学文化生态场域。为此，实现信息时代大学文化生态治理，归根到底，应落脚到厘清和实现信息时代大学教学、学术、管理的"三域"文化生态联动治理上。

　　大学精神之网是大学文化生态治理研究的目标指向。人的教育显现为精神的教育与成长。大学就在于着力培养学生的一种精神气质，这种精神气质是现代化的、面向未来的。这种精神实质上是人类文化活的灵魂。教育的精神建构是基于人类整体文化精神的融合，大学的本体性价值在本质上就是追求这种"精神性"的实现，研究大学文化生态目标指向就是构建大学的"精神网络"，走进精神场域。大学虚拟之网是大学文化生态治理研究的背景表征，大学已经成为现实与虚拟交相辉映的大学。传统场域和习惯的形成很难予以撼动，往往需要借助外在的技术变革。信息技术的飞速发展透彻而深远地影响着教育③。信息时代最核心的本质，或者说最灵魂的东西应该是"分享"以及"互动"，这也是互联网对这个世界的最大改变。因此，"信息时代"的深层应当是"分享时代"和"互动时代"。然而，缺乏分享和互动是引起教学文化、学术文化和管理文化一系列问题的内在根本原因，而分享、

---

① 朱小蔓：《教育的问题与挑战》，南京师范大学出版社2000年版，第224页。
② 陈平原：《大学何为》，北京大学出版社2006年版，第131页。
③ 杨银付：《深化教育领域综合改革的若干思考》，《教育研究》2014年第1期。

互动又恰恰是文化治理的要义所在。因此，如何借助虚拟的信息网络，实现大学教学文化、学术文化和管理文化的有效互动，激发大学内部的变革动力，将外在技术变革演化为内在的革新力量，才是实现大学文化生态场域治理的关键。

四 内生外促，推进大学治理体系和能力现代化

大学内部治理与外部治理缺一不可，相互配合，互相支撑。大学治理能力和治理效果也相互关联，互相促进。大学内部治理是基础，外部治理是保障，需要形成内生外促的整体协同机制。首先，大学外部治理要发挥大学内部治理结构的内生作用，体现大学组织内部改革的深层自觉，以大学章程建设和完善现代大学制度建设为契机，理顺和优化大学内部政治权力、行政权力、学术权力和民主权力的关系，建立健全大学内部管理制度和规章体系，形成具有本校特色，符合本校实际的规范化治理标准和流程，构建适应人才培养规律和办学规律的质量保障体系。其次，充分发挥大学章程在联系内部治理和外部治理关系中的桥梁作用，大学章程作为政府和大学之间的契约，需要明确政府管理的行政边界，切实将大学章程作为大学治理的"宪法"，提升大学章程的立法地位。大学章程作为大学内部治理的核心，大学章程建设在加强党委领导下的校长负责制基础上，不仅优化大学内部权力结构，也是促进大学外部治理规范化、法制化、系统化的核心纽带。政府和社会组织也应服从大学章程的制度规约，确保行政干预和社会评估的适度、有效。从大学治理的规定性而言，一般包括三个特征[①]：一是内生性，是社会存续和发展的内生动力；二是基础性，治理是保障的基石；三是泛在性，治理在高等教育实践领域广泛存在。大学外部治理能力既要考虑内生性，又要考虑基础性和泛在性，包括治理机制、治理技术和治理主体的能力，能力提升的关键在于治理主体的能力提升，关键是"人"的治理能力提升，大学领导班子、行政管理负责人的领导艺术和专业素养是大学治理能力现代化的组成部分和重要影响因素，加强大学治理内外部两支管理队伍的能力建设和考核激励，促

---

① 刘云生：《教育尺度：意涵与关系》，《教育研究》2016年第5期，第14—20页。

进大学治理相关机构和人员的专业化、职业化水准是保障大学外部治理能力现代化的应有之义。

大学在复杂的社会系统中既是一个独立的学术组织，同时又与现代社会产生高度复杂的逻辑关联和因素制约，因此构建适应社会发展需要和本国国情的大学治理结构，是建立现代大学制度的重要任务。大学的外部治理是一项复杂的社会系统工程，充满着诸多不确定性因素，任何传统单一的治理理论在解释社会复杂性和不确定性时往往陷于无效状态。大学外部治理改革不可能，也不应该是一蹴而就的过程，大学外部治理价值诉求的实践路径和机制不能线性思考，一一对应，而是需要在复杂结构和主体关系中动态考量，需要在改革实践中不断探索，不断发展，不断完善。

参考文献

一 中文著作

别敦荣：《中美大学学术管理》，华中理工大学出版社2000年版。

陈宏辉：《企业利益相关者的利益要求：理论与实证研究》，经济管理出版社2004年版。

陈平原：《大学何为》，北京大学出版社2006年版。

程北南：《美国大学治理结构的经济学分析》，中国财政经济出版社2010年版。

范文曜、马陆亭主编：《国际视角下的高等教育质量评估与财政拨款》，教育科学出版社2004年版。

国家教育发展研究中心：《中国教育绿皮书》，教育科学出版社2001年版。

国家教育发展研究中心编：《发达国家教育改革的动向和趋势（第六集）》，人民教育出版社1999年版。

韩春虎：《大学治理：一种科学发展视域下的制度安排》，辽宁大学出版社2009年版。

金冬日：《现代组织理论与管理》，天津大学出版社2003年版。

李福华：《大学治理的理论基础与组织架构》，教育科学出版社2008年版。

刘吉发：《政治学新论》，中国人民大学出版社2008年版。

刘延平：《多维审视下的组织理论》，清华大学出版社2007年版。

母国光、翁史烈：《高等教育原理》，北京师范大学出版社1995年版。

钱学森：《论系统工程》，湖南科学技术出版社1982年版。

沈小峰等：《自组织的哲学》，中共中央党校出版社1993年版。

眭依凡：《理性捍卫大学》，北京大学出版社2013年版。

魏宏森、曾国屏：《系统论——系统科学哲学》，清华大学出版社1995年版。

吴慧平：《西方大学的共同治理》，北京师范大学出版社2012年版。

杨东平：《大学精神》，辽海出版社2000年版。

于富增：《国际高等教育发展与改革比较》，北京师范大学出版社1999年版。

俞可平：《治理与善治》，社会科学文献出版社2000年版。

岳澎：《现代组织理论》，中国农业大学出版社2010年版。

赵慧英、林泽炎：《组织设计与人力资源战略管理》，广东经济出版社2003年版。

朱小蔓：《教育的问题与挑战》，南京师范大学出版社2000年版。

曾广容：《系统论、控制论、信息论概要》，中南工业大学出版社1986年版。

[奥] 贝塔郎菲：《"一般系统论"基础·发展·应用》，秋同、袁嘉新译，社会科学文献出版社1987年版。

[德] 哈贝马斯：《交往与社会进化》，张博树译，重庆出版社1989年版。

[美] 阿历克斯·英格尔斯：《人的现代化》，殷陆君译，四川人民出版社1985年版。

[美] 伯顿·克拉克：《高等教育新论——多学科的研究》，王承绪译，浙江教育出版社2001年版。

[美] 理查德·达夫特：《组织理论与设计（第七版）》，王凤彬、张秀萍译，清华大学出版社2003年版。

[美] 罗伯特·伯恩鲍姆：《高等教育的管理时尚》，毛亚庆译，北京师范大学出版社2008年版。

[美] 詹姆斯·罗西瑙：《没有政府的治理》，张胜军、刘小林等译，江

西人民出版社 2001 年版。

［法］埃哈尔·费埃德伯格：《权力与规则——组织行动的动力》，张月译，上海人民出版社 2005 年版。

［西班牙］奥尔加特·加塞特：《大学的使命》，徐小洲、陈军译，浙江教育出版社 2001 年版。

［美］伯顿·克拉克：《高等教育新论》，王承绪译，浙江教育出版社 1987 年版。

［美］亨利·埃兹科维兹：《三螺旋》，周春彦译，东方出版社 2005 年版。

［美］理查德·H·霍尔：《组织：结构、过程及结果》，张友星译，上海财经大学出版社 2003 年版。

［美］威尔·杜尔特：《探索的思想》，朱安等译，文化艺术出版社 1991 年版。

［美］西蒙：《管理组织决策过程的研究》，杨砾译，北京经济学院出版社 1988 年版。

［古希腊］亚里士多德：《政治学》，颜一、秦典华译，中国人民大学出版社 2003 年版。

二 期刊论文

［苏联］H. N. 茹科夫：《科学知识结构中的一般系统论和控制论》，《世界科学》1981 年第 4 期。

柴振国、赵新潮：《社会治理视角下的社会组织法制建设》，《河北法学》2015 年第 4 期。

陈梦迁、黄明东：《治理框架下现代大学制度决策的逻辑与模式建构》，《现代大学教育》2013 年第 4 期。

迟景明：《现代大学组织特性与管理创新》，《大连理工大学学报》（社会科学版）2002 年第 6 期。

褚宏启、贾继娥：《教育治理中的多元主体及其作用互补》，《教育发展研究》2014 年第 19 期。

龚怡祖：《大学治理结构：建立大学变化中的力量平衡》，《高等教育研究》2010 年第 12 期。

龚怡祖：《大学治理结构：建立大学变化中的力量平衡——从理论思考到政策行动》，《高等教育研究》2010 年第 12 期。

龚怡祖：《大学治理结构：现代大学制度的基石》，《教育研究》2009 年第 6 期。

洪彩真：《学生——高等教育之核心利益相关者》，《黑龙江高教研究》2006 年第 12 期。

胡子祥：《高校利益相关者治理模式初探》，《西南交通大学学报》（社会科学版）2007 年第 1 期。

贾德永、王晓燕：《日本国立大学法人化改革后的大学治理结构》，《高等教育研究》2009 年第 5 期。

焦笑南：《美国、英国、澳大利亚的大学治理及对我们的启示》，《西安电子科技大学学报》（社会科学版）2006 年第 7 期。

肯塔基州高教委员会报告，Concept paper on performance funding. 1995，(10) http：//cpe. ky. gov. /news/reports/nationalreports. htm。

劳凯声：《"依法治教"是推动教育改革与发展的重要力量》，《人民教育》2014 年第 21 期。

李福华：《利益相关者理论与大学管理体制创新》，《教育研究》2007 年第 7 期。

李福华：《利益相关者视野中大学的责任》，《高等教育研究》2007 年第 1 期。

李建航：《英国政府创新高等教育管理机制的措施及启示》，《国家教育行政学院学报》2009 年第 7 期。

李建奇：《我国大学治理结构变迁的路径选择》，《高等教育研究》2009 年第 5 期。

梁淑妍：《德国高校办学中的困境》，《德国研究》1998 年第 2 期。

刘琳、钟云华：《浅析我国中央直属高校管理实践中的政府干预——以英美两国为参照》，《长春工业大学学报》（高教研究版）2009 年第 3 期。

刘尧：《大学文化散论》，《大学：学术版》2013 年第 10 期。

刘奕君:《基于"良法善治"视野下的公民网络参政研究》,《法学教育》2011年第11期。

刘云生:《教育尺度:意涵与关系》,《教育研究》2016年第5期。

龙献忠:《从统治到治理——治理理论视野中的政府与大学关系研究》,博士学位论文,华中科技大学,2005年。

马陆亭、范文曜:《我国现代大学制度的建设框架》,《国家教育行政学院学报》2009年第5期。

潘海生:《作为利益相关者组织的大学治理理论分析》,《中国地质大学学报》(社会科学版)2007年第5期。

瞿振元:《建设中国特色高等教育治理体系 推进治理能力现代化》,《中国高教研究》2014年第1期。

施雪华、张琴:《国外治理理论对中国国家治理体系和治理能力现代化的启示》,《学术研究》2014年第6期。

石国亮:《从善政走向善治:政府何为》,《国家行政学院学报》2012年第2期。

孙宵兵:《新常态下依法治教的思考》,《国家教育行政学院学报》2015年第7期。

吴志成:《西方治理理论述评》,《教学与研究》2004年第6期。

吴志宏:《两种教育行政体制及其改革》,《华东师范大学学报》1999年第3期。

席酉民:《我国大学治理面临的问题及改善思路》,《西安交通大学学报》(社会科学版)2005年第3期。

熊耕:《简析美国联邦政府与高等教育认证之间控制与反控制之争》,《比较教育研究》2008年第8期。

徐亚文:《共治理念与国家治理体系现代化》,《湖北日报》2014年3月1日。

杨银付:《深化教育领域综合改革的若干思考》,《教育研究》2014年第1期。

俞可平:《全球化时代的政治管理模式》,《方法》1999年第2期。

俞可平：《中国治理变迁 30 年（1978—2008）》，《吉林大学社会科学学报》2008 年第 3 期。

袁贵仁：《建立现代大学制度，推进高等教育改革》，《中国高等教育》2003 年第 3 期。

袁贵仁：《深化教育领域综合改革，加快推进教育治理体系和治理能力现代化——在 2014 年全国教育工作会议上的讲话》2014 年 1 月 15 日。

张圣祺：《我国大学外部治理结构探析》，《内蒙古民族大学学报》2011 年第 6 期。

张婷姝：《英国高等教育市场化改革的背景与措施分析》，《江苏高教》2005 年第 6 期。

张文泉、李泓泽：《组织理论的演进与发展》，《工业工程与管理》2000 年第 5 期。

张新婷、侯长林：《高职院校外部治理的"协同精神"》，《中国教育报》2016 年 3 月 15 日第 6 版。

郑扬波：《试论当下我国民办高等教育发展过程中的政府责任——基于治理的视角》，《继续教育研究》2010 年第 11 期。

郑扬波：《我国民办高校外部治理结构研究》，硕士学位论文，首都师范大学，2011 年。

周湖勇：《大学有效治理的法理分析》，《中国高教研究》2014 年第 3 期。

三 英文著作及论文

Barnard C I, *The function of the executive*, Cambridge, Massachusetts, Harvard University Press, 1938.

Freeman, Edward R, *Strategic management: A stakeholder approach*, Boston: Pitman, 1984.

Gayle, Dennis John, Tewarie, Bhecndradatt, *Governance in the Twenty - First - Century University: Approaches to Effective Leadership and Strategic Management*, ERIC Digest. ED4825601.

Gewirtz, S. *Rethinking Social Justice: A Conceptual Analysis*. New York: Palgrave. In Sociology of Education Today edited by J. Demaine, 2001.

Blair M. M, *Ownership and control: rethinking corporate governance for the* 21 *century*, The Brooking Institution, Washington DC, 1995.

Charkham J, Corporate Governance: Lessons from Abroad, *European Business Journal*, 1992.

Clarkson MBE, A Stakeholder Framework for Analyzingand Evaluating Corporate Soci al Pe rformance, *Academy of Management Review*, 1995.

E. H. Schein, *E. N, Organizational Culture and Leadership*, San Francisco: Jossy Bass. 1985.

GarethWhillams, The market route to mass higher education: British Experience 1979 – 1996, *Higher Education Policy*. Vol. 10. No. 3/4, 1997.

Gilles Paquet, *Governance Through Social Learning*, Ottawa: University of Ottawa Press, 1999.

Gross E, Etizioni A, *Organization in society*, N. J, Prentice Fall. 1985.

Grossman, S. &Hart, O, The costs and benefits of ownership: A theory of vertical and lateral integration, *Journal of Political Economy*, Vol. 94, 1986.

Harman, G. Governance, Administration, and Finance, In B. R. Clark & G. R. Neave. *The Encyclopedia of Higher Education*, Oxford: Pergamon, 1992.

J. N. Rosenan, Governance without Government: Order and Change in World Politics. Cambridge University, 1992.

JenniferM. Brinkerhoff, Assessing and Improving Partnership Relationships and Outcomes: A Proposed Framework. Evaluation and Program Planning. 2002(03).

JessopB, The Rise of Governance and the Risk of Failure: the Case of Economic Development. *International Social Science Journal*, 1998, No. 155.

Kathleen Higgins, " The LEA, grant — maintained schools and the Funding Agency for schools ", in Robert Morris(ed) EDUCATION AND THE LAW, Second edition, Longam, 1993.

March. J. G, Sirnon. H. A. Organization. New York: Wiley Press, 1958.

MichaelShattock, The Lambert Code: Can We Define Best Practice? . *Higher*

Education Quartly, Vol. 58, 2004, No. 4, October.

Mitchell, Ronald K, Agle, Bradley R, and Wood, Donna J. Toward a theory of stakeholder identification and salience: Defining the principle of who and what really counts. *Academy of Management Review*, 1997, 22.

Mohammed Sad, Martyn. Jones, Peter James. A Review of the Progress Towards Adoption of Supply Chain Management (SCM) Relationships in Construction. *European Journal of Purchasing&Supply Management*, 2002(03).

Rhodes, *Understanding Governance: Policy Networks, Governance, Reflexivity and Accountability*. Buckingham: Open University Press, 1997.

Robert Birnbaum, The End of Shard Governance: Looking Ahead or Looking Back. New Directions for Higher Education. 2004.

Association of American University Professors. Statement on Government of Colleges and Universities [EB/OL]. http://www.aaup.org/report/statement-government-colleges-and-universities, 2015-1-10.

CharlesJ. Jago, An Ex-President's Perspective On University Governance, Address at a UNBC Board and Senate Workshop on University Governance, January 24, 2009.

后 记

党的十九大开启了加快教育现代化，建设教育强国的历史新征程，这既是对高等教育提出的新要求，也是高等教育发展的时代使命，更是深化高等教育领域改革的根本动力。深化高等教育领域改革，其核心在于理顺大学内部与外部治理结构及运行机制，而要实现高等教育发展与国家发展的现实目标需求方向"同向同行"，亟待进一步优化大学与政府、社会等外部利益共同体之间的外部治理关系，完善大学外部治理结构与运行机制。同时，加强大学外部治理结构改革是深化我国高等教育综合改革的重要组成部分，是大学逐渐走向社会中心的时代要求，是建设中国特色现代大学制度和依法治校的核心内容，更是吸纳外部各利益相关者参与大学多元治理的重要突破口。

本书从结构上看，主要分为五章：第一章是阐释大学外部治理结构运行的理论基础，包括大学外部治理结构的内涵、基本特征、理论依据和原则目标；第二章是调查分析我国大学外部治理结构运行的现实状况，主要包括研究方法、治理结构下我国大学的分类、我国大学外部治理结构运行的现状，以及我国大学外部治理结构运行的特点与发展趋势；第三章是剖析国外大学外部治理结构的运行模式，主要从英国、美国、法国、德国和日本等国家进行多维研究，并进行大学外部治理模式的国际比较分析；第四章是分析大学外部治理结构运行系统要素及其联动机制，主要从运行历程与导向层面分析大学外部治理结构运行的基本形态和价值取向，从运行主体层面分析形成各利益相关者的多元共治局面，从运行程序分析实现权力运行的多元规约与制衡形态，从运行机制层面构建大学外部治理结构新型联动机制；第五章是尝试构建我国大学外部治理结构的运行机制，主要包括大学外部治理结构运行机制的框架搭建、大学外部治理结构运行的主体关系与责任、大学外部治理运行的机制选择。

本著作是全国教育科学规划课题"大学外部治理的运行机制研究"（课题编号：BIA130085）的研究成果。在本专著付梓之际，特别感谢全国教育科学规划办给予的难得契机，感谢重庆邮电大学提供良好的研究平台与经费资助，感谢中国社会科学出版社的大力支持，同时在撰写过程中受益于多方专家学者的指导，在此一并表示感谢！本专著撰写与修改更离不开研究团队的协作努力，具体分工如下：代金平、陈流汀负责拟定研究计划与写作提纲，第一章由高金锋完成（3.3482万字），第二章由杨帅完成（1.0506万字），第三章由王贵喜完成（5.420万字），第四章由袁春艳完成（3.0356万字），第五章由张东完成（3.9539万字），代金平、陈流汀、袁春艳、张东等全面负责本著作统稿与修改工作。

由于撰写时间有限，本专著不足之处在所难免，希望读者多提出宝贵意见，以便后期进一步优化完善。

"大学外部治理结构的运行机制研究"项目组

2019年3月25日